| 세미오시스 학술총서 05 |

인지와 감정의 내러톨로지

세미오시스 연구센터

이 저서는 2010년도 정부(교육과학기술부)의 재원으로 한국연구재단의
지원을 받아 연구되었음(NRF-2010-361-A00013).

| 세미오시스 학술총서 05 |

se·mi·o·sis

인지와 감정의 내러톨로지

세미오시스 연구센터

HU:iNE

목차

머리말

'세계·언어·삶의 세미오시스(semiosis)'를 아젠다로 하여 인문한국(HK) 사업을 추진하고 있는 한국외국어대학교 세미오시스 연구센터에서는 『인지와 감정의 내러톨로지』를 <세미오시스 학술총서>의 다섯 번째 책으로 내놓는다. 이 책은 2단계 주제 '횡단과 소통의 내러톨로지(narratology)'에 대한 연구의 일환으로서 2차년도 사업을 위해 기획된 두 공동저술 가운데 하나이다. 본 연구센터에서는 인지와 감성의 동물인 인간이 세계와 대면하며 살아가면서 어떻게 언어 및 비언어 기호체계를 통해 의미를 구성하고 소통하는지를 탐구하고 있다. 이러한 인간의 기호활동(세미오시스) 가운데서 무엇보다 중요한 위치를 차지하는 것은 내러티브 기호에 의한 세계 모델링이다. 내러티브는 인간이라는 종 고유의 특성을 여실히 보여주는 특별한 기호양식이다. 내러티브는 실재를 포착하고 경험에 의미를 부여하는, 곧 세계에 의미를 만들어 주는 재현 시스템이 된다. 내러티브 기호는 세계를 있는 그대로 '현전(現前)'하는 것이 아니라, 세계를 변형하고 재구성하여 '재현(再現)'하는 것이 된다. 세계를 실제로 또는 허구적으로 지시하여 사건을 재현하는 내러티브 기호는 우리가 살고 있는 세계가 '실제' 세계가 아니라 '구성'된 세계임을 보여 준다.

내러티브 연구는 전통적으로 주로 내러티브 자체와 내러티브성에 대해 주목해 왔지만, 우리의 내러티브 경험은 근원적으로는 인간 본성의 중심이 되는 마음, 곧 인지 및 감정과 연결된다는 점에서, 이에 대한 고찰도 내러티브 연구에서 빠뜨릴 수 없는 부분이 되고 있다. 인지적 관점에서 보면, 내러티브는 인간이 세계를 이해하고 구성하는 고유의 방식을 보이는 세미오시스가 된다. 언어와 같은 기호는 세계에 던지는 '그물'이 되며 이렇게 해서 인간의 정신에 '스토리세계(storyworld)'가 재현되며, 이것은 이야기되고 있는 상황, 사건에 대해 추론을 할 수 있게 해 주는 인지모델이 되는 것이다. 이런 의미의 내러티브는 트랜스매체적(transmedial)인 것으로서 다양한 기호양식 및 매체로 실현되는데, 매체 고유의 방식으로 실현된 내러티브는 해석자에게 스토리세계를 구축하고 수정하게 하는 '청사진'이 된다. 내러티브에 대한 이러한 인지적 관점은 내러티브를 해석의 대상으로 다룰 뿐만 아니라, 자기와 타자의 세계 속 삶의 경험을 구조화하고 이해하는 방식으로도 대한다.

인간의 마음에는 지금까지 서구의 '정신(mind)' 중심의 인지과학에서 충분히 접근하지 못한 감정의 영역이 있다. 한국어의 '마음'은 이성적 정신과 감성적 정서를 모두 포괄하는 개념이다. 이런 관점에서 정신과 감정을 아우르는 '마음의 이야기학'에 대한 논의를 주체적으로 전개할 필요가 있다. 내러티브는 발화자와 등장인물을 통해 감정을 표출할 뿐만 아니라, 수용자에게도 감정을 불러일으킨다. 또한 내러티브의 구조화와 구성요소 규정에도 감정이 관여한다. 일상의 스토리텔링뿐만 아니라 문학적 내러티브는 감정 어휘를 적절히 사용하며 어떤 경우에는 감정 개념 자체를 주제로 삼기도 한다. 예컨대 스릴러를 스릴러로, 연애소설을 연애소설로 인지할 수 있는 것은 반복적인 내러티브 시나리오에 특정 감정이 결부되게 하기 때문이다.

본 총서에서는 1단계에 시작한 감정 세미오시스의 연구를 심화시켜, 그 동안 내러티브 연구에서 크게 주목하지 못한 감정의 내러티브 구성적 측면과 내러티브가 갖는 '퀄리아(qualia)'와 '공감(empathy)'의 측면을 특별히 부각시켜 보고자 한다. 서구의 '포스트고전(postclassical) 내러톨로지는 텍스트를 중심으로 하여 인물, 감정, 느낌을 연구하면서 수용자에게 감정을 일으키는 스토리의 힘과 기능에 주목하지 못하고 있다. 따라서 본 총서에서는 스토리가 갖는 특별한 퀄리아가 수용자에게 감정을 일으키고 이것이 인지로 연결되는 과정에도 주목해 보고자 한다.

***

이 책은 8개 장으로 이루어져 있다. 각 장을 구성하는 논문들은 본 연구센터의 연구인력 4인과 외부 연구자 4인이 본 총서의 취지에 맞춰 작성한 것이다.

제1장 「정념의 기호학적 분석 소고 - 박경리의 『가을에 온 여인』을 중심으로」(홍정표)는 기호학자 그레마스와 퐁타닐이 제시한 정념 기호학 이론을 박경리의 『가을에 온 여인』에 적용하여 분석한다. 이로써 정념 기호학 방법론이 프랑스와 사회적, 문화적으로 상이한 우리나라 문학 텍스트에도 적용될 수 있는 보편성과 유효성을 갖춘 이론임을 피력한다. 정념 기호학에서는 무정형 연속적 상태라 할 수 있는 감각과 지각을 의미 발생 단계로 삼아 선조건 층위라 지칭하는데, 이러한 층위는 기존의 기호학에서는 제시하지 않은 것이다. 정념 기호학은 서사 기호학에서는 분석할 수 없었던 인간의 심상을 독특한 방식으로 분석할 수 있게 해 주어 문학 기호학의 새로운 방법론으로 대두하게 되었다. 『가을에 온 여인』에 등장하는 질투하는 주체 오세정의 정념 발생에서부터 완료까지가 담화도식(정념도식과 긴장도식)에 적용되며, 이 작품이 비도덕적 주체의 파멸을 형상화한 것임이 파악된다. 담화도식은 다양한 텍스트를 분석하는 데 유용하게 활용될 수 있으며, 감성문화콘텐츠 제작에도 응용될 수 있다.

제2장 「김남천 문학에 나타난 제거와 수용의 서사」(김지형)는 일제 강점기에 마르크스를 해방의 기획으로 간주했던 카프 전위들이 이념과 경험된 현실의 불일치라는 '도식성'에 봉착하자 이념의 구상화에 불과한 도식적 소설이 나오게 된 원인을 대중의 '생활 감정'이 결여된 데서 찾은 점에서 출발한다. 그것을 회복하기 위해 카프 전위들은 '대중 속으로'를 외쳤지만, 그것은 이념에 따라 현실을 재단하는 관념적 태도였다. 이에 반해 김남천은 거의 유일하게 현실로써 이념을 구체화했다. 그는 마르크스 이념의 구체화는 이념의 전달이 아니라, 현실을 파악하는 마르크스의 방법론에 있음을 자각하고, 카프 전위들의 초월론적(transcendental) 자기반성을 요구했다. 이것은 카프 전위들의 인식방식을 의식대상으로 현전시키는 것과 연동되는데, 이를 위해서는 그는 전위의 '아내'의 관점에서 전위들의 인식방식을 드러냈다. 이로써 아내, 곧 대중의 인식과 생활 감정은 전위의 세계관의 맹점(blind spot)이었음을 사실적으로 묘사할 수 있었고, 이념의 구체화를 모색하는 '수용'의 서사를 구성할 수 있었다. 이것은 마르크스의 방법론인 '구체로의 비약'의 작가적 실천이었다.

제3장 「내러티브의 '포앙테'에 의한 인지-정서 효과 - 이야기 유머와 최단편 픽션의 비교」(강병창)에서는 최단편 픽션과 이야기 유머를 대상으로 하여 이 두 텍스트 종류의 장르적 특징과 내러티브 결말의 메커니즘(포앙테)을 비교한다. 최단편 픽션의 영역이 매우 광범위하고 그 성격도 다양하므로, 이 글에서 취하는 접근 방법은 비교적 구조와 효과가 단순한 이야기 유머에서 출발하여 부조화 인지 및 해소 방식의 유형을 추출한 다음 이것을 일부 최단편 픽션에 대응시켜 보는 것이다. 따라서 이 글의 주안점은 내러티브 결말구조에서 중요한 요소가 되는 부조화/갈등의 발생과 그 해결 방식의 형식적 측면과 이것이

보일 수 있는 '놀라움', '심오함', '우스움', '즐거움' 같은 정서적 효과가 된다. 이야기 유머는 해석이 성공했을 때 수용자에게 웃음을 유발하고, 최단편 픽션은 많은 경우 놀라움을 비롯한 다양한 정서를 불러일으킨다. 해석의 관점에서 볼 때 이야기 유머와 최단편 픽션은 대체로 볼 때 공통적으로 부조화 또는 갈등을 수용자가 인지하고 포앙테를 기점으로 추론과 상상력을 통해 부조화를 해소하는 일련의 과정을 요구한다. 최단편 픽션과 이야기 유머에서 확인된 세 가지 부조화 인지-해소 유형은 '프레임 바꾸기', '프레임 고치기', '프레임 밝히기'이다.

제4장 「영화 〈셰익스피어 인 러브〉의 인지 내러티브 탐색」(박은정)은 콘텐츠를 감상하면 인간의 마음이 움직이고, 이러한 마음의 동요는 뇌신경의 동기화에 의해서 지각, 기억, 감흥, 사고 등 일련의 인지과정이 산출되는 것이라는 점에 주목한다. 따라서 이 글은 인지과학에 기반하여 대중문화예술인 영화 <셰익스피어 인 러브>의 인공지능 스토리텔링 아키텍처를 구현하기 전 단계인 인지 내러티브 탐색에 초점을 맞추며, 스토리의 감흥을 인터랙션(interaction)하는 과정에서 관객이 <섹스피어 인 러브> 스토리의 변화에 따라 감흥하는 마음의 정서가 어떻게 표상되는지를 분석한다. 개념적 메타포(conceptual metaphor)의 의미 구조망을 통해서 인지 아키텍처를 지향하는 밑그림으로 그 내러티브 구조를 연구하는 것이다. 그리고 인지 기반의 내러티브가 담론화하고 있는 개념 연결망과 연관되는 메타포와 문화코드가 어떻게 산출되는지도 함께 탐색한다.

제5장 「의외성과 그에 수반되는 감정 - 드라마 〈커피하우스〉를 중심으로」(안미경)에서 저자는 인간의 인지작용과 그 인지작용이 수반하는 감정을 언어표지가 어떻게 나타내고 있는지를 살펴보고 있다.

특히 의외성이라는 인지작용과 여러 감정들의 상관관계를 드라마 대본의 생생한 담화를 통해서 분석한다. 인간의 의사소통에는 감정이 늘 존재하기 마련이다. 언어는 이 감정을 표현하고 인간의 내면을 밖으로 표출하는 가장 강력한 수단이다. 그럼에도 불구하고 감정과 언어의 관계는 언어학에 있어서 많은 연구가 되지 않은 분야이다. 행복, 슬픔, 화, 공포와 같은 여러 감정과 함께 '놀람' 또한 중요한 감정이다. '놀람'이라는 감정은 화자가 인지적으로 준비되지 않은 새로운 정보를 접했을 때 일어나는 정신 상태를 의미한다. '놀람'을 비롯한 예기치 않은 새로운 정보를 접했을 때 수반되는 감정과 이와 유사한 심리상태를 나타내는 의미범주를 의외성(mirativity)이라고 한다. 또한 이 의외성이라는 인지작용이 '놀람'이라는 감정뿐만 아니라 '불신', '불만', '불평'과 같은 부정적인 감정을 수반하는지에 관한 논의도 흥미로운 부분이다.

제6장 「브랜드의 감(感)과 질(質) - 기업브랜드 계획의 문화실천에 대한 고찰」(고경난)은 퍼스(Peirce) 기호학 개념 중 퀄리아(*qualia*)와 리마타이제이션(rhematization)을 사용하여 기업브랜드의 기호이데올로기와 전략적 관리를 설명하는 데에 집중한다. "기업브랜드란 무엇이고 어떻게 관리되어야 하는가"라는 질문은 기업브랜드 기호계의 구상과 관리를 지배하는 담론이다. 이 논문은 이 담론에 내포된 브랜드 전문가들과 경영진의 브랜드에 대한 통속이론은 기호로서의 브랜드의 퀄리아와 퀄리티(자질)의 관계를 논하는 통속이론임을 우선 밝힌다. 경영 관점에서 브랜드는 (소쉬르식 기호 시스템의 구상과 상당부분 유사하게) 브랜드가 기표와 기의로 구성되어 있고 가치란 시스템 내 다른 기호들과의 차이에서 나온다고 전제한다. 그리고 퀄리아란 퀄리티를-퍼스 기호학적으로 대신한다고 이해하기 보다는-비교적

투명하게 "표현," "반영," 그리고 (해석체에 대한 고려를 배제한 채) 일관되게 "전달"하는 것으로 간주된다. 이러한 기호이데올로기에서 소위 기업브랜드라는 것은 갖가지 토큰 브랜드들의 경험이 이루는 총체적 의미의 '합(sum)'이다. 저자는 하와이 기업에서의 참여관찰 자료를 토대로 이러한 퀄리아와 퀄리티의 관계를 문화-특수적으로 상상하는 기호이데올로기가 브랜드 구상이라는 문화실천에 어떠한 영향을 주는가를 설명하고자 한다. 기업브랜드가 토큰 브랜드들이 생산하는 의미의 '합'인 기호계로 구상되며 이 기호계가 외부 브랜드 소비자에게 '기업브랜드임'으로 인지되기 위해 퀄리아 해석의 향(向)을 특정하게 -지표기호들이 도상기호로 해석되도록(리마타이제이션)-유도하는 것이 전략적 기업브랜딩(brand-ing)의 문화실천인 것이다.

제7장 「PIE 메시지의 감정 내러티브 연구」(안혁)는 인간의 감정은 외부의 자극에 대한 반응이고 이 반응은 다양한 방식의 행동으로 표출되며, 이러한 감정의 다양성은 표현의 다양성에서 추측해 볼 수 있으며, 이것을 이해하기 위해서는 개인적 배경뿐만 아니라, 문화적 차이에 대한 지식이 요구됨을 강조하고 있다. 감정이 외부 자극에 대한 반응이라는 점은 감정을 하나의 내러티브로 볼 수 있게 하는 출발점이 된다. 내러티브는 정적인 현상이 아니라 인과된 사건의 연속이다. 한 사건은 다른 사건의 원인이 된다. 이러한 인과적 특성은 감정과 내러티브를 하나의 범주로 묶을 수 있는 기반이 된다. 이 논문의 연구 대상은 학생들이 작성한 PIE 결과물이다. PIE란 'Photo in Education'의 약어로 학생들에게 사진찍기와 글쓰기를 동시에 가리키는 교육방식을 말한다. PIE의 메시지는 기본적으로 매우 짧은 내러티브이다. 이 내러티브는 이미지와 텍스트의 교묘한 결합을 통해 내용적 일관성을 확보하고, 저자의 생각을 표현한다. 국내에서 학생들을 대상으

로 한 PIE 결과물을 고찰한 결과, PIE 프로그램의 내용이 언어교육 혹은 리터러시 향상이라는 지향점을 가짐에도 불구하고, 다수의 학생들은 자신의 감정적 상태와 관련한 내용을 작성하였다. 이러한 감정 상태의 기술이나 토로를 통해 학생들은 자신의 상황에 대한 메시지를 타인에게 전달하고자 하고, 이러한 과정을 통해 학생들은 안정적 정서를 발달시킬 수 있다는 판단이다. 이러한 판단의 근거는 학생들의 메시지를 질적으로 분석하는 것이고, 양적 연구와 더불어 더 많은 데이터는 이 판단에 추가적인 힘을 부여할 것으로 생각된다.

제8장 「외국인 대학원생들의 내러티브에 나타난 사회적 관계망 엿보기 - 융합을 위한 긴장」(민진영)에서는 한국에서 생활하고 있는 외국인 대학원생들이 어떤 사람들과, 어떻게 사회적인 관계망을 맺고 있으며, 이러한 관계망을 통해 경험하게 된 좌절과 희망은 무엇인가를 탐색해 보고 있다. 이를 위해 이 연구에서는 인간의 경험을 표현하고 이해하기 좋은 방법인 내러티브 탐구 방법을 사용한다. 이 연구 참여자들은 한국이라는 새로운 사회에 적응하기 위한 관계망을 형성하기 위하여 다양한 노력을 하고 있다. 이들이 맺고 있는 공통적인 관계망은 네 가지로 분류할 수 있다. 교수와의 관계망은 '다가가면서 일정거리 유지하기', 대학원에서 만난 한국 학생들과의 관계망은 '낯선 이에 대한 관용', 한국 사람이 아닌 다른 사람들과의 관계망은 '따로 그러나 함께', 자국 친구들과의 관계망은 '공감의 원리'로 특징지을 수 있다. 이 연구를 통해 외국인 대학원생들이 한국에서 생활을 잘하기 위해 가장 필요한 것은 다른 사람들과의 사회적인 관계망, 특히 한국 사람들과의 관계망이라는 것을 알 수 있다. 이 결과는 외국인 대학원생 지원에 유용한 자료로 쓰일 수 있을 것이다.

필자소개(가나다 순)

강병창

한국외국어대학교 독일어과를 졸업하고, 같은 대학교 대학원에서 독일어 정보구조에 대한 논문으로 박사학위를 받았다. 현재 한국외국어대학교 세미오시스 연구센터 HK교수로 재직하고 있다. 주요 논문으로는 「세미오시스와 인지의 관점에서 본 완곡어법」(2013), 「죽음의 수사학」(2013), 「내러티브 유머와 마이크로픽션의 결말구조 비교」(2014) 등이 있고, 역서로는 『거짓말의 언어학』(공역, 2010), 『번역이론 입문』(공역, 2011) 등이 있다.

고경난

펜실베니아 대학교(University of Pennsylvania)에서 미국의 "기업의 사회적 책임(CSR)"에 대한 담론-중심적 문화 연구로 인류학 박사학위를 받았다. 현재 한국외국어대학교 HK 세미오시스 연구센터 HK교수로 재직하고 있다. 주요 논문으로는 「Ethnographic research on modern business corporations」(Annual Review of Anthropology, 2013), 「Translating 'Sustainability' in Hawai'i: The Utility of Semiotic Transformation in the Transmission of Culture」(The Asia Pacific Journal of Anthropology, 2015), 「The Semiotic Corporation」(Signs and Society 부록호 논문집, 2015) 등이 있다.

김지형

한국외국어대학교 한국어교육과를 졸업하고, 같은 대학교 대학원에서 「김남천과 임화 문학의 식민지 이성 연구」로 박사학위를 받았다. 현재 한국외국어대학교에 출강하고 있다. 주요 논문으로는 「『신문학사』와 『한국문학사』의 동일성 소고」, 「전환기의 사상, 리얼리즘의 조건」, 「'물 논쟁'에 나타난 김남천의 자기반성적 실천 고찰」 등이 있고, 저서로는 『식민지 이성과 마르크스의 방법』(소명출판)이 있다.

민진영

한양대학교 국어국문학과를 졸업하고, 연세대학교에서 외국인 유학생의 학업 적응에 관한 질적 연구 논문으로 박사학위를 받았다. 현재 건국대학교 언어교육원과 연세대학교 일반대학원에서 강사로 재직하고 있다. 주요 논문으로는 「'-길래'의 특성과 교수 방안 연구」, 「외국인 유학생의 한국어 능력 부족에 따른 대학원 생활 경험 연구」 등이 있고, 저서로는 『비즈니스 한국어 중급』(공저), 『2000 Essential Korean Words for Beginners』(공저), 『한국어(Mastering Korean 5』(공저), 『초보자를 위한 톡톡(Talk Talk) 한국어』, 『Korean Grammar in Use-Intermediate』(공저), 『함께 배우는 건국 한국어 2-1, 2-2』(공저), 『맞춤 한국어(Customized Korean) for French Speaking Children 2』(공저), 『KBS 생활 한국어 중급』 (공저) 등이 있다.

박은정

한국외국어대학교 영어과를 졸업하고, 같은 대학교 대학원에서 현대 미국소설가 토머스 핀천의 전작품을 문화연구 시각으로 분석하여 박사학위를 받았다. 현재 한국외국어대학교에 강의와 연구를 하고 있다. 주요 논문으로는 「한류의 빅뱅 <강남 스타일>: 한국과 미국의 문화코드」, 「<해리포터와 마법사의 돌>과 <매트릭스>에서 시각/공간 인지의 재현」, 「*Alice in Wonderland* and its Language/Culture Acquisition. Towards Cognitive Culture System」, 「The Vicissitudes of the Cowboy Hero in American Culture」 등이 있고, 저서로는 『스토리텔링 인지과학 만나다: 콘텐츠 시대의 문학과 예술』, 『토머스 핀천 연구: 국가와 제국, 그 문화적 재현』이 있다.

안미경

한국외국어대학교 영어영문학과를 졸업하고, 같은 대학교 대학원에서 「English causal complex prepositions: A grammaticalization perspective」 논문으로 영어학 박사학위를 받았다. 현재 한국외국어대학교 세미오시스 연구센터 HK교수로 재직하고 있다. 주요 논문으로는 「From favor to cause: the English adposition *thanks to* and its Korean counterpart *tekpwuney*」(2010), 「Negotiating common ground in discourse: a diachronic and discourse analysis of *maliya*」(2013), 「On the development of Korean 'SAY' evidentials and their extended pragmatic function」(2014), 「Evidentiality in interaction: A pragmatic analysis of Korean hearsay evidential markers」(2015) 등이 있다. 주요 저서로는 『Emergence of Causality in Grammar』(2009), 『Semiosis of African American Religion』 (2013) 등이 있다.

안 혁

연세대학교 노어노문학과를 졸업하고 The University of North Carolina at Chapel Hill에서 슬라브어의 재귀구문의 의미에 대한 논문으로 박사학위를 받았다. 한국외국어대학교 세미오시스 연구센터 HK교수를 역임(2011. 9. ~ 2015. 2.)했으며, 현재 성균관대학교 러시아어문학과의 조교수로 재직하고 있다. 주요 논문으로는 「Semantic defocusing: semantically motivated syntax of Russian SJA constructions」(2012), 「The Lexicalization Pattern of the Verbs of Speaking: Categorical Compositionality in Russian」(2013) 등이 있고, 역서로는 『슬라브어 역사-비교 언어학 연구: 러시아어, 폴란드어, 체코어, 세르보-크로아티아, 불가리아어 음운론과 어형변화를 중심으로』(2011)이 있다.

홍정표

한국외국어대학교 프랑스어과를 졸업하고, 같은 대학교 대학원에서 정념의 기호학적 분석에 대한 논문으로 박사학위를 받았다. 현재 한국외국어대학교와 국립경찰대학교에 외래교수로 출강하고 있다. 주요 논문으로는 「양태이론고찰」, 「질투에 관해서」, 「정념 기호학과 담화 기호학의 상호보완적 고찰」, 「담화 기호학 연구」 등 다수가 있고, 역서로는 『기호학으로의 초대』, 『서사, 일반 기호학』, 저서로는 『정념 기호학』이 있다.

I

정념의 기호학적 분석 소고

1

정념의 기호학적 분석 소고
- 박경리의 『가을에 온 여인』을 중심으로

홍 정 표

1. 서론

기호학은 20세기 초에 스위스의 언어학자 소쉬르와 미국의 철학자 퍼스에 의해 그 가능성이 시사된 이래 다양한 이론과 학파가 형성되었다. 기호학 이론 중에서 그레마스Algirdas Julien Greimas(1917~1992)를 주축으로 한 파리학파의 이론은 조직적이고 치밀한 이론 구성과 방법론으로 현대 기호학에서 확고한 위치를 차지하고 있다. 그들은 기호학이 담화의 총체적인 의미작용을 논리적이고 체계적으로 분석하는 학문이라고 규정한다.

초기 연구에서 그레마스는 이야기에 나타난 인간의 행동을 분석 대상으로 삼아 행동의 <통사론적이고 의미론적인 구조>[1]를 규명하

1) 통사론적 구조가 이론의 뼈대armature를 이루는 부분이라면, 의미론적 구조는 이론의 살을 이루는 부분이며, 양자는 상호보완의 관계를 구성한다. 즉 통사론적 요소가 통합적syntagmatique이고 동적인 사행procès으

였고, 행위소 모델modèle actantiel, 기호사각형carré sémiotique, 서사도식schéma narratif 등 서사기호학의 이론적 바탕이 되는 분석 도구를 정립하였다. 그러나 이야기는 대개 인간 상호 관계를 바탕으로 하며 여기에는 당연히 감성적 요소가 개입하여 중요하고 결정적인 작용을 한다. 문학 텍스트에 나타난 질투, 분노, 절망감 등은 흔히 소설의 결말을 가져오는 동기가 된다고 할 수 있다. 그래서 감성을 제외한 행동의 연쇄만을 분석하는 것은 피상적 분석일 뿐이라고 생각하게 됨에 따라, 그레마스를 중심으로 한 파리기호학파는 1970년대 말부터 담화나 텍스트에 표출된 인물의 성격, 감정, 기질의 분석에 관심을 기울였다.

그는 1979년 논문 「존재(상태)의 양태화에 대하여De la modalisation de l'être」를 발표하여 정념 기호학 연구의 기반을 마련하였다. 그의 수제자 퐁타닐Fontanille은 이때부터 발화작용 언어학, 바르트Barthes의 『사랑의 단상*Fragments d'un discours amoureux*』, 서사기호학의 양태성으로 정념 기호학이 구조주의 관심 영역이 되었다고 설명하고 있다.[2)]

발화작용 언어학은 감성의 주관적 성향에 대한 고찰을 가능하게 하였다고 할 수 있다. 바르트의 『사랑의 단상』은 메타언어[3)]를 사용하지 않고, 사랑에 대한 전형적인 형상과 장면을 극적으로 등장시켰으며, 심리학적이 아니라 현상학적인 연구이었다. 서사 기호학의 양태성에 뒤이어 등장한 것이 <존재(상태)의 양태화>이다. 그레마스는 <행위의 양태화modalisation du faire>를 서사 주체의 양

로 서사성narrativité의 구성요소를 설명한다면, 이 각각의 위치에 범주적이며 계열적인paradigmatique 성질로 부여되는 것이 의미론적 요소이다.

2) J. Fontanille, “Sémiotique des passions”, pp.601~3 참고, in A. Hénault, *Questions de Sémiotique*, PUF, 2002.

3) 의미작용을 포착하고 기술하며 분석하기 위한 도구를 말함.

태 역량compétence modale으로 수년간 연구한 후, <존재(상태)의 양태화>인 주체의 양태 존재existence modale에 접근하게 되었다. 그리고 정념이 행위주체가 아니라 상태주체와 관련된다는 점에서 <존재(상태)의 양태화>에 중점을 두어서 연구하였다. 이러한 세 이론에 힘입어 그레마스는 정념 기호학 이론을 정립하는 데 박차를 가하였다.

그는 정념을 기호학적으로 연구하는 방법론을 모색하면서, 우선 사전을 참조하여 정념적 어휘소를 세밀하게 분석하였다. 어휘소를 기호학적으로 분석하는 것은 어휘소 안에 들어 있는 모든 내포적 의미를 다 추출하여 그것의 의미구조망을 과학적으로 세밀히 밝히는 것이라 할 수 있다. 분석이 시도된 어휘소는 향수鄕愁, 분노,[4] 인색, 절망, 무관심, 질투 등이었으며, 이것을 사전적 정의에 기초해 정교하게 분석하여 어휘소적 기술이 담화 분석에 효과적으로 활용될 수 있다는 것을 보여주었다. 하지만 담화의 의미적 표현은 사전적 개념보다는 담화의 맥락과 상황에 달려 있으므로, 어휘소를 사전에 기초해 분석하는 것은 한계를 가져왔다고 할 수 있다.[5] 텍스트의 정념 구조를 분석하기 위해서는 어휘소 분석만으로는 안 되고 정념 효과를 생산하는 <통사론적이고 의미론적인 구조>를 밝혀야 했다. 그래서 80년대 말부터는 담화의 정념 차원에 대한 연구로 방향을 전환하여, 텍스트에 언어로 표현되지 않은 요소, 즉 긴장tension, 감phorie, 변조modulation 등에

---

4) 여러 어휘소 분석 가운데 특히 분노의 연구는 통사적 긴장tensions syntaxiques을 도입하여 정념 기호학 연구에 큰 도움을 주었다. 분노의 전체 시퀀스는 분노 표출에 전제되는 최초 기대감의 긴장적 힘에 의해 지배된다. 분노는 기대감이 크고 변함없는 것일수록 강도가 더 강하고 지속적인 것이라 할 수 있다.

5) 이것은 의미생성행로를 통한 정념 기호학의 이론적 틀을 마련하는 계기가 되었다.

관심을 쏟았으며, 그레마스는 타계하기 1년 전에 퐁타닐과 공저로 『정념의 기호학*Sémiotique des passions*』(1991)을 출간하였다.[6]

2. 의미생성행로

서사 기호학에서는 담화나 텍스트에 등장하는 인물의 행동을 불연속적 상태부터 고찰하는 심층층위부터 분석하여, 의미생성행로의 분석층위를 심층, 표층, 담화 구조의 세 단계로 나누었다. 하지만 등장인물의 다양하고 복합적인 정념, 성격, 기질을 기호학적으로 조명하기 위해서는 또 다른 방법론이 필요하였다. 두 학자는 의미작용의 이산화離散化discrétisation[7]가 이루어지기 전 잠재적 존재양식으로 시선을 돌려 기호학적 지평을 확대하면서 정념 기호학 이론을 정립하였다. 정념 기호학에서는 행동 기호학에서 다루지 않은 감각과 지각을 기술하기 위해 심층층위 아래 선조건층위niveau des préconditions를 설정하고, 기존의 심층과 표층층위를 합하여 기호-서사층위로 한다. 따라서 정념 기호학은 텍스트를 선조건, 기호-서사, 담화층위 세 단계로 분석한다.

의미생성행로 첫 단계 선조건층위는 의미 출현의 원초적 조건으로 무정형 연속적 상태이며, 인간의 사고나 행동이 있기 전에 감각과 지각이 이루어지는 층위이다. 우리는 의미를 인식적으로 포착하기 전에 담화에서 미묘한 파동의 표출을 감지한다고 할 수 있다. 두 학자는 이러한 파동을 설명하기 위해 여러 가지 가상체를 생성행로 첫 단계에 설정하였다.

---

6) 홍정표, 『정념 기호학』, 한국외국어대학교 출판부, 2014, 34~35쪽 참고.
7) 이산화는 무정형 연속적 상태가 불연속적 상태로 구분되는 것을 말함.

생성행로 시발점에 의미 발생 최초의 조건인 긴장성tensivité과 감이라는 두 가지 가상체를 배치한다. 긴장성은 발화문에 구체적으로 표현되는 것이 아니라 추상적으로 감지되는 것으로, 담화에서 인지되는 파동의 존재를 설명해주는 중요한 특성이라 할 수 있다. 또한 긴장성과 더불어 심연에 감성적 음색을 띠고 있는 음악처럼 서사성[8]의 부드러운 수반물로 감의 개념이 도입된다. 감은 생물체의 가장 기본적인 느낌으로, 양극화되지 않은 긴장 관계에서 주체와 대상 사이에 존재하는 끌어당김과 밀쳐냄, 곧 인력과 척력의 상태를 말하며, 발화 행위 주체의 혼란스런 내부를 지칭한다. 인력과 척력의 상태 감이 선조건층위에서 다음 단계 기호-서사층위로 이산화할 때, 쾌감과 불쾌감으로 분절되는 가치 체계가 된다.

선조건층위 주체와 대상은 단지 행위소의 원형으로 존재하며, 선주체pro-sujet, 선대상pro-objet이라 한다. 선주체는 감각주체 혹은 지각주체[9]라 할 수 있는데, 이것이 선대상에 대해 선지향성protensivité[10]을 띠게 되면 긴장의 공간이 불균형적 상태가 되어 융합fusion 상태에 분열scission이 일어나게 되고,[11] 이 때 의미 발생

---

8) 서사성은 담화나 텍스트로 표출되기 전에 잠재하는 의미의 통합적인 조직을 말하며, 모든 사람들이 지니고 있는 보편소라 할 수 있다.

9) 이것은 범주화와 이산화에 의해 인식주체sujet connaissant가 되고, 담화화 시에 담화주체sujet discourant가 된다.

10) 선주체는 모순적인 두 가지 힘, 선지향성과 혼융fiducie에 의해 작용된다. 이것들은 서로 반대 작용을 하는데, 선지향성은 선주체가 선대상과 분화되게끔 하며, 혼융은 분화를 중단시켜 선주체에 선대상을 부여하여 둘이 하나가 되게 한다.

11) 감적 긴장성에서 분열을 일으키거나 융합을 지향하는 긴장이 서로 균형을 이룰 수도 있고, 한 쪽이 다른 쪽보다 우세할 수도 있다. 융합을 지향하는 긴장이 우세하면 필연nécessité이 지배하며 의미작용은 불가능한 반면, 분열에 유리한 긴장이 우세하면 우연hasard이 나타나며, 의미작용이 생성된다.

의 윤곽이 드러난다고 할 수 있다. 선대상은 가치의 그림자ombre de valeur 혹은 가치에 대한 예감이며, 발랑스는 가치에 대한 예감을 일으키는 것, 가치가 출현하기 위해 필요한 조건이라 할 수 있다. 주체는 인력과 척력에 의해 대상과 결합되는데, 이 인력과 척력의 잠재력이 곧 발랑스이다. 다시 말해 주체와 대상 사이에 생기는 첫 번째 느낌이나 지각이 곧 발랑스인 것이다.

이밖에 행위소적 불안정성instabilité actantielle, 되어감devenir, 방향성orientation, 변조 등 가상체를 생성행로 첫 단계에 설정한다. 감의 공간espace phorique에서 무정형 기질 덩어리가 변화해 가는 모습으로 드러나는 변조는 무수히 많지만, 그레마스와 퐁타닐은 가설연역법[12]으로 네 가지 양태에 해당하는 네 가지 변조(개시, 종결, 지속, 점괄)를 규정하였다. 네 가지 변조는 이산화하여 기호-서사층위에서 네 가지 양태(/의지 혹은 원하다vouloir/, /지식 혹은 알다savoir/, /능력 혹은 할 수 있다pouvoir/, /의무 혹은 해야 하다devoir/)로 된 후, 담화 층위에 소환convocation되어 네 가지 상aspect(기동상, 종결상, 지속상, 점괄상)이 되어 표출된다. 또한 선조건층위 변조가 담화층위에 직접 소환되어 상화되기도 한다. 그래서 이것은 다음과 같이 이론적 삼각형[13]을 이룬다고 할 수 있다.

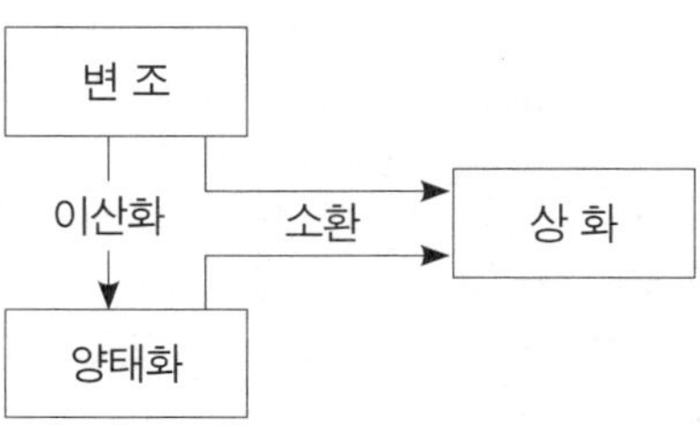

12) 어떤 가설을 세우고 그것을 연역적으로 추론하여 이론을 정립한 후, 구체적 사례에 적용시키는 방법.

13) A. J. Greimas et J. Fontanille, *Sémiotique des passions ; Des états de choses aux états d'âme*, Paris: Seuil, 1991, p.76.

박경리의『가을에 온 여인』[14]에서 다음의 대목을 살펴보면,

그들(성표와 의화)은 홀로 들어섰다.

"아."

두 사람 입에서 동시에 **가벼운 경악의 소리**가 나왔다. 오부인이 의자에 앉아 있다가 얼굴을 들었던 것이다. 백랍처럼 하얀 얼굴에 주홍빛이 몰려든다고 생각되는 순간 그는 벌떡 일어서서 빙글 돌아섰다. 그는 한번도 뒤돌아보지 않고 층계를 밟고 올라가는 것이었다.

말 한마디 걸어볼 수 없는 그 강한 거부의 뒷모습이 이층으로 사라지자 성표는 의화를 쳐다보았다. 의화의 얼굴은 **새파랗게 질려 있었다.** 그리고 **오들오들 떨고 있었다.**(453쪽)[15]

밤늦게 숲속의 푸른 저택에 함께 돌아온 성표와 의화(S_1) 두 사람은 홀에 앉아 있는 오부인(S_2)을 보자 너무 놀래 경악의 상태에 있다. 경악은 모든 정념의 첫 단계이다. 이런 상태는 쾌감과 불쾌감으로 양극화되기 전 단계로 주체는 지금 선조건층위에 있다. 이 층위에서 개시, 종결, 지속, 점괄 변조는 이산화 작용으로 기호-서사층위에서 아

---

14) 나남출판, 1999.
푸른 저택에 가정교사로 들어 온 주인공 신성표는 한적한 숲 가운데 있는 궁전같은 저택의 모습과 안주인 오세정의 서늘한 미모에 놀란다. 그 여자는 결혼을 약속해 놓고 다른 여자와 결혼한 애인을 음독자살로 가장해 살해한 후 그의 형과 결혼하고, 자신의 애인이 결혼하여 낳은 아들 찬이를 키우며 살고 있다. 음모와 질투가 도사리는 푸른 저택에 찬이의 가정교사로 살게 된 신성표는 처음에는 오세정에게 마음이 끌렸으나, 가을에 미국에서 귀국한 찬이의 친모 나의화에게 첫눈에 반해 마음을 빼앗긴다. 오세정은 자신을 배신한 신성표에게 복수를 하고자 하지만 계획은 빗나가고, 남편 강사장이 사업에 크게 실패하자 그를 권총으로 살해하고 자신도 자살하는 충격적 장면으로 이야기는 막을 내린다.

15) 괄호 안에 표시된 숫자는『가을에 온 여인』원문의 쪽수.

래 네 양태가 된다.

/~이기를 원치 않음/ (S_1은 S_2를 만나기를 원치 않음)

/~이어서는 안됨/(S_1은 S_2를 만나서는 안됨)

/~일 수 있음/(S_1은 S_2와 만날 수 있음)

/~임을 앎/(S_1은 S_2와 만났음을 앎)

이 양태는 담화층위에 소환되어 네 가지 상, 기동상, 점괄상, 지속상, 종결상이 된다. 또한 선조건층위의 강한 강도와 기동의 기호학적 스타일도 담화층위에 소환된다. 전자와 후자의 절차가 합하여 S_1은 얼굴이 새파랗게 질리고 오들오들 떠는 모습으로 나타난다.

이와 같이 의미의 선조건에서는 의미 발생에 대한 가상체를 제시하면서, 서사 기호학의 근본 개념에 대한 재검토를 하였다. 요컨대 정념 기호학은 심층층위부터 다룬 서사 통사론에서 존재의 심연에 초점을 둔 통사론으로, 즉 불연속성의 패러다임에서 연속성의 패러다임으로 옮겨가는 과정의 연구라 할 수 있다.

3. 정념 통사론의 두 차원

앞 장에서 살펴본 대로 정념을 의미생성행로로 분석할 경우, 주체의 신체적 떨림, 흥분, 허무감과 같은 현존[16)]적 참여를 분석할 수 없으며, 발화가 행해지는 방식과 발화작용이 범주를 선택, 결합, 정리, 변형시키는 방식을 설명하지 못한다고 할 수 있다. 이런 점을 보완하기

16) 현존이란 감각적 자질로서 지각의 최초 기호학적 분절을 말함.

위해 퐁타닐은 『기호학과 문학』[17]및 2002년 새로이 발표한 「정념 기호학」[18]에서 정념을 의미생성행로 방식이 아니라, 상보적인 <구성요소constituants>와 <현시요소exposants> 두 차원으로 분석하고 있다. 이렇게 함으로써 정념 효과는 생성행로에서 파악되는 것이 아니라 담화에서 직접 파악되고 있다고 할 수 있다. 다만 의미생성행로에서 정립된 개념은 그대로 활용되고 있다.

정념 통사론의 두 차원에서 <구성요소>는 양태화의 불연속적 단위이고, <현시요소>는 강도intensité와 양quantité의 연속적 단위이다. <구성요소>는 양태 주체의 상상적 투사를 바탕으로 존재(상태)의 양태 배열인 양태 장치를 구성하는 것, 즉 양태 분석을 말한다. 반면에 <현시요소>는 감성적 표현의 강도와 범위étendue의 가치를 기반으로 하는 긴장 분석을 말한다고 할 수 있다.

3.1. 양태구성요소

양태는 <다른 술어를 중첩 한정하는 술어>로 정의된다. 그레마스가 주도한 파리기호학파는 1975년 양태 이론을 기호학 연구에 도입하여 새로운 열정을 불러일으켰으며, 이때부터 양태는 기호학의 핵심적인 연구 주제로 자리잡았다. 쿠르테스는 "양태의 분야는 우리의 말을 초월하여 실제로 존재하는 하나의 광대한 영역이다"[19]라고 하였다. 또한 에노는 "양태에 관한 연구는 상호주관적 관계의 영역에서 실제의 사고를 형식 용어로 표현하는 방법을 제시해 준다"[20]고 말하였다.

---

17) *Sémiotique et littérature*, PUF, 1999.
18) "Sémiotique des passions", Op. cit., pp.609~616.
19) Joseph Courtés, *Introduction à la sémiotique narrative et discursive*, Hachette, 1976, p.74.
20) Anne Hénault, *Narratologie, Sémiotique générale*, PUF, 1983, p.60. (홍

이러한 양태 이론은 서사도식을 공식화하는 데 활용되었다.

양태는 양태화하는 술어에 따라 두 가지로 구별될 수 있다. 술어가 '하다faire'일 때는 양태 역량compétence modale이 되고, '이다être'일 때는 양태 존재existence modale가 된다. 양태 역량을 시기심ombrage과 선한 경쟁심émulation을 통해 살펴보면, 시기심은 주체 자신이 능가되고 압도될 수 있는 자의 관점에서, 경쟁자의 우월성을 두려워하여 부정적으로 도덕화한다고 할 수 있다. 하지만 선한 경쟁심은 주체가 경쟁자를 능가하고 압도하려는 자의 관점에서, 그의 우월성을 전제하여 긍정적으로 도덕화한다고 할 수 있다. 즉 시기심은 주체 자신의 양태 역량을 참고로 삼지만, 선한 경쟁심은 경쟁자의 양태 역량을 참고로 삼는다는 점이 서로 다르다.

선한 경쟁심을 통해 정념이 양태 역량이 아니라, 양태 존재와 관계된다는 것을 설명할 수 있다. 선한 경쟁심은 <타인만큼 혹은 더 잘 /하기를 원함vouloir-faire/을 가정하는데, 이것은 양태 존재인 /이기를 원함vouloir-être/, 즉 경쟁자의 어떤 양태적 상태와 동일하거나 더 나은 상태/이기를 원하는/ 것에서 비롯되는 것이다. 이처럼 양태 역량은 양태 존재에서 비롯되는 것이므로, 양태 존재는 양태 역량을 포함한다고 말할 수 있다. 또한 하다는 단지 변형에만 관계되는 반면, 이다는 상태와 변형 모두를 포괄한다는 점에서, 정념화된 주체는 '하다'가 아니라 '이다'로 양태화된 주체이다. 다시 말해 행동 기호학에서는 /하기를 원하다/처럼 '하다'를 양태화하였으나, 정념 기호학에서는 /이기를 원하다/처럼 '이다'를 양태화한다는 것이다.

정념은 담화 안에서 독특한 의미 효과를 발산하는데, 기호학에서는 이런 효과가 양태의 결합이나 충돌로부터 비롯된다는 것이다. 기

정표 역, 『서사, 일반 기호학』, 문학과 지성사, 2003, p.64)

호학적 주체의 정념은 이같은 양태의 조건에서 형성된다고 할 수 있다. 여기서 주목할 것은 양태가 정념 효과를 나타내기 위해서는 술어가 최소한 둘 이상의 양태 결합이나 충돌로 이루어져야 한다는 것이다. 예를 들면 /원하다/ 하나의 양태만으로는 감성 효과를 만들 수 없고, /~ 수 있다/와의 결합이나 충돌로 /~이기 원하며/ /~일 수 있다/처럼 두 양태를 상관관계에 놓아야 정념 효과가 발생한다. 그리고 이 양태는 긴장의 변조와 결합하는데 이로써 양태의 강도와 수량의 경도 gradient를 고찰할 수 있다. 박경리의 『가을에 온 여인』에서 다음 대목을 살펴보고자 한다.

> "인사는 무슨 놈의 인사? 속되게 구는구먼. 하기는 그 마돈나 한 번 쳐다보고 싶을 게요."
>
> "실없는 소리, 누가 여길 온답디까?"
>
> 성표는 당황한다. 사실 그는 의화를 만나보고 싶었던 것이다. 영태를 상대로 실없는 말을 주고받으면서도 의화 옆에 가서 서고 싶은 충동을 몇 번 느꼈는지 모른다. 그러면서도 성표는 **자기 감정을 무서워하고 있었다. …**
>
> 나가느니 안 나가느니 하고 있는 판에 노크 소리가 났다. …
>
> "네." 목 쉰 듯한 성표의 대답이다.
>
> 문을 밀고 여자가 들어섰다. 머리가 앞이마에 착 달라붙은, 그래서 이마가 한결 선명하게 보이는 오부인이었다. …
>
> "축하합니다."
>
> 성표는 오부인의 손을 쥐었다. **괴로운 빛이 성표 얼굴에 잠시 스쳤으나** 이내 그것은 사라지고 말았다.(앞의 책, 434~5쪽)

성표(S_1)가 의화(O)에 대한 자신의 감정을 무서워하고 있는 것은 네 가지 양태의 복합, 즉 O와 연접/이기를 원함/이지만 연접/이어서는 안됨/[21]이며, O와 연접/일 수 없고/, 연접/이 아님을 앎/의 결실이다. 이처럼 O에 대한 S_1의 감정은 /의지/만이 긍정적이고 /의무/, /능력/, /지식/은 모두 부정적이다. 네 가지 양태의 상관관계가 전제되고 긴장의 결실로 감성적 효과가 표출되는데, 이 경우 자기 감정을 무서워하는 것으로 나타난다.

성표는 문을 밀고 들어선 사람이 나의화가 아니라 오부인인 데 대해 실망하고 괴로움을 느낀다. 얼굴빛은 괴로움을 나타내는 중심적인 신체 부위로 성표 얼굴에는 괴로운 빛이 스쳤다. 이 경우 S_1의 감정은 앞의 양태와 반대로, /의지/만이 부정적이고 /의무/, /능력/, /지식/은 모두 긍정적이다. 즉 S_1의 양태는 들어온 사람이 오부인/이기를 원하지 않음/이지만, /이어야 함(임에 틀림없음)/이고, /일 수 있음/이며, /임을 앎/ 네 가지 양태 복합의 결실이다. S_1은 이러한 양태와 강도 높은 긴장으로 괴로운 빛이 얼굴에 나타난다.

3.2. 긴장현시요소

퐁타닐은 담화에 나타나는 복합적이고 혼합된 형상을 파악하기 위해, 우선 감각적이고 가지적인 것 사이의 관계와 그 이행 과정을 정의하였다. 그 다음에 현상에 대한 감각적인 접근과 지각에 의해 나타난 속성을 분절하였다. 모든 신체는 담화 주체에게 우선 감각적 현존 présence sensible이다. 이런 관점에서 지각의 첫 번째 분절로 현존을 규정할 수 있다. 현존은 강도, 범위, 양의 용어로 표현된다. 감각적 현존 효과는 현존으로 규정되기 위해 힘의 강도, 위치의 범위와 양을 결합한다고 할 수 있다. 여기서 강도 효과는 내적인 것으로 나타나고,

21) 성표는 오부인 때문에 나의화와 연접이어서는 안된다는 의미이다.

범위 효과는 외적인 것으로 나타난다.

구체적 정념을 예로 들어 강도, 범위, 양을 설명해 보고자 한다. 어떤 정념에서 특히 강도를 포착할 수 있을까? 이에 해당하는 정념으로 충동성을 들 수 있을 것이다. 충동적인 사람은 깊이 생각해 보기도 전에 자신을 사로잡는 동작에 의해 즉시 반응하는 자이다. 이처럼 그의 양태 정체성은 단지 /의지/와 /능력/으로만 구성되어 있다. 동시에 긴장 현시요소가 양태 연쇄에 작용하는데, 강한 강도가 /의지/위에 주어진다. 강도는 /의지/를 행위소의 정체를 지배하는 요소가 되게 하면서 /능력/에까지 영향을 미친다. 이 경우 /의지/는 주구성요소, /능력/은 종구성요소가 된다. 이와 같이 충동성에서는 <현시요소> 강도가 중요하게 작용한다고 할 수 있다.

강도가 아니라, 양과 범위가 중요하게 작용하는 정념이 있다. 탐욕과 쩨쩨함이 그러한데, 이것들에 있어서 강도는 별로 중요하지 않고 대상의 범위와 양 만이 중요하게 작용한다. 탐욕은 대상의 범위와 양이 쩨쩨함보다 더 넓다고 할 수 있다.

두 차원 강도와 범위 영역을 선택하여 관계 맺는 것을 상관관계 corrélation라 하며, 도표에 표시한다면 강도는 세로축에, 범위는 가로축에 놓을 수 있다. 강도와 범위 차원은 점이적이므로 상관관계는 두 축을 이루는 공간에 점으로 표현된다. 또한 강도는 내수용적인, 내적 영역을 특징지어 내용면이 되고, 범위는 외수용적인, 외적 영역을 특징지어 표현면이 되며, 두 영역을 결합하는 상관관계는 자기수용적이라고 할 수 있다. 상관관계는 감각적 현존 효과의 중심인 신체의 위치 결정에서 비롯되는데, 지각 신체는 외부와 내부 세계에 동시적으로 속하므로 외적 영역과 내적 영역 간에 하나의 위치를 공유하여 감각의 현존을 도식화한다고 말할 수 있다.

이러한 긴장의 속성을 바탕으로 정념을 분절할 수 있다. 두 차원의 강하거나 약한 정도의 결합으로 네 가지 현존 변조를 정의할 수 있으며, 정념 주체가 느끼는 네 가지 현존 변조의 정도에 따라 네 가지 기본 정념을 규정지을 수 있다.

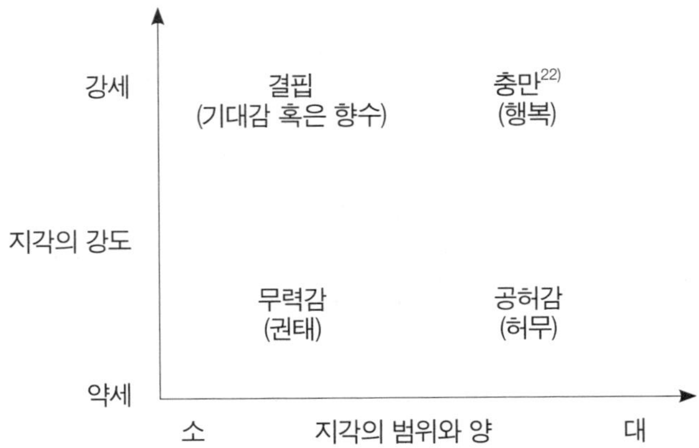

위와 같이 상관관계 공간 안에 지각 주체 현존의 각 변조에 해당하는 기본 정념을 나타낼 수 있다. 일례로 박경리의 『가을에 온 여인』에서 여주인공 오세정은 남편 강사장이 파산하고, 자신이 사랑하는 성표가 연적 나의화를 사랑한다는 것을 알고 절망감으로 자살하고 만다. 즉 S_1(오세정)에게 있어 현존 강도는 O(성표)와의 사랑에 대한 기대감의 강한 상태에서 점차 약한 상태로 떨어지고 범위는 공허감이 극대화된다.

그리고 S_1의 절망감에 대한 양태 분석은 다음과 같다. S_1은 O와 연접/이기를 원함/(기대)이지만, 연접/이 아님을 앎/(실망)은 S_1의 내부에 갈등과 고통을 일으킨다. 또한 S_1이 O와 연접/이어야 함/(신뢰)이지만, 연접/일 수 없음/(실패)은 가치대상에 도달할 수 없음을 인식하게 하

22) “Sémiotique des passions”, Op. cit., p.636.

여 절망감에 빠지게 된다, S_1은 이러한 양태를 감각적, 감정적으로 느껴 그녀의 현존감은 기대감에서 공허감으로 내려간다. 정념 주체는 동시에 약한 강도와 넓은 범위가 결합된 현존 변조를 지각함으로써, 살아갈 의욕을 완전히 상실하는데, 이같은 감성적 상태는 자살이라는 구체적 행위로 이어진다고 말할 수 있다.

4. 담화도식

담화도식은 정념도식과 긴장도식을 조합한 도식이다. 정념도식은 『정념 기호학』(1991)에서 처음 발표되었고, 퐁타닐이 프로테Protée지(1993)에 발표한 논문「정념도식」에 재정리해 발표하였으며, 긴장도식은 퐁타닐이『기호학의 문제들 *Questions de sémiotique*』(2002)에 발표한 논문「정념 기호학」에서 처음 소개되었다.

정념도식은 담화나 텍스트에 표출된 정념을 논리적으로 분절하는 조직을 말하며, 질투의 미시 시퀀스[23)]에도 일치한다고 말할 수 있다. 이 도식은 주체가 텍스트 일부 혹은 전체에서 겪는 정념을 형성에서부터 완료까지 다섯 단계, 형성화constitution, 장치화disposition, 정념화pathémisation, 정동화émotion, 도덕화moralisation로 분절한 것이다. 정념도식의 특징은 담화에 정념적 어휘가 표출되어 있지 않더라도 정념세계에 접근할 수 있는 방법을 제시해 준다는 것이다. 형성화는 긴장적 스타일, 강도, 템포로, 장치화는 양태 장치와 이질적 결

23) 질투의 통사론에는 거시 시퀀스와 미시 시퀀스가 있는데, 전자는 전체적인 윤곽을 특징짓고 네 단계로 이루어지며 미시 시퀀스는 정념적 변형이 일어나는 다섯 단계로 구성된다, 거시 시퀀스는 미시 시퀀스를 포함하고, 미시 시퀀스는 거시 시퀀스에 포함됨으로써 서로 규정된다고 할 수 있다.

합관계로, 정념화는 형상화되고 사건화된 변형으로, 정동화는 신체의 표출과 변화로, 도덕화는 도덕적 담화로 그 단계를 알아볼 수 있다. 담화나 텍스트에 정념도식을 적용하는 것은 다섯 단계에 해당하는 내용의 분절을 추출하는 것인데, 이 단계가 표면적으로 뚜렷하게 기술되어 있지 않은 경우 표면상에 나타난 부분을 이용하여 담화에 숨겨진 내면을 추상화해야 한다.

담화에서 정념 시퀀스의 전개에는 반드시 긴장의 변이가 동반한다. 정념도식 5단계에 해당하는 긴장의 변이를 관찰하여, 각 단계마다 네 가지 긴장도식 가운데 한 가지를 선택하여 적용할 수 있다. 퐁타닐은 정념도식 5단계에 해당하는 긴장도식을 아래와 같이 나타내고 있다.[24)]

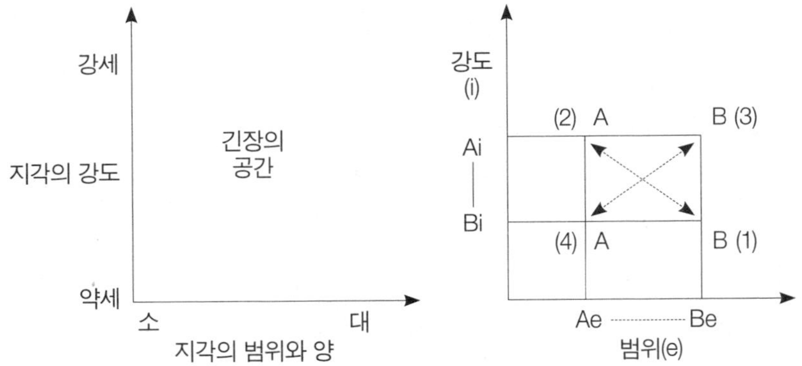

담화도식을 『가을에 온 여인』에 적용하여 분석해 보고자 한다. 텍스트는 오세정(S_1), 나의화(S_2), 성표(O) 세 인물의 삼각관계로 구성되어 있다.

24) “Sémiotique des passions”, Op. cit., pp.628~30 참고.

4.1. 형성화

정념도식 첫 단계 형성화는 주체가 자신을 둘러싸고 있는 환경이나 상황에서 발생하는 자극을 수용하여 이루어진다. 이런 자극은 정념 행로의 리듬적이고 양적인 어떤 변조, 마음의 동요나 당혹감으로 나타날 수 있으며, <긴장현시요소>가 자리 잡는 단계이다. 예로 '질투'의 형성화 단계를 살펴보면, 연적의 그림자와 이에 따른 불안이 정념도식 첫 단계를 형성하고 있다. 질투하는 주체는 연적의 성공이 예상되면 이로부터 모든 가능한 경우를 상상하여 분리작용에 들어가며, 재연동작용[25]시에는 불안에 사로잡힌다.

이 단계는 긴장도식에서 행로 전체에 긴장적 스타일이 자리 잡는 <상승>단계(앞의 도식에서 2번)로 생각할 수 있다. 주체는 감적 긴장의 주체로 아직 쾌감이나 불쾌감의 양극화에 도달하지 못하고 기질적 동요 형태로 있을 뿐이다. 따라서 긴장은 상승 상태에 있지만 그것이 미치는 범위는 좁다고 할 수 있다.

『가을에 온 여인』에서 오세정은 성표가 나의화 오빠 집을 안다는 말에 생각 깊은 눈으로 성표를 쳐다본다.(409쪽) 즉 S_1은 중요한 어떤 것을 감지한 긴장 상태의 주체이다. S_1이 생각 깊은 눈으로 O를 쳐다보는 것은 싹트기 시작하는 질투의 표시이며, 이런 움직임은 정념 행로의 개시를 알리는 것이라 할 수 있다.

4.2. 장치화

주체는 형성화에서 어떤 사물이나 사실에 대한 감, 혼융, 변조, 발랑

---

25) 가상 세계에 빠져 든 분리작용에서 다시 현실로 복귀하는 작용을 말함.

스를 느꼈으나, 장치화에서 구체적으로 불쾌감의 기질적 대상에 연접한다. 형성화에서 단지 긴장 주체의 메타지식métasavoir[26]이었던 것이 이 단계에서 양태화되어 인지적 역량이 된다. 이 때 주체는 긴장 주체에서 인지적 탐색의 주체로 되어, 긴장의 강도는 앞 단계보다 떨어지고 이것이 미치는 범위는 더 넓어진다. 그러므로 이것은 <하강> 단계(앞의 도식에서 1번)로 지칭된다.

『가을에 온 여인』에서 오세정은 성표를 사랑하고 있다. 하지만 나의화와 성표가 밤늦게 함께 돌아오는 것을 보게 되자 "백랍처럼 하얀 얼굴에 주홍빛이 몰려든" 채 "말 한마디 걸어볼 수 없는 그 강한 거부의 뒷모습"(453쪽)으로 사라진다. 오세정은 여러 가지 양태 장치, S_2는 O와 연접/이 아니기를 원함/, S_2는 O와 연접/이 아니어야 함/이지만, S_2는 O와 연접/일 수 있음/, S_2는 O와 연접/임을 앎/을 투사한다.

4.3. 정념화

정념화 혹은 정념의 중심축은 시퀀스에서 가장 중요한 단계이며, 질투하는 주체는 불안과 의심에 사로잡힌 가운데 자신이 제외된 광경을 포착하고 대상의 배신을 확인함으로써 괴로운 감정에 도달하게 된다. 이처럼 정념을 체험하는 단계를 정념화라 한다. 이 단계는 주체가 느꼈던 불안과 감지했던 인지적 표현의 의미를 확실히 인식하는 단계이다. 그러므로 긴장감의 강도가 상승하고 인지적 표현의 영역이 감소한다. 또한 정념의 형상적 장면이 자리잡는데, 이는 범위의 압축작용 condensation[27]과 강도의 상승을 가져온다(도식 2번).

---

26) 아직 확실히 알 수 없는 지식의 실재에 근거를 두는 것으로, 이 때 주체는 긴장적 주체이며, 지식을 얻은 후에는 인지적 주체가 된다.

27) 사고 내용이 어떤 것에 집중되어 범위가 축소되는 것.

『가을에 온 여인』에서 다음 대목을 살펴보면,

> "신선생"
>
> "네?"
>
> "나 한 가지만 묻겠어요. …
>
> …
>
> "네, 제가 대답할 수 있는 일이라면 말씀드리겠습니다."
>
> 성표는 이글이글 타오르는 오부인의 눈빛에 도전하듯 말했다.
>
> **"나를 사랑하세요?"**
>
> **…**
>
> **"사, 사랑하지 못했습니다."**(461쪽)

인용문에서 O가 자신을 사랑하지 않음을 확인한 S_1은 인지적 주체가 되며, 관련된 양태구성요소는 S_1은 O의 사랑을 받/기 원함/, 받/아야 함/이지만, 받/을 수 없음/, 받/지 못함을 앎/이 되어 절망감에 빠지게 된다. 그리고 긴장의 강도는 증가한다. 인지적 주체는 기질적 변형을 일으키는 기질적 주체가 되어 심한 불쾌감의 주체가 되는 심적 변화를 일으킨다.

4.4. 정동화

정동화는 담화에서 자신의 신체에 발언권을 주면서 기질적 접합이 수행됨을 알리는 단계이다. 이 신체적 발현은 긴장 주체의 재연동작용인데, 주체의 정념은 홍분, 떨림, 경련, 전율, 동요 등으로 표출된다. 이 단계는 주체의 지각이 민감하게 반응하여 강도가 강해지며, 이것이 미칠 수 있는 범위가 넓어져 <확대>로 지칭될 수 있다.(도식 3번)

따라서 이 단계는 <긴장현시요소>가 관련된다.

> 성표는 숨찬 목소리로 말했다. **순간 오부인의 고개가 앞으로 확 꺾어졌다.** 오부인의 검은 머리칼이 성표의 시야 가득히 들어왔다.(461쪽)

앞의 인용문에서 S_1은 표면상으로 큰 변화가 없는 불쾌한 기질적 주체였으나, 이 단계에서 S_1의 고개는 앞으로 확 꺾어지는 신체적 변화를 일으켰다. 즉 S_1의 정신적 고통은 신체적인 것으로 전환되었다고 할 수 있다.

4.5. 도덕화

도덕화에서 주체는 정념 변형의 결과를 평가하거나 평가받는다. 이 단계에서는 주체의 형성화를 주재하는 긴장적 스타일, 주체에 내재된 인지적 역량을 표현하는 양태 장치, 정념 변형에 내재하는 행위소 장치, 신체적 표출의 정동화를 도덕화한다고 할 수 있다. 도덕화에서는 특히 감성의 전염, 즉 양태적이고 감성적인 긴장의 확산을 축소하는 것을 목표로 한다. 따라서 감성의 강도는 하락하며 평가의 영역은 좁아지므로, 긴장 도식에서 <축소>로 지칭할 수 있다(도식 4번).

> "악마의 동반자는 신성표가 아니고 오세정이었던 모양이요."
>
> 말이 끝나기도 전에 **오부인은 자기 미간에다 대고 권총을 쏘았다.** 눈 깜박할 사이였다, 두 사람은 동시에 오부인에게 덤벼들었으나 모든 일은 끝나고 말았다.(516쪽)

S_1은 스스로를 악마의 동반자라고 자처하며 권총 자살을 하고 만다.

S_1은 자살을 함으로써 형성화, 장치화, 정념화, 정동화를 부정적으로 도덕화하는 최종적인 평가가 내려진다.

5. 진행 중인 담화에서의 정념

우리는 담화에서 정념적 어휘소가 분명하게 표현되어 있지 않을 때에도 정념을 느낄 수 있는데 이렇게 정념을 느낄 수 있는 것에 대해서 일정한 통사적 형식이 있을 것이라고 생각할 수 있다. 이 장에서는 담화에 정념적 어휘소가 있거나 혹은 없어도 우리가 느끼는 정념적 의미 효과에 대한 통사적 형식에 대해 알아보고자 한다. 이러한 통사적 형식은 일정한 코드로 이루어진다고 할 수 있으며, 담화에서 정념이 느껴질 때 우리는 그것이 어떤 코드인지 알아볼 수 있다.

진행 중인 담화[28]의 관점에서 정념은 감각적인 것과 가지적인 것을 결합시킨다고 볼 수 있다. 감각적인 것에는 강도와 지향visée이 속하고, 가지적인 것에는 범위, 양, 포착saisie이 속한다. 담화의 정념 효과를 식별하는 코드는 이 두 유형에 속하며, 감각적인 것에는 신체적이고 형상적인 코드가 주로 속하고, 가지적인 것에는 양태, 관점, 리듬 코드가 주로 속한다고 말할 수 있다.

자신의 신체에 따라 결정되는 위치 결정prise de position[29]은 측

28) 진행 중인 담화란 퐁타닐이 정념 기호학에 뒤이어 1999년 발표한 담화 기호학의 새로운 관점이다. 그는 의미에 대해 기존의 관점과는 달리 진행 중인 관점을 택하여 기호학의 지평을 확대하였다고 볼 수 있다.

29) 위치 결정, 지향, 포착은 모두 담화 기호학의 분석 도구들이다. <위치 결정>은 표현 면과 내용 면 사이의 분배를 결정하는 것으로 담화 현동태 instance de discours의 최초 활동으로 간주된다. 이것은 주의의 흐름을 이끌고 방향을 지시하는 <지향>과 변별성 영역의 한계를 정하는 <포착>으로 굴절하는데, 이 두 활동으로 의미작용이 지각으로부터 생길 수 있다

정될 수 있는 깊이profondeur와 함께 현존의 장champ de présence을 배치한다. 즉 위치를 결정하는 신체에는 정념의 <신체 코드codes somatiques>가 해당하고, 현존의 장의 깊이에는 정념의 <관점 코드codes perspectifs>가 해당한다.

문채의 나타남, 사라짐, 변형은 과거 지향rétention[30]과 미래 지향protention으로 된 리듬과 템포를 따르며, 이 두 가지 특성 리듬과 템포는 각기 <리듬 코드codes rythmiques>와 <형상 코드codes figuratifs>에 해당한다.

그리고 전체적인 장은 지향과 포착에 의해 활기를 띠고 내연과 외연의 흐름에 의해 통과되는데 일련의 존재태로 확장될 수 있다. 그래서 이 특성은 정념 효과의 <양태 코드codes modaux>에 해당한다고 할 수 있다.

이제 이 다섯 가지 코드[31]를 설명과 더불어 『가을에 온 여인』에서 찾아보고자 한다.

5.1. 신체 코드

정념의 신체 코드는 문화적 배경과 시대에 따라 다양한데, 예로 유럽과 아시아에서 분노와 사랑을 표현하는 방식은 서로 다르다. 이런 점에서 이 코드는 각 문화의 전형적이고 상징적인 코드가 된다고 할 수 있다.

정념 도식의 네 번째 단계 정동화는 피부색, 표정, 제스처, 전율 등

고 말할 수 있다.

30) 과거 지향과 미래 지향은 서로 대립되는 개념이다. 전자는 과거에 대한 현재의 의식작용을 말하며, 후자는 미래에 대한 현재의 의식작용을 가리킨다.

31) J. Fontanille, *Sémiotique du discours*, PULIM, 1999, pp.226~233 참고.

여러 가지 신체적 표출로 나타나며, 자신이 체감하는 감정을 자신과 타인에게 알리는 방법이라 할 수 있다. 그래서 정동적 발현에는 일정한 문화 코드와 인지적 차원에 속하는 /알게 함 혹은 지식-행위 faire-savoir/가 내포되어 있다.

신체적 표출이 없이도 사랑하고 있는 것, 화가 나 있는 것, 두려워하는 것을 알 수는 있지만, 신체적으로 드러내는 것은 아니라고 말할 수 있다. 신체적 표출은 리듬의 흔적과 내면의 움직임을 외부 세계를 향해 보내기 때문에, 정동화의 신체적 표출은 리듬적인 느낌을 통해 외부 세계와 대화를 하는 것이다. 외부 리듬으로부터 생기는 최초의 흔적은 감각적인 살과 관련되며, 두 번째 흔적은 내면의 움직임으로부터 생기는데, 자신의 신체 표면에 영향을 준다고 할 수 있다.

텍스트에서 신체 코드를 아래와 같이 찾아볼 수 있다.

> 나성구 씨는 풀어진 듯한 눈동자를 들고 성표를 쳐다본다. 성표는 의자에 앉으며
>
> "누굴 기다리시는데요?"
>
> "의화가 오기로 했는데..."
>
> 성표의 얼굴에는 곧 흥분의 빛이 떠올랐다. 그는 황급히 시계를 들여다보며
>
> "끝났을 텐데요?"
>
> "글쎄... 끝났을 텐데? 신군을 찾아다니는가?
>
> 아무 생각 없이 한 나성구 씨의 말이었으나 성표에게는 비바람처럼 강하게 부딪쳐왔다. 그는 저도 모르게 **얼굴을 붉혔다**. 얼굴을 붉혔다는 자의식이 들자 얼굴은 한층 더 달아오른다.(앞의 책, 443~4쪽)

성표는 사랑하는 의화가 오기로 했다는 말에 반가와 흥분하는데, 나성구 씨가 의화가 자신을 찾아다닌다고 말하자 속마음을 들킨 것

같아 부끄러움을 느낀다. 성표의 얼굴 붉힘은 강도 높은 감성 상태를 알려주고 있다. 이러한 표현은 그에 상응하는 감성적 상태를 추론할 수 있게 해준다. 주어진 문화에서 사용될 만한 표현의 종류는 그다지 많지 않으므로 그 가치는 예상하거나, 계산하거나, 연역할 수 있다고 할 수 있다. 감성적 가치는 일정한 문화권에서만 효력을 발휘하는 제한적인 것인데, 다른 표현과의 대조에서만 가치를 갖는다. 예로 텍스트에서 얼굴 붉힘이 창백함과 갖는 관계가 부끄러움이 고뇌와 갖는 관계와 같다면, 얼굴 붉힘은 창백함과 대립되는 기호-상징적 코드에서만 가치를 갖는다고 말할 수 있다.

신체 코드는 감성이 제일 먼저 몸과 관계된다는 것을 알려 준다. 언어적 발화작용은 아니지만, 신체 코드도 느끼고 반응하는 신체에서 나오는 일종의 발화작용으로 간주될 수 있다. 텍스트의 등장인물이 자신의 몸으로 감정을 표현할 경우 그는 발화작용한다고 말할 수 있는데, 이렇게 몸으로 자신을 표현하는 것은 언어로 표현하는 것과 동일한 기점을 갖는다.

텍스트에서 또 다른 신체 코드를 알아보면,

> "그만 과음해서......"
>
> 말이 끝나기도 전에 콩이 획 나는 순간 **오부인의 손바닥은 성표의 빰을 쳤다.** 성표의 짙은 눈썹이 서너 번 꿈틀거렸다. 백랍처럼 하얗게 질린 오부인은 입술을 다문 채 성표를 노려보다가는 돌아서서 천천히 가버린다.(앞의 책, 335쪽)

오부인(S_1)은 성표(O)가 자신과의 약속을 어긴 데 대해 변명을 하자 충동적으로 O의 빰을 친다. 이것은 O가 자신과의 약속을 어겨 무시당했다는 분한 감정을 표현하기 위해, O의 빰을 때리고 싶다는 /의지/와 O의 빰을 때릴 수 있는 /능력/의 양태가 순간상에 의해 표출된 것이다. 다시 말해 S_1의 행위는 신체의 사유라고 할 수 있는 육화의 한 현상이라 말할 수 있다. 신체로서의 S_1은 대상의 뺨을 우발적으로 때리는 행위로 자신의 격분을 표출함으로써 O가 자신에게 어떠한 잘못을 했는지 폭로하고 있다. 즉 약속 위반에 대한 파악이 S_1의 신체를 통해 이루어지고, 이 행위는 타자에 대한 비언어적 기호, 가시적 지각작용으로 표현되고 있으며 언어로 표현하는 것과 같은 기점을 갖는다고 말할 수 있다.

5.2. 관점 코드

일반적인 경쟁rivalité에서 선한 경쟁심émulation이나 질투로 넘어갈 때 경쟁자들 중 한 경쟁자의 관점을 택함으로써 서사적이고 행위소적 상황에서 정념으로 이동하는 것이라고 말할 수 있다. 즉 방향 설정이 되지 않은 행위소로부터 일정한 행위소의 관점으로 방향 제시될 때, 이 행위소는 정념 효과를 겪는다고 할 수 있다.

서사적 상황이 아무 방향 없이 발화될 경우, 위치 결정은 그 상황과 아무 관련이 없다. 그래서 질투가 아니라 순전히 경쟁에 대해 말하는 것은 상황 내부에 위치 결정하는 것을 거부하는 것이라 할 수 있다. 그러나 서사적 조작이 어떤 지향의 기점이 된 관계 행위소들 가운데 한 행위소의 관점에서 파악된다면, 그 조작 자체는 하나의 상실perte이나 착복appropriation이 된다. 그런데 이 상실이 주체의 입장으로부터 비롯된다면, 그것은 하나의 부재, 사라짐이 될 것이며, 욕구불만, 분노, 불만족, 향수, 후회 등의 감정을 가져와 정념으로 이행하는 것이라 할 수 있다.

경쟁이나 대항은 아무런 입장이 개입되지 않고 주체 행위소 간 관계의 형태 아래서만 제시되므로 감성적 효과가 없다고 할 수 있다. 즉 감성적 효과는 담화에 의해 배치된 위치 행위소들이 제공하는 방향성orientation에 밀접하게 의존한다. 그래서 경쟁이나 대항이 어떤 기점-행위소actant-source의 관점에 놓일 때(입장이 개입될 때)는 선한 경쟁심, 선망 혹은 질투가 생긴다.

자아존중은 자아가 발화작용의 기점이라면 교만일 수 있다. 하지만 다른 지시대상의 입장, 다른 평가 요인이 기점일 때 자아존중은 허영이나 자기도취로 바뀐다. 그리고 교만에서 자기 도취로 이행할 때 변하는 것은 관점만이 아니라 자아에게 부여한 가치도 변한다고 할 수 있다.

『가을에 온 여인』에서 관점 코드를 살펴보면, 성표가 기점 행위소가 되어 목표 행위소 나의화와 연접되면 만족감이 생기는 반면, 이접되면 불만족에 사로잡힌다. 또한 오세정과 나의화의 관점의 차이를 생각해 보면, 주인공 성표와의 결합에서 오세정이 기점 행위소일 때는 목표 행위소 성표와의 이접으로 대상을 상실하여 절망감에 빠지지만, 나의화가 기점 행위소일 때는 목표 행위소 성표와의 연접으로 대상을 착복하여 만족감을 갖는다.

5.3. 리듬 코드

정념 효과의 관점에서 보면, 리듬은 신체가 느낀 긴장이 드러난 한 단면이라 할 수 있다. 강도와 범위로 이루어진 긴장은 상과 템포와의 결합으로 새로운 효과를 낳는다. 예로 흥분은 약한 폭(범위)과 빠른 템포(강도)의 반복(상적 형태)을 조합하는 것이다. 완만하거나 흥분되거나 절분된 리듬은 자기 수용적 지각을 완만하게 하고 흥분시키거나 거칠게 다룬다고 할 수 있다. 이처럼 리듬이 있는 곳에서 내재적 의미를 포착할 수 있다. 이 코드는 행동이나 사고와는 무관한 하나의 형태로 직접적으로 지각할 수 있는 감성적 형태이다. 권태의 반복적인 느림, 강박관념의 강제적인 압력, 고집의 끈질긴 지속은 외부 관찰자에게 감성적 효과를 알리기에 충분하다고 볼 수 있다. 텍스트에서 상과 리듬적 요소로 이루어진 코드를 알아보고자 한다.

> '오늘 밤에도 또?'
>
> 야릇한 기대와 불안이 그의 말소리를 죽였다. 성표는 화장실의 문을 밀고 들어섰다. … 그는 가만히 귀를 기울였다. 아니나 다를까, 조심조심하며 **슬리퍼를 끄는 소리**가 왼편 복도 쪽에서 희미하게 들려왔다. 그 발소리는 차츰 가까이 다가왔다. 화장실 앞을 지나서 그 발소리는 오른쪽 복도 쪽으로 사라져버렸다.
>
> '해괴한 일이다. 알 수 없어.'
>
> **오륙 일 전부터 이 시간에 그 이상한 발소리**가 어김없이 왼 편에서 오른 편으로 사라지는 것이었다.(앞의 책, 107~8쪽)
>
> 그리고 의식은 몽롱하게 흐려져 갔다. 그 몽롱해지는 의식 속에 마치 **타악기의 리듬처럼** 울려오는 소리가 있었다. 밤마다 들려오던 그 발소리였다.
>
> '어젯밤에도 나는 그 소리를 들었다! 그리고.'
>
> 성표는 두 손으로 머리를 감싸 쥐었다. 고개를 숙이며 시선을 마룻바닥으로 떨어뜨렸다. 그러나 머리속에 **리듬처럼 그 발소리가 집요하게 울려와** 성표를 놓아주지 않았다.(앞의 책, 156쪽)

인용문에서 슬리퍼 끄는 이상한 발소리가 리듬적 요소로 구성되어 있고 반복이라는 상적 요소로 이루어져 있다. 이와 같이 리듬 코드는 직접적으로 지각 가능한 감성적 형태라 할 수 있으며, 긴장감을 일으키고, 텍스트의 추리소설 기법을 말해준다.

또한 텍스트에서 강박관념과 관련된 리듬코드의 예를 살펴보면,

오부인의 목소리가 덮쳐 씌우듯 또 날아왔다. 그 말은 강인한 철사 줄 같았다. **그 철사 줄이 전신에 휘감겨 바싹바싹 죄어드는 것 같았다.** 성표는 혼신의 힘을 다하여 그 줄을 끊어버려야 한다고 생각했다. **오부인의 두 눈동자는 여전히 성표 얼굴 위에 못 박혀 있었다.**

…

그 여자는 앉은 자리에서 다만 고개를 숙였을 뿐인데 **성표는 그 검은 머리가 자기 가슴으로 육박해 들어오는 것 같은 착각에 사로잡힌다.**

숨이 막히는 시각이었다. 성표는 눈길을 돌렸다. 그러나 **성표의 시선이 간 곳에도 오부인이 있었다.** 청동으로 된 오부인의 흉상이었던 것이다. **그것은 생명력을 담고 성표를 응시하고 있는 듯 했다.** 그 앞에서도 성표의 시선은 도망쳐야 했다.(앞의 책, 461쪽)

성표는 오부인에게서 벗어나고자 하지만 쉽게 떨쳐버릴 수 없는 상황에 처해 있어 강박관념과 같은 강제적 압력에 시달리고 있다. 이런 점에서 이 대목은 정념적 어휘가 없어도 독자에게 감성적 효과를 주기에 충분하므로 리듬 코드로 분류할 수 있다.

5.4. 양태 코드

양태에 관해서는 앞에서도 살펴보았다. 이 코드는 양태에 적용된 긴장성이 양태를 양태 가치로 변형시켜 연관된 양태 가치를 형성하도록 하는 것이다. 『가을에 온 여인』에서 다음 대목을 살펴보면,

명륜동의 나성구 씨 집에 들어갔을 때 나성구 씨는 의화의 손을 잡았다.

"고생했지?"

부드러운 목소리였다.

"오빠도 늙으셨어요."

의화는 서글픈 표정이다.

"그야 늙을 수밖에. 자아 들어가자, 신군도."

그들은 응접실로 들어갔다.(앞의 책, 410~411쪽)

의화의 서글픈 표정은 양태적 복합성의 결실이다. 즉 오빠가 늙지 /않아야 함/, 늙지 /않기를 원함/, 늙은 /줄 앎/, 늙을 /수 있음/의 강도 높고 확장된 양태는 서로 상관관계에 있다. 이와 같이 인용문의 감성적 효과는 양태들의 합계가 아니라 네 가지 양태들 간의 상관관계, 그것들이 유발하는 긴장의 결실이라 할 수 있다.

5.5. 형상 코드

이 코드는 정념의 전형적인 장면으로 정의될 수 있으며, 자주 사용되어 반복적인 주제가 될 수 있는 것을 가리킨다. 예컨대 셰익스피어의 비극『오셀로』에서 커튼 뒤에 숨어 무대를 응시하며 질투하는 오셀로의 모습이 질투의 전형적인 장면이라 할 수 있다. 이처럼 텍스트에서 연인과 연적이 함께 있지만 질투하는 주체는 배제된 장면이 가장 잘 알려진 전형적인 장면 가운데 하나이다. 또한 이 코드는 정념화된 행위소에게 가치론적 예감의 코드가 될 수 있다. 정념화된 행위소는 형상 세계에 내재된 가치와 관계있으며, 이 가치가 행위소에게 기쁨이나 괴로움의 감정을 갖게 한다고 할 수 있다.

텍스트에는 두 가지 삼각관계가 표출되어 있다. 첫 번째 삼각관계는 주체(S_1) 영희, 연적(S_2) 오부인, 대상(O) 성표로 이루어지는데, S_1은 O와 S_2가 함께 차를 몰고 해안 길을 달려 읍내에 갔다 오는 것을 보고 아래와 같이 질투에 사로잡혀 괴로운 감정을 갖는다.

영희는 두 손으로 얼굴을 감쌌다. 손가락 사이에서 눈물이 넘쳐 나온다.

"당치도 않은 말을 함부로"

"그이(오부인)를 사랑하지 않는 남자가 어디 있겠어요? 무서운 힘을 갖고 있는 그이를, 모두 그 앞에서는 노예가 되고 말아요. 모든 것을 다 불사르고 말죠."

영희는 **질투의 감정**을 마구 팽개치듯 말하며 흐느낀다.(앞의 책 240쪽)

두 번째 삼각관계는 주체(S_1) 오부인, 연적(S_2) 나의화, 대상(O) 성표로 구성되며, S_1은 자신이 없는 가운데 연적(S_2)과 대상(O)이 밤에 함께 귀가하는 것을 보고 타오르는 질투의 감정을 느껴, 백랍처럼 하얀 얼굴에 주홍빛이 몰려든다(9쪽 예문 참고). 따라서 이 대목도 S_2와 O가 함께 있고 질투하는 주체 S_1은 배제된 전형적인 장면으로 형상 코드로 분류된다.

6. 결론

지금까지 정념 기호학의 여러 가지 개념 장치와 분석 도구 중에서 의미생성행로, 정념 통사론의 두 차원인 구성요소와 현시요소, 담화 도식, 진행 중인 담화에서의 정념을 살펴보고, 박경리의 『가을에 온 여인』에 적용하여 분석하였다. 그 결과 이런 분석 도구가 텍스트에 적용 가능함을 알 수 있었으며, 구조로서의 가치와 생명력을 지니는 도구임을 입증할 수 있었다. 더불어 정념 기호학의 방법론이 프랑스와 사회적, 문화적으로 상이한 우리나라 문학 텍스트에도 적용 가능한 보편성과 유효성을 갖춘 이론임을 알 수 있었다.

정념 기호학은 서사 기호학이 연구 대상에서 배제한 무정형 연속적 상태를 연구 대상으로 채택하였다. 무정형 연속적 상태는 선조건층위이며 이 층위는 주체와 대상 간의 차이와 관계가 형성되기 전 단계로서 하나의 혼돈이며 구분되지 않는 통일체이고 원초적으로 주어지는 것이다. 그래서 정념 기호학은 서사 기호학에서는 분석할 수 없었던 인간의 심상을 독특한 방식으로 분석할 수 있게 하며, 담화나 텍스트에 표출된 정념을 체계적으로 분석하여 텍스트를 보다 폭넓게 이해하게 할 수 있다.

퐁타닐은 정념을 <의미생성행로>로 분석할 경우 여러 가지 분석할 수 없는 것이 있으므로, 이런 점을 보완하기 위해 최근에는 정념을 의미생성행로 방식이 아니라 상보적인 <양태구성요소>와 <긴장현시요소> 두 차원으로 분석하고 있다. 이렇게 분석할 경우 정념효과는 생성행로에서 파악되는 것이 아니라 담화에서 직접 파악된다고 할 수 있다.

<담화도식>에서는 질투하는 주체 오세정의 정념 발생에서 완료까지를 정념도식과 긴장도식에 적용하여 알아보았다. 텍스트에서 오세정이 성표의 마음이 의화에게 끌리는 것을 체감하는 형성화 단계부터 절망감으로 스스로 권총 자살하는 마지막 단계까지를 5단계로 분석하였다. 『가을에 온 여인』은 비도덕적 주체의 파멸을 형상화한 작품이라고 할 수 있다. 정념 도식은 장치화 단계에서 우울증이나 좌절감에 빠진 환자의 감성을 정념화 단계로 넘어가기 전에 치유하여, 자살 등 극단적인 선택을 피하는 방법을 제시해줄 수 있다고 생각한다.

<진행 중인 담화의 정념>에서는 담화에서 뚜렷한 정념적 어휘소가 없어도 정념이 느껴지는 통사적 형식을 다섯 가지 코드, 신체, 관점, 리듬, 양태, 형상 코드로 분류하고, 텍스트에 이 코드들을 적용하여 살펴보았다.

박경리의 작품은 문학 작품 가운데 다양한 분석을 도입할 수 있는 가능성이 크다고 생각한다. 문학 읽기에 있어 다원적 접근이 부족한

시점에 정념의 기호학적 방법론으로 작품을 새롭게 조명해 본 데 의의가 있다고 본다.

기호학의 최근 경향을 살펴보면, 퐁타닐은 1990년대 말 담화 기호학을 발표하여 본격적으로 연속적 패러다임을 연구하였다. 그는 담화에 대해 완료되고 고정된 것이 아니라 진행 중인 새로운 관점을 택하여 문제를 제기하고 해결책을 모색함으로써, 기호학적 분석의 지평을 넓혔다고 할 수 있다. 본 연구 5장에서 담화 기호학에 대해 언급하였는데, 이에 대해서는 차후에 더 심도 있게 피력하고자 한다.

참고문헌

김성도, 『구조에서 감성으로』, 고려대학교 출판부, 2002.

_____, 『기호, 리듬, 우주』, 인간사랑, 2007.

박경리, 『가을에 온 여인』, 나남출판, 1999.

박인철, 『파리학파의 기호학』, 민음사, 2003.

서정철, 『기호에서 텍스트로』, 민음사, 1998.

송효섭 엮고 씀, 『기호학』(한국문학이론과 비평총서 1), 한국문화사, 2010.

홍정표, 『정념 기호학』, 한국외국어대학교 출판부, 2014.

Barthes R., *Fragments d'un discours amoureux*, Seuil, 1977. (김희영 옮김, 『사랑의 단상』, 문학과 지성사, 1991)

Bertrand D., "L'énonciation passionnelle, Etude de cas", in *Bulletin*, 39, 1986.

Coquet J.-C., *La quête du sens*, PUF, 1997.

_____, *Phusis et Logos*, Presses universitaires de Vincennes, 2007.

Courtés J., *Introduction à la sémiotique narrative et discursive,* Hachette, 1975.

Descartes, *Les passions de l'âme*, GF Flammarion, Paris, 1996.

Everaert-desmedt N., *Sémiotique du récit, Bruxelles*: de Boeck, 1987.

Fontanille J., "Le désespoir", *Actes sémiotiques - Documents, II, 16, 1980.*

_____, "Le tumulte modal", *Actes Sémiotiques* XI, 39, 1986.

_____, *Le savoir partagé*, Amsterdam Hadès - Benjamins, 1987.

_____, (dir), "Les formes de vie", in *RS/SI* 13, n.1-2, 1993.

_____, "Le schéma des passions", in *Protée*, Québec. Vol. 21, 1993.

_____, *Sémiotique du visible. Des mondes de lumière*, coll. 『Formes sémiotiques』, Paris: PUF, 1996.

_____, *Sémiotique du discours*, Limoges: PULIM, 1999.

_____, *Sémiotique et littérature*: Essais de méthode, Paris: PUF, 1999. (김치수, 장인봉 옮김, 『기호학과 문학』, 이화여자대학교 출판부, 2003)

_____, *Soma et Séma: figures du corps*, Maisonneuve & Larose.

_____, "Sémiotique des passions", in Anne Hénault, *Questions de sémiotique*, PUF, 2002.

Fontanille J. & Zilberberg Cl., *Tension et signification*, Mardaga, 1998.

Greimas A. J., *Sémantique structurale*, Paris: Larousse, 1966.

_____, *Du sens*, Paris: Seuil, 1970.

_____, Les actants, les acteurs et les figures, *Sémiotique narrative et textuelle*, Paris: Larousse, 1973(b).

_____, *Du sens II-Essais sémiotiques*, Paris: Seuil, 1983. (김성도 옮김, 『의미에 관하여』, 인간사랑, 1997)

_____, *De l'imperfection*, Périgueux: Pierre Fanlac, 1987.

Greimas A. J. & Courtés J., *Sémiotique, Dictionnaire raisonné de la théorie du langage*, Hachette, tome 1, 1979; tome 2, 1986.

Greimas A. J. & Fontanille J., *Sémiotique des passions; Des états de choses aux états d'âme*, Paris: Seuil, 1991. (유기환, 최용호, 신정아 옮김, 『정념의 기호학』, 강, 2014)

Hénault A., *Les enjeux de la sémiotique*, Paris: PUF, 1979. (홍정표 옮김, 『기호학으로의 초대』, 어문학사, 1997)

_____, *Narratologie - Sémiotique générale*, Paris: PUF, 1983. (홍정표 옮김, 『서사, 일반 기호학』, 문학과 지성사, 2003)

Hjelmslev L., *Prolégomènes à une théorie du langage*, Paris: Minuit, 1971.

Parret H., *Les passions, Essai sur la mise en discours de la subjectivité,* Pierre Mardaga éditeur, 1986.

Saussure F., *Cours de linguistique générale*, Paris: Payot, 1955.

Zilberberg Cl., "Modalités et pensée modale", *Nouveaux actes sémiotiques*, n°3, Pulim, Université de Limoges, 1989.

II 김남천 문학에 나타난 제거와 수용의 서사

2

김남천 문학에 나타난 제거와 수용의 서사

김 지 형

1. 서론

카프(KAPF, Korea Artista Proleta Federatio)에 대한 김윤식의 연구는 선도적인 역할을 했을 뿐만 아니라, 한국근대문학사에서 카프를 중심에 놓음으로써 카프의 위상을 확립한 바 있다.[1] 그러나 역시 카프에 대한 본격적인 연구는 월북 작가에 대한 해금과 당시 시대적인 분위기에 힘입어 1990년부터 이루어졌다고 할 수 있다. 그런데 한 세대를 지나는 연구사를 개괄적으로 살펴보더라도, 카프 연구에서 감정은 그다지 주목받지 못했던 주제임을 알 수 있다. 그러나 이러한 현상은 다만 카프 연구에 한정되는 것은 아니다. 근대성, 식민주의, 모더니즘, 전통, 마르크시즘, 대동아공영권 등의 굵직한 담론들에 비해, 분

---

1) 김윤식, 『한국근대문예비평사연구』, 일지사, 1984. 이 책의 1부의 제목은 '프로文學運動을 중심으로 한 文藝批評'으로서, 프로문학 뒤에 민족주의 문학론과 해외문학파를 배치하고 있다.

노나 열등감, 체념 혹은 한 등의 감정, 혹은 정서적인 것들은 개인의 영역에 속하는 것으로 인식되어 왔다.[2]

시야를 카프에 한정해서 볼 때, 감정[3]은 카프 작가들이나 연구자들의 주도적 관심을 끌지 못했다고 보는 편이 사실에 가깝다. 주지하듯이 카프는, 현실에 대한 계급적 인식을 주입함으로써 전근대적 봉건의식의 미몽에서 깨어나게 할 수 있는 예술을 무기로 하여 조선민족의 계급적 해방을 목적으로 결성된 단체이다. 카프 작가들에게 일차적인 관심은, 현실을 그 실재에서 파악하도록 함으로써 낡은 의식에 균열을 일으키어, 노동자와 농민들로 하여금 사회 변혁에의 주체로 나서게 하는 것에 있었다. 이런 목적의식 하에서 카프 작가들의 일차적인 관심은 '의식'의 변화였다. 이에 비해 감정은 효과 혹은 결과에 속하는 것이었다.[4]

---

2) 일제강점기 조선 대중들의 연애사를 통해 당시 사회상을 재구성하려는 시도가 여럿 있었다. 권보드래, 『연애의 시대』, 현실문학연구, 2003, 김지영, 『연애라는 표상』, 소명출판, 2008. 이들 저자는 일제강점기 문학에 대해 거의 고정된 듯한 문학사에 의문을 제기하고 있으나, 1920년을 전후한 시대의 일부분에 한정되고 있으며 후속 연구는 아직 발표되지 않은 것으로 파악된다. 비슷한 맥락에서 '동정'을 매개로 1910년 이후 한국문학에 대해 새롭게 접근한 시도 역시 카프 초기 소설에 한정되고 있다. 손유경, 『고통과 동정』, 역사비평사, 2008.

3) 이 글에서 감정은 우리가 일상적으로 '좋다, 싫다'처럼, 어떤 현상이나 일에 대하여 일어나는 마음이나 느끼는 기분으로 한정한다. 일반적으로 충동과 달리 감정은 수동성으로 인지된다는 점에서 당대 카프 작가들 역시 감정은 사회자극에 자동적으로 반응하는 현상으로 여겼다.

4) 사회주의 문학에 눈을 뜬 임화가 다다에 주목했던 것도 이와 관련된다. 카프에 가입한 임화는 '대중의 감정을 조직화'하기 위한 방편으로서 다다에 관심을 갖는다. 소위 프롤레타리아의 의식을 변혁시킴으로써 사회의 변동을 꾀하고자 했던 당시 카프 작가들과 같은 맥락에서 임화는, 다다의 파격적인 형식을 통해 "대중의 눈을 경이케 하야 대중으로 하여금 많이 보게" 함으로써, 대중의 집단적 혁명 의지를 야기하고자 했다. 임화, 『미예술영역에 재한 주체이론의 확립』, 『조선일보』, 1927.11.

그리고 동시에 카프 작가들에게 감정은 한편으로는 위험한 것이기도 했다. 감정은 그 속성상 가장 사적인 내밀한 영역에 속하는 것이다. 카프 작가들은, 다수의 대중들이 노동자, 농민의 신분임에도 지배계급의 사적 소유의 욕망에 사로잡힘으로써, 자기 계급의 이해에 반하는, 대중들의 소소유자적인 성격을 분열의 계기로 인식했다. 그것은 보편적 이해로부터 사적 이해로 후퇴하는 것이자, 공분으로 들끓어야 할 조선 대중들의 감정의 행로를 지연시키고 오도시킴으로써 결국은, 연대 의식을 약화시키는 계기로 인지되었다. 따라서 개인의 감정은 불평등한 사회 현실에 대한 분노로 표출되었을 경우에 한해서 긍정되었다. 개인의 분노는 대중의 공분으로 비약적으로 점화되어야 했고, 사회주의 사상은 그 발화를 촉발하는 기제로서 기능해야 했다. 이러한 상황에서 감정은 의식 변화의 결과로서 공분인 경우에만 긍정될 수 있었다.

그러나 1930년대를 감정의 측면에서 살펴보면 의외의 사실을 목도하게 된다. 1930년대 카프 문학론은 '창작방법론'을 중심으로 전개되는데, 창작방법론의 발생론적 계기는 바로 '대중의 생활 감정'이었다. 임화는 같은 카프 작가들에게조차 격찬을 받았던 자신의 소위 '단편서사시' 등을 '뼈다귀 시'였다고 자기비판을 감행하면서, '혁명적 낭만주의'를 제창하는데,[5] 그 이유는, "노동자 농민의 생활 감정을 자기의 생활 감정으로 하기"[6] 위해서였다. 이러한 계기와 과정은 본론에서 상세하게 살펴보겠지만, 1930년대 초두부터 카프 작가들에게 '대중의

5) "프로시로부터 부르주아적인 요소인 낭만주의를 비판한다고, 우리들의 시로부터 시적인 것 즉 감정적 정서적인 것을 축출해버리고 말았다. 그리하여 말라빠진 목편과 같은 이른바 '뼈다귀 시'가 횡행한 것이다. 임화, 「33년을 통하여 본 현대 조선의 시문학」, 『평론1』, 임화문학예술전집 편찬위원회 편, 임화문학예술전집 4, 소명출판, 2009, 359~361면.

6) 임화, 「시인이여! 일보 전진하자!」, 위의 책, 175면.

생활 감정'은 프로문학의 정립을 위해서 획득되어야 할 초미의 관심사였음은 확인할 수 있다. 감정을 다만 의식의 부수물로서 간주했던 카프 작가들은 '창작방법론'을 통해 이를 해명하고, 극복하고자 했다.

이 글은 이러한 측면을 보다 상세히 규명함으로써, 1930년대 카프 작가들이 감정을 규정한 태도에 대해 살펴보고자 한다. 이들 카프 작가들 가운데 본고는 특히 김남천의 소설을 중심으로 고찰하고자 하는데, 이는 감정에 대한 김남천의 태도는 다른 카프 작가들과 일정하게 변별될 뿐만 아니라, 감정에 대해 보다 진일보한 인식을 보여준다고 판단했기 때문이다. 이에 우선 이어지는 본론에서는 감정에 대한 카프의 일반적 태도와 한계를 분석함으로써, '왜 김남천인가'에 대해 해명하고자 한다. 그리고 대중의 생활 감정에 대한 태도가 그의 소설 구성에서 어떻게 형상화되고 있는지 살펴보고, 끝으로 그의 문학사적 의미에 대해 생각해보고자 한다.

2. 왜 김남천인가?

1925년에 결성된 카프는, 1935년에 일경에 해산계를 제출함으로써 공식적으로 해산했다. 만주 진출을 앞둔 일제의 사전 정비 작업에 의해 카프는 지속적으로 탄압을 받게 되었고, 결국 해산계를 제출하기에 이르렀던 것인데, 카프 조직의 내적 차원으로 시선을 돌리게 되면 카프의 속내는 좀 더 복잡했다. 카프의 해산 배경에는 일제의 지속적인 감시와 탄압으로만 설명할 수 없는 지점이 존재하며, 이러한 지점을 명확히 하는 것은 카프 해산 뒤 작가들의 작품을 이해하고 설명하는 데에 반드시 요구된다. 카프 해산에는 외적 조건뿐만 아니라, 카프의 전개 과정에서 드러난 모순적인 상황이 반드시 고려될 때 좀 더 깊은 이해가 가능하다.

1929년 대공황 이전, 카프는 내적인 측면에서 방향전환을 거듭하면서 카프 조직을 정립해 나갔다. 그런데 대공황의 시기로 접어들자, 당시 카프 작가들은 이를 자본주의의 최고단계로 인식하고, 대중화운동에 적극적으로 나서게 된다. 대중화운동은 농민과 노동자들 속으로 들어가 대중들을 포섭하는 실천이었다. 곧 대중화운동은 1930년대 초반 카프 운동의 중심 운동으로서, 이들 스스로 자신을 노동자 계급의 전위로 규정하고, 사회주의 사상을 형상화한 작품을 대중에게로 가져감으로써 대중을 혁명적으로 변혁시키고자 했던 조직적 실천이었다.[7] 말하자면 대공황은 이들 카프 작가들을 소위 '전위'로서 호명한 셈이었고, 이에 카프 작가들은 작품을 매개로 대중들을 포섭하는 구체적 활동으로서 대중화운동을 전개했던 것인데, 카프의 내적 문제는 이 과정에서 발생했다.

대중화운동의 과정에서 카프 작가들은 현실의 계급적 인식을 담은 작품들을 대중들에게 가져가서, 작품들을 매개로 그들의 의식을 변혁시키고자 했다. 당연히 작품들에는 농민과 노동자들의 현실에 대한 묘사와 더불어 계급의식을 통해 그러한 현실을 변화시키는 적극적 내용을 담고 있었다. 그런데 직접 대중과 접하면서 이들 작가들은 어떤 차이를 경험하게 된다. 그것은 자신들이 묘사한 대중의 모습과 실제 경험한 대중의 차이였다.

---

7) "1929년에 문학 대중화가 강조된 후 프로 문학의 볼셰비키화의 과정을 통하여 1932년에 이르는 동안은 작품활동이 강조되는 시기"로서, "문화·문학 서어클의 문제는 예술동맹의 지부를 설치하는 것과는 근본적으로 그 의미가 다른 것이었다…… 한국의 프로 문학운동은 이 서어클의 활동이 충분히 전개되기 전에 그 운동이 중단된 셈이지만, 여하튼 한국에서서도 1930, 31, 32년 간에는 그들의 대중화의 활동중심이 이 서어클 활동에 있었다는 것은 사실이라고 생각된다." 백철, 『신문학 사조사』, 중판, 신구문화사, 2003, 378면.

사회주의 사상을 형상화한 작품에서 전위와 노동자들은 억압과 고난을 뚫고 승리했지만, 실제 이들이 경험했던 바는 실패로 점철된 현실이었다. 작품은 곧 사회주의 사상의 형상화였기 때문에, 작품 속의 승리와 실제 경험된 실패의 차이는 단순한 문제가 아니었다. 이념이 그 효과를 산출해내지 못하고, 다만 소설 지면 위에서만 효과를 생산할 뿐이라면, 이념은 이념으로서 지위를 유지할 수 없다. 그렇게 되면 사회주의는 폐기되어야 하는데, 그 귀결은 전향이다. 그러나 역으로 현실에서 효과를 산출하지 못하는 이념을 옹호한다는 것 역시 모순이다. 왜냐하면 사회주의 문학 이념은 문학을 통해 혁명에 이바지하는 것이기 때문이다.

그런데 이러한 차이와 모순이 다만 카프 작가들의 의지나 실천력과 같은 개인적 차원에서 발생했거나, 현실을 과장해서 표현한 어떤 특정한 작품만이 문제도 아니었다는 점에서 문제는 심각했다. 대중화운동에서 카프 작가들이 맞닥뜨린 이러한 모순적인 상황은 1930년 벽두부터 공식적으로 표출되었는데, 그것은 소위 '도식성'으로 명명되었다. 도식성은 작가들마다 다르게 표현되었다. '관념적 환영적 작품', 전형적 공식적 인물'(권환), '추상적 개인', '기계화된 공식화한 대×[중]'(안막), '머리 속에서 책상 위에서 제조한 조제품'(박영희), '기계적 고정화', '문학적 주체의 일양화'(임화), '현실의 '한 그림자'인 일개의 개념 '(송영), '창작상의 고정화(한설야), '고정화, 화석화'(백철), '임시 조제(粗製)의 표어적 작품주의와 막연한 추상적 공사(工事)'(안함광) 등이 그것이다.[8] 이와 같은 '도식성'이 의미하는 것은 이념과 경험된 현실의 불일치였다.

대중화운동 이전에도 이념과 현실의 불일치는 존재했다. 이러한 불

---

8) 졸고, 『식민지 이성과 마르크스의 방법』, 소명출판, 2013, 105면 참조.

일치는 박영희와 김기진의 내용-형식 논쟁에서부터 발견된다. 1926년 말, 박영희의 「徹夜」, 「地獄巡禮」에 대한 김기진의 비판으로 불거진 이 논쟁은, 새로운 소설로서의 카프의 소설의 방향과 관련된다. 소설로서의 형식적 완결성을 요구하는 김기진에 대해 박영희는 "묘사의 형식이 아니라 그 주의를 ××[선전]"하는 형식이 새로운 문학의 조건이라고 반박한다.[9] 박영희는 사회주의 사상은 역사를 과학적으로 증명하고 있는 이론이자 이념으로서, 그것이 바로 조선의 구체적인 실재라고 주장한 반면, 김기진은 소설의 완성은 이념의 형해(形骸)를 넘어 조선이라는 사회적 실재와 결합되어야 한다는 것을 요구했던 것이다.[10] 이 논쟁은 결국 카프 조직의 요구에 의해 김기진의 철회로 일단락되었지만, 1928년 말 김기진이 소위 '대중소설론'을 주장하면서, 내용-형식 논쟁은 다시 불거진다. 일제의 검열이 극심해지자 김기진은 교양 수준이 낮은 대중을 위한 작품 생산을 주문한다. 이에 대해 임화 등 카프 작가들은 격렬하게 반대함으로써 역시 무산되었다.

이처럼 내용-형식 논쟁이 반복된 이유에 대해 프로문학의 주력이 목적의식에 의한 방향 전화 문제와 민족주의와의 논쟁에 집중된 측면을 강조하기도 있지만,[11] 본질적으로는 대중을 '계급의식의 결여'의 존재로서 대상화하는 인식태도 때문이다. 곧 카프 작가들은 노동자, 농민과 같은 대중에게 '현실의 계급적 인식'을 열어줌으로써 그들 인식을 변화시킬 수 있다고 보았다. 박영희가 '삐라'와 같은 선전물도 상관

9) 박영희, 「투쟁기에 있는 문예비평가의 태도」, 『제1차 방향전환론과 대중화론』, 임규찬·한기형 편, 카프비평자료총서 III, 태학사, 1989, 38~39면 참조.

10) 김기진은 박영희의 작품에 대해 '개념의 추상적 설명'을 넘어선 '실증적 표현'을 요구한다. 그것은 이념이 육체화하는 과정을 의미하는 바, 사회주의 사상이 조선에서 구체화되는 역사적 계기를 의미한다. 김기진, 「무산문예작품과 무산문예비평」, 『제1차 방향전환론과 대중화론』, 63~64면 참조.

11) 김윤식, 앞의 책, 62면.

없다는 극단적인 인식을 할 수 있었던 것 역시 대중을 결여적 존재, 곧 계급의식을 수용한다면 혁명적 주체로 변화될 수 있는 존재로서 규정하고 있었기 때문에 가능했다. 박영희의 인식 수준은 넘어서 있었던 김기진 역시 큰 범위에서는 역시 다를 바 없었다. 그에게 대중은 교양 수준이 '낮은' 존재였다. 대중에 대한 이러한 인식은 비단 박영희나 김기진에 한정되는 것이 아니라, 당대 카프 작가들에게 공통적인 것이었다. 대중을 '결여적 존재'로 규정하는 이러한 인식은 이들에게 '자명한 것'이었기 때문에, 도무지 회의나 비판의 대상이 될 수도 없었다.

이러한 상황에서 대중화운동을 통해 경험된 '도식성'은, 카프 작가들이 자기들의 인식을 근본적으로 반성하게 된 계기였다. 다시 말하면 대중은 '결여적' 존재가 아니라 '다른' 존재였다. 익숙하고 훤히 들여다볼 수 있는 투명한 존재가 아니라 낯설고 불투명한 존재였다. 그들은 다만 문맹이기 때문에 계급의식을 이해할 수 없을 뿐이라고 여겼지만, 그래서 김기진 등이 대중소설을 통해 계몽될 수 있는 존재라고 여겼지만, 카프 작가들이 경험한 대중은 타자였다. 대중은 계급적 인식이 결여된 존재라는 것은 부정할 수 없지만, 이들이 기대한 대로 계급적 인식의 충전만으로는 변혁되지 않았다. 이 타자의 현전 앞에서 카프 작가들은 어떤 특정한 작가나 작품을 비판하던 입장에서, 카프 전체의 조직적인 문제로서 도식성을 제기했다. 곧 타자로서의 대중을 목도하면서 자신들의 이념으로 자신들이 경험한 바를 설명할 수 없는 사태를 도식성으로 표현했다.

도식성 문제가 조직적으로 제기된 상황에서, 카프는 창작방법론을 모색하게 된다. 이 창작방법론은 내용과 형식의 조화와 같은 수준이 아니라, 대중을 다만 결여적 존재로서만 표상했던, 카프 작가들의 인식 태도를 근본적으로 반성하는 계기였다. 그러나 대중을 인식론적으로 포획하기 위한 카프 작가들의 반성은, '다시 대중 속으로' 좀 더 진취적으로 들어가야 한다는 당위론에서 머무르게 된다. 당대 카프 작가들의 인식과 같은 지평에서 임화는, 직접 자신의 작품이 "소시민층 주로 학생 지식자 청년들의 가슴을 흔들었을지는 모르나, ×××와 ××에게는 남의 것이고 낯설은 손님"이었을 뿐이었다고 자기비판을 감행하면서, "일보 전진하는 것은 ××××××의 생활 속으로 들어가는 것과 노동자 농민의 생활 감정을 자기의 생활 감정으로 하는 것"을 주문한다.[12)]

그러나 대중의 생활 감정을 획득해야 한다는 인식은, 카프 작가들의 인식태도 자체는 변하지 않는다는 것을 전제하는데, 여기에는 카프 작가들이 미처 의식하지 못한 맹점(blind spot)이 존재한다. 도식성 사태가 보여주는 것은, 작품 안에 형상화된 노동자, 농민들과 실제 그들은 일치하지 않는다는 것으로, 다시 말하면 카프 작가들은 노동자, 농민들을 관념적으로 인식했음을 의미한다. 그런데 이러한 관념적 인식은 카프 작가들 자신들이 의지하는 사회주의 사상의 필연적인 결과가 될 수는 없다. 노동자, 농민에 대한 관념적인 인식이 사회주의 사상의 결과라고 규정한다면, 사회주의 사상 역시 비현실적인 이념으로 귀결되기 때문이다. 따라서 노동자, 농민에 대한 관념적 인식은 사회주의 사상과 구분되는 카프 작가들의 어떤 인식에서 기인한다고 할 수 있다. 말하자면 카프 작가들은 어떤 인식에서 사회주의 사상을 수용했으며, 동시에 그러한 인식 태도에서 노동자, 농민들을 결여적 존재로서 인식했다고 할 수 있다. 이러한 논리에 따르면, 카프 작가들의 어떤 인식은 사회주의 사상을 인식 내용으로 하는 인식의 형식, 혹은 인식 조건이 될 수밖에 없다.

---

12) 임화, 앞의 책, 174~175면.

그러나 불일치 자체는 주체의 의식을 막다른 곳에 이르게 하지만, 동시에 바로 그 불일치를 인지한다는 것 자체는 이미 불일치를 넘어서는 의식을 전제로 한다는 점에서, 불일치를 넘어서는 가능성을 내포한다. 이것은 헤겔이 말한 변증법적 운동이다. 헤겔이 칸트를 넘어서는 계기는 대타존재(현상)와 즉자존재(대상)의 '불일치' 자체를 매개로 이루어진다. '불일치'가 자각된다는 것은 이미 불일치가 인지될 수 있는 의식이 전제되어 있음을 의미한다. 칸트는 인식대상인 절대자를 인식조건과 분리된 것으로 미리 전제함으로써, "인식과 진리의 구분은 의식 자신이 행한 구분일 뿐"임을 의식하지 못했던 것에 반해, 헤겔은 즉자존재와 대타존재의 모순은 의식이 의식 자체 내에 스스로 경계를 짓는 것으로부터 생성됨을 간파한다. 이로써 의식은 대타존재와 즉자존재의 구분을 지양하여 다음 단계로 나아간다. 곧 "새롭게 생성되는 의식이 곧 새로운 인식방식이 되고 다시 이에 상응해서 새로운 대상이 정립되"는 변증법적 운동이 전개되는데, 이와 같은 단계가 반복됨으로써 의식이 자기본질인 절대정신과 일치하게 된다.[13] 이러한 의식의 자기 전개에서 의식이 이전 의식을 지양하게 되는 계기는 '초월론적'(transzendental)[14] 반성이다.

노동자와 농민의 세계관은, 마르크스에 따르면 지배계급의 것임에

13) 한자경, 『헤겔 정신현상학의 이해』, 서광사, 2009, 34~39면 참조.

14) 칸트의 용어로서, '모든 경험에 앞서면서' 동시에 '경험 인식을 가능하게 하는'의 의미이다. 경험이 가능한 것은 의식 스스로가 산출해낸 인식조건이 기능하기 때문이다. 따라서 '초월론적'의 의미는 이성의 자기관계를 지시한다. F. 카울바하, 『칸트 비판철학의 형성과정과 체계』, 백종현 역, 서광사, 1992, 317면 참조. 노동자, 농민의 세계관을, 그것이 '선험적 인식의 가능성' 자체와는 분명히 다르다는 점에서, '초월론적'의 의미로서 규정하는 것은 엄밀하게는 적절하지 않다. 그러나 세계관 자체는 대상의 의미와 가치를 규정하는 근본적인 인식 조건이고, 인식 과정에서 항상 현전하지만 무의식화되어 있다는 의미에서, 칸트의 '초월론적'이 가리키는 사태와 근본적 지점에서 유사하다는 점에서 원용한다.

도 이것이 인식대상이 아니라, 오히려 인식조건으로 무의식화되어 있다. 따라서 세계관에 따른 행동은 자신들의 이익과 배리된다. 단적으로 말하면 노동할수록 계급은 고착된다. 이러한 모순적 상황을 극복하기 위해서는 자신들의 세계관 자체를 초월론적으로 반성해야 하는 계기가 필요한데, 마르크스는 이것을 혁명과 같은 계급적 갈등 상황으로 규정했다. 말하자면 혁명과 같은 실천은, 앎의 단순한 이행이 아니라, 자신의 인식방식(인식조건)을 초월론적으로 반성하게 되는, 앎의 도약의 계기이자 과정인 것이다.

이것은 마르크스가 『포이에르바하에 관한 테제』에서, 낡은 유물론과 자신의 새로운 유물론을 구분하는 것과 일치한다. 마르크스는 '관조주의'를 당대 독일 시민계급의 인식방식이자, 포이에르바하의 '입지점'으로 규정하고, 포이에르바하는 자신의 인식방식 자체를 반성하지 못했기 때문에, '종교적 심성'을 실체화했다고 비판한다. 포이에르바하는 자신의 인식방식 자체를 반성하지 못하고, 오히려 그 위에서 이론을 구축했기 때문에, 포이에르바하의 이론은 시민계급의 모순의 반영이다. 곧 '의식은 의식된 존재'이다. 따라서 포이에르바하는 자신의 인간관이 그 자체로 자명한 것이 아니라 '특정' 계급에 귀속된 것임을, 칸트의 용법을 빌려 말하면 초월론적으로 밝혀내야 했다. 그러나 포이에르바하는 여기서 멈추었는데, 맑스는 이러한 초월론적 반성은 이론의 문제가 아니라 실천의 문제라고 규정한다. 따라서 '대상적 진리'를 파악하기 위해서는 주체 자신의 '혁명적 실천'이 동시에 이루어져야 한다.[15)]

칸트와 헤겔, 마르크스에 대해 다소 길게 언급할 수밖에 없었던 것

---

15) 마르크스, 「포이에르바하에 관한 테제들」, 마르크스·엥겔스, 최인호 역, 『칼 맑스／프리드리히 엥겔스 저작선집』 제1권, 박종철 출판사, 2005, 185면 참조.

은, 카프 작가들이 불일치로서의 도식성 문제를 해결하는 데에 있어서 제시한, 대중들의 생활 감정을 획득하고자 했던 방법의 근본적 한계를 명료하게 하기 위해서였다. 간단하게 말하면, 그들의 명백한 오류는, 사회주의 사상과 자신들의 인식방식을 동일시했다는 것이다. 곧 카프 작가들은 어떤 특정한 인식방식의 지평에서 사회주의 사상을 수용했는데, 어떤 특정한 인식방식이 맹점으로 무의식화되면, 카프 작가들은 자신을 사회주의 사상과 동일시하게 된다. 인식방식과 인식대상을 동일시하게 되면, 도식성 사태가 보여주듯이 주체는 모순에 빠지게 된다.[16)]

서구의 노동자, 농민과 조선의 노동자, 농민은 일치하지 않는다. 사회주의 사상이 서구에서 발화되었을 때, 그것은 서구의 노동자, 농민을 대상으로 한 것이지, 조선의 노동자, 농민을 대상으로 한 것은 아니었다. 그러나 사회주의의 발화자로서 서구와 발화내용으로서 사회주의 사상이 구분되지 않을 때, 조선의 사회주의자들은 무의식적으로 서구의 위치로 전위된다. 자신의 발화 위치는 분명 조선이라는 특수한 역사적 공간임에도, 이러한 전위가 무의식적으로 이루어졌을 때, 사회주의 사상이 호명하는 노동자, 농민과 실제 조선의 노동자, 농민의 불일치가 발생하게 되는 것이다. 이러한 불일치를 도식성으로 불렀던 것이며, 이 도식성으로 인해서 카프 작가들은 비로소 '조선의' 노

---

16) 러셀의 유형론을 '이중구속' 이론으로 발전시킨 그레고리 베이트슨의 이론이 함의하는 것이 이것이다. 인식방식은 항상 어떤 인식방식일 수밖에 없다. 그레고리 베이트슨, 『정신과 자연』, 박지동 역, 까치, 1990, 286~302면 참조. 자살은 극히 개인적인 원인을 갖는 것으로 이해되었지만, 뒤르껨은 이를 사회적인 맥락에서 재맥락화함으로써 사회적 원인을 밝혔고, 이를 통해서 '사회학'의 태두가 되었던 것이며, 마르크스 역시 역사에서 항상 배제되었던 노동자, 농민을 역사의 주체로 재맥락화함으로써 계급 이론을 세웠다. 베르트 다네말크 외, 『새로운 사회과학 방법론』, 이기홍 역, 한울아카데미, 2009, 149~154면 참조.

동자, 농민을 목도하게 되었던 것이다. 이러한 불일치를 극복하기 위해서는 자신들의 위치를 초월론적으로 반성하는 것이 필요했음에도, 곧 자신은 서구가 아니라 조선에서 발화하고 있음이 의식되었어야 함에도, 임화와 같은 카프 작가들은 여전히 대중의 생활 감정의 획득과 같은 방법을 제시하고 있었던 것이다.

이제 이 장을 마무리하면서, 소제목으로 언급한 김남천의 위상에 대해 해명이 필요할 것으로 보인다. 전술한 대로, 도식성 문제가 극복되지 않으면, 박영희와 같은 전향이 거의 유일한 길이었을 때, 카프 작가들에게 이 문제는 절대적으로 중대한 문제였다. 하지만 도식성을 극복하는 과정은 근본적이지 못했던 것은 임화를 통해서 살펴본 바이다.[17] 그렇다면 왜 김남천인가? 그것은 단적으로 말하면, 도식성 문제에 대해 카프 작가들이 이념과 대중의 생활 감정의 기계적 결합을 주장했을 때, 카프 작가들 가운데 거의 유일하게 인식방식과 인식대상을 구분함으로써, 도식성 문제를 새로운 차원에서 해소시킨 작가임에도, 아직 이에 대한 충분한 연구는 미흡해 보이기 때문이다. 이것은 1930년대 문학 지형을 올바르게 이해하는 데에도 걸림돌이 되고 있다. 특히 이 글에서 초점을 맞추고 있는 서사와 감정의 측면에서 볼 때, 김남천은 대중의 생활 감정에 대해 새로운 접근 방법을 보여주고 있다. 곧 감정에 대한 인식에서 김남천은 임화 등과는 일정하게 변별되고 있으며, 이러한 인식은 그의 소설에서 형상화되어 있다. 이것은 그의 작품들을 새롭게 읽을 수 있는 근거가 된다.

17) 임화는 1930년대 중반 이후에 비로소 인식방식과 인식대상을 구분하게 되지만, 그 역시 철저하지 못했다. 졸고, 앞의 책, 279~324면 참조.

3. 추상된 이념과 사상된 감정

현재 알려진 바에 따르면 해방 전 김남천이 공식적으로 발표한 최초의 소설은 「공장신문」(1931)으로서, 이후 약 50편의 단편과 『대하』(1939), 『사랑의 수족관』(1939) 등의 장편소설이 있다. 이들 작품들은 김남천의 창작방법론인 '가면박탈론', '고발론', '모랄론', '로만개조론', '관찰문학론' 등과 함께 변화되어 왔는데, 창작방법론과 그의 작품은 밀접한 연관 관계를 갖고 있다. 곧 창작방법론은 소설로서 시험되었고, 소설은 다시 창작방법론을 추동시켰다. 그런데 '가면박탈론'에서 '로만개조론'에 이르는 과정은 일종의 발전적인 전개과정으로 파악되기 때문에, 그의 작품 세계는 크게 3개의 시기로 구분될 수 있다. 곧 창작방법론이 본격적으로 시도되기 이전의 작품들과 '가면박탈론'에서 '로만개조론'에 이르는 과정, 그리고 '관찰문학론'의 시기이다. 이 글에서는 각 단계의 대표적인 소설로서 「공장신문」과 「남편 그의 동지」(1933), 「경영」(1940) 연작을 중점적으로 살펴보고자 한다. '가면박탈론'에서 '로만개조론'의 시기의 작품으로 비교적 이른 시기의 작품인 「남편 그의 동지」를 삼은 이유는 초기 소설인 「공장신문」과의 낙차를 뚜렷이 나타내기 위해서이다.

김남천의 초기 소설 「공장신문」은 대중화운동 당시 카프 작가들의 목표였던 볼셰비키화에 가장 충실한 작품으로 평가되었다. 볼셰비키화란 '당의 슬로건을 대중의 슬로건으로!'와 '전위의 눈으로 세계를 보라!'로 집약된다. 그러나 이 소설의 공통 배경이 되고 있는 '공장'은 실제의 공간이 아니라 관념적인 공간이었고, 전위와 노동자들의 성격 역시 이념의 구체화에 불과했다.[18] 김남천 역시 앞에서 언급한 도식

18) 채호석, 『한국근대문학과 계몽의 서사』, 소명출판, 1999, 64면.

성 문제에서 자유롭지 못했다.

> 이 '구체적 인간'과 관련하여 생각할 때에는 지금은 벌써 과거의 역사적 환영 같이 되어버린 어떤 장면이 항상 머리에 떠오른다. 그것은 1931년 여름, 어떤 비 오는 날 저녁에 모여졌던 문학부 소설연구반의 연구회 석상의 회상이다(…중략…) 이 회석에서 『공우회』에 대한 비평은 여러 가지 있었으나 나의 가슴에 깊은 인상을 준 것은 여기에 나의 이태 것의 작품이 고정화되고 내용과 소설 구성이 유형 속에 굳어져 있다는 그것이었다.[19]

위 글에서 김남천은 자신의 작품에 대해 고정화되어 있다는 카프 작가들의 비판을 수용하고 있음을 알 수 있다. 그가 이 비판을 무겁게 받아들이고 있다는 것은, 같은 글에서 이어지는, 「남편 그의 동지」를 창작하는 과정에서 "이 비오는 날 밤의 일을 몇 홉인가 회상한데도 불구하고 그리고 작품의 고정화와 인물의 추상화 속에서 벗어나려고 애쓰고 노력"했음을 토로하는 장면에서도 확인할 수 있다. 다시 말해 「남편 그의 동지」는 도식성에 대한 비판을 수용한 뒤, 이를 극복하는 과정에서 쓰였음을 알 수 있다. 따라서 김남천의 말을 그대로 수용하면, 「공장신문」과 「남편 그의 동지」를 비교함으로써 그가 도식성의 원인으로서 파악하고 있는 바를 추론할 수 있게 된다. 이는 김남천의 초기 소설인 「공장신문」은, 초기 소설에 의례 따라다니는 미숙함 이외에, 그가 궁극적으로 해결해야 할 근본적 문제를 담고 있다는 점에서 다른 작가들의 초기 소설과 일정하게 변별된다.[20]

---

19) 김남천, 「문학시평」, 『김남천 전집』 I, 정호웅·손정수 편, 박이정, 2000, 14면.

20) 「공장신문」, 「공우회」와 「물」, 「남편 그의 동지」의 비교 연구는 이미 발표한 바가 있다. 졸고, 「'물 논쟁'에 나타난 김남천의 자기반성적 실천 고찰」, 『민족문학사연구』 47, 2011. 이를 바탕으로 이 글의 주된 분석 대상

「공장신문」의 주된 갈등은 사측과 노동자의 문제가 아니라, 노조간부인 재창이와 노동자인 관수의 대립에 있다. 노조간부임에도 회사에 매수당해 자신의 사욕을 채우면서 파업으로 얻은 노동자의 이익을 실현시키기는커녕 오히려 노동자의 권리를 제한하는 재창이를 관수는 노조간부로부터 몰아내고자 하지만, 그 방법을 찾을 수 없어 전전긍긍한다. 방법을 모색하던 차에 그는 지난 파업을 성공적으로 이끌었던 '사나이'의 약속을 환기한다. '사나이'는 앞으로 전개될 일을 이미 예언했으며, 이 상황을 대비해서 믿을 수 있는 사람들끼리의 암호를 정해두었다. 마침 그 암호와 일치하는 사람을 따라 어떤 모임에 갔는데, 그곳에서 관수는 재창이를 몰아내고 새롭게 노조간부를 세우고자 하는 노동자들을 만나게 된다. 이들과 함께 관수는 재창이의 비리를 담은 '공장신문'을 제작하여, 노동자들의 도시락에 몰래 넣는다. 곧 재창이의 비리는 폭로되고, 관수를 비롯한 새로운 노조집행부가 꾸려진다.[21)]

이 소설이 볼셰비키화에 충실했다는 평가와 동시에 도식적이라는 평가를 동시에 받았던 것은, 단적으로 말하면 이념을 구상화했기 때문이다. 이것은 이 소설에 형상화된 인물들을 통해서 알 수 있다. 이 소설의 인물들은 모두 개념적 존재로서 추상화되어, 카프 작가들의 합평회에서 비판받은 그대로 '내용과 소설 구성이 유형 속에 굳어져 있다.' 공장 사장은 '탐욕적' 성격으로, 노동자는 '무지한' 성격으로, 그리고 전위는 투쟁을 촉발시키기 위해 '헌신하는' 성격으로 유형화됨으로써, 개인들의 구체적인 성격은 나타나지 않는다. 그러나 가령 공

인 감정에 대해 초점을 맞추어 보충한다.

21) 「공우회」는 자본가의 탐욕으로 노동자들의 유일한 여가 공간인 운동장이 사라지고, 임금이 동결되는 상황에서 공장 밖의 전위의 대책과 노조 간부의 흔들림 없는 실천으로 노자 갈등이 심화되는 내용이다.

장 사장이라고 해서 탐욕적 성격으로만 재현될 수 있는 것은 아니다. 그럼에도 이 소설에서 공장 사장을 입체적으로 구성하고 있는 다른 성격은 모두 잘려져 있다. 곧 사상(捨象)되어 있다. 사상과 추상은 필연적으로 수반되는 사유 작용으로, 추상은 유의할 필요가 있는 현상의 특징 이외의 다른 성질을 버리는 일이다. 추상은 사상의 과정과 동시에 진행되는데, 이에 따라 '어떤 공장 사장'은 '공장 사장'으로 추상되면서 구체성은 사상되어 유형적 인물로 형상화되어 있다. 곧 「공장신문」에서 인물의 형상화 원리는 '추상'임을 알 수 있다.

이처럼 유형화된 인물은 다시 자본가와 노동자의 대립으로 양분되어 있는데, 여기서 특기할 점은 노동자들 사이의 위계적 관계이다. '사나이'로 호칭되는 전위는 지난 여름 파업을 성공적으로 이끌었던 인물이지만 이 소설에는 등장하지 않는다. 관수에게 '사나이'는 이곳 평양 사람이 아님에도 파업의 사정과 수습, 그리고 이후의 활동 방향과 내용까지 모조리 꿰뚫고 있는 인물로서, 재창이의 타락을 폭로하고 이로써 노조를 재건할 수 있는 능력을 지닌 자로 평가된다. 그러나 노동자들은 지난 파업을 성공적으로 수행했음에도, 자신들의 이익과 권리가 신장되기는커녕 오히려 후퇴하고 있는 저간의 원인이 재창이의 타락에 있음을 전혀 인지하지 못하는 인물들로 나타난다. 관수의 위치는 '사나이'와 일반 노동자들의 중간쯤에 위치한다.

이와 같은 노동자들의 위계는 그들의 인식력에 따라 이루어지고 있다. 평양에 없어도 평양에 있는 노동자들보다 공장 내부의 일을 훤히 알고 있는 '사나이'가 위계상 가장 높은 곳에 있으며, 재창이의 타락은 알고 있지만 이를 폭로할 방법은 알지 못하는 관수가 다음이고, 재창이의 타락조차 알지 못하는 노동자들이 마지막 단계에 놓인다. 이러한 위계 속에서 '사나이'의 보이지 않는 지시에 따라 재창이의 타락을 담은 '공장신문'이 배포됨으로써 재창이는 제거된다.

「공장신문」의 주제 의식은 뚜렷하다. 노동자들은 자본가의 탐욕에 희생됨으로써 사회 현실에 불만을 갖고 있지만, 이 불만을 공분으로 점화하기 위해서는 현실에 대한 계급적 인식을 노동자들에게 전해야 하며, 이를 위해서 전위들의 헌신적인 행동이 요구된다는 것이다. 이러한 소설적 구성이 가능한 것은, 노동자들의 불만은 전위들의 행동에 따라 파업과 같은 집단적인 투쟁으로 전변될 수 있다는 의식 때문이다. 곧 노동자들의 불만과 같은 감정은 탐욕스러운 자본가들의 이익 추구 활동에서 빚어지는 것인 바, 그들의 생활에서 필연적인 것이며, 노동자들에게 '계급적 인식'으로서의 앎이 전해지면, 노동자들의 불만은 공분으로 표현될 수 있다는 생각이다.

그러나 '도식성' 비판을 받은 이후의 작품에서 이러한 구조는 폐기된다. 「남편 그의 동지」는 「공장신문」과 같이 소설 전반을 지배하는 뚜렷한 사건이나 갈등이 없다. 사상범으로 수감된 상황에서 여전히 사상의 심화에 몰두하는 남편, 남편과 같은 앎은 없지만 남편의 생각과 행동을 신뢰하고 지지하는 아내, 그리고 한때는 남편의 동지였지만 현재는 속물화된 그의 동지들 등의 인물들은 각자의 생활 영역에 제한된 인물들로서 나타난다. 곧 남편은 수감된 감옥 안에서 사상서 등을 탐독하고 있으며, 아내는 남편이 없는 빈 방에서 출산의 고통을 감내하면서 옥바라지를 하고 있고, 동지들은 평범한 일상을 영위하고 있는 채로, 서로 영향 관계는 거의 나타나지 않는다.

그런데 특기할 점은, 「공장신문」에서는 영웅적으로 형상화되어 있어야 할 남편이 세상 물정을 모르는 인물로 나타나고 있다는 점이다. 옛 동지들은 우푯값마저 떼먹으며, 술집 여종업원을 희롱이나 할 정도로 타락해 있었지만, 남편은 여전히 동지에 대한 신뢰를 갖고 있다. 이러한 상황에서 동지들의 타락을 전하는 아내에게 남편은 도리어 역정을 낸다. 게다가 남편의 수감은 「공장신문」처럼 투쟁이 원인이 아니라, '파벌 관계'와 관련이 있는 것으로 나타나 있다. 강철 같은 신념의 전위가 세상 물정 모르는 인물로 추락하게 된 것은 「공장신문」과 분명하게 달라지는 지점이다.

영웅적 전위의 추락은 「경영」 연작에서도 반복된다. 사상운동과 관련해서 2년 동안 수감되어 있던 오시형은, 그의 연인인 최무경의 헌신적 지원으로 보석으로 풀려난다. 그러나 오시형은 출감 뒤에 자신의 사상을 부정하고, '동양학' 곧 '대동아공영권'의 영역으로 전향하면서 동시에, 최무경이 아니라 그와 적대 관계에 있던 아버지에게로 돌아간다. 오시형의 전향에는 사상성이 강조됨으로써, '공장신문'의 만평에 등장하는 재창이나, 우푯값마저 떼먹는 옛 동지들과 같이 희극적으로 묘사되지는 않는다. 오시형은 수감 생활 동안 제2차 세계대전의 소식을 전해들으면서 자신이 견지했던 사상에 대해 깊이 회의하고, 그 결과로서 전향한다. 그러나 그의 전향이 모순적이자 맹목적인 것임이 대학 강사인 이관형의 언급을 통해 폭로됨으로써, 오시형의 전향은 도식성의 장벽 앞에서 전향한 카프 작가들의 면모와 겹치게 된다. 다시 말해 오시형은 사상을 사상으로써 극복한 것이 아니라, 자신의 사상을 견지할 수 없다는 무능력함이 '동양학'이라는 새로운, 그러나 사이비인 사상으로의 투신한 것으로 형상화되어 있다. 자신을 스스로 전위로서 자임했던 김남천으로서, 전위의 추락을 형상화하는 일이 매우 고통스러운 과정이었음을 짐작하는 것은 어렵지 않다. 그럼에도 김남천은 그의 문학론과 같이 철저한 '고발'을 수행하고 있다.

그런데 이러한 추락의 형상화는 「공장신문」에서는 나타나지 않았던 인물들, 곧 '아내'와 '최무경'의 시선이 존재함으로써 가능했다. 다시 말해 「남편 그의 동지」에서 관찰자적 인물로서의 아내의 시선이 없이, 마치 관수와 재창이의 대립과 같이 남편과 옛 동지의 대립으로만 형상화되었다면, 남편의 영웅성은 여전히 보존되었을 것이다. 마찬

가지로 최무경의 시선이 없었다면, 오시형과 이관형의 대립은 사상적 갈등으로 재현되고, 이로써 오시형의 전향의 내밀한 과정(이는 '생활'과 관련되는 데 후술한다)은 쉽게 드러날 수 없었을 것이다. 그러나 '아내'와 최무경의 시선으로써, 수감된 남편과 오시형의 다른 측면, 곧 세상 물정을 안다고 자임하는 남편과 오시형의 무능한 측면은 여지없이 폭로된다.

그러나 남편과 오시형의 추락을 두고, 김남천이 사회주의로부터 전향했다고 판단하는 것은 사태를 잘못 이해하는 것이다. 김남천이 남편과 오시형의 추락을 형상화하는 것은 사회주의에 대한 전면적 비판이 아니라, 사회주의 사상을 조선의 구체적인 역사적 현실 속에서 재맥락화하지 못하는 당시 카프 작가들의 추상적인 태도를 비판하기 위해서였다. 다시 말하면, 「공장신문」의 작품 구성의 원리이자 도식성의 원인이었던 추상주의적 태도에 대한 비판이지, 사회주의 사상에 대한 비판은 아니다. 「공장신문」의 도식성을 비판받은 이후, 김남천은 사상을 수용하는 태도를 문제로 제기했는데, 그것이 유명한 '물 논쟁'이다.

'물 논쟁'은 1차 카프 검거 사태에서 유일하게 수감생활을 한 김남천이 출옥 뒤에 발표한 「남편 그의 동지」와 「물」에 대한 임화의 비판에서부터 불거져서, 이후 카프 작가들이 논쟁에 참여함으로써 범 문단적인 관심을 일으킨 사건이다. 임화는 특히 「물」에 대해 우익적인 일탈을 보인 소설이라고 평가하면서, 그 이유를 수감 생활로 인한 사상성의 약화를 지목했다. 「물」의 주인공이라고 할 수 있는 사상범인 '나'는 '감옥'을 자본주의 체제의 측면에서 비판하기는커녕, 다만 극심한 육체적 갈증을 해갈하는 데에 급급한, 다른 잡범들과 동일한 모습으로 형상화되어 있기 때문이다. 임화는 사상범이라면 생물학적인 욕구의 해결을 위한 '물'이 아니라, 인간의 본질적인 욕망인 자유에 대한

갈망이 형상화되어 있어야 했다고 비판했다.[22)]

이에 대해 김남천이 제기하는 반박은 임화의 인식 태도였다.

> 조선의 논객들은 오직 '다수자 획득'이라는 변함없는 어구만을 끌어다 기계적으로 결부시키고 있다. 다수자 획득의 방향은 세계 근로대중의 일체의 나아가고 있는 방향이다. 중요한 것은 이 방향이 조선에서는 어떻게 구체화되어 있으며 어떻게 실천되어 있는가에 대한 이해이다. 이 이해 없이 예술상에 있어 이 '다수자 획득'을 실천할 수 있을 것인가?[23)]

김남천은 임화의 인식태도가 바로 자신이 「공장신문」 등에서 범했던 오류, 곧 추상주의적 태도라고 비난한다. 임화가 요구하는 '전위'는 추상적 인물, 개념적인 인물로서, '조선'이라는 구체적 현실과 유리된 이데아적인 인물이라는 것이다. 조선이라는 역사적 현실에서 존재하지 않고, 다만 개념적으로 존재하는 인물이라면 리얼리즘의 이름에 값할 수 없을 뿐만 아니라, 현실의 구체적인 방향을 지도할 수도 없다는 것이 김남천이 주장하는 바였다. 사회주의 사상은 마땅히 조선이라는 구체적 현실 속에서 실현되어야 함에도, 이데아적인 세계의 인물들은 국적이 없기 때문이다. 김남천이 부정하는 것은 사상이 아니

---

22) "구체적 구체성인 계급성—당파적 견지의 결여는 '물 담당'의 행동에 있어서는 全혀 죄악적으로 전화되고 있다. 대체 왜 선출된 그는 물 먹는 것을 제한시킬까? 그들의 생활을 그들이 당하고 있는 감옥 제도에 적응시키기 위함일까? (중략) 이것은 아마 작자도 의도하지 않은 무서운 결과일 것이다. 그리고 전편을 흐르고 있는 소극성은 비속적인 '沈厚한 경험주의', '심각한 생물학적 심리주의의 浮釀物이다. 개별적인 것 그 자체로서의 개별적 인간의 탐구—인간의 비사회적인 내면 생활, 意識下的 인 것에 대한 집요한 추구, 다양성에 대한 생활의 풍부에 대한 異常의 抗奮, 심리적 사실주의에 대한 편애 등등 이 모든 것은 프롤레타리아문학과는 무연한 중생이다" 임화, 「6월 중의 창작」, 앞의 책, 264면.

23) 김남천, 「문학시평」, 15~16면

라 사상을 대하는 태도였다.[24)]

도식성의 근본적 문제, 곧 추상적 태도가 사상한 것은 다름 아닌 감정적인 측면이다. 무더운 여름날의 갈증을 해갈하고자 하는 수감자의 감정적 측면으로, 대중화운동 당시 카프 작가들이 획득하고자 했던 대중의 생활 감정이었다. 임화는 대중의 생활 감정을 획득해야 할 대상적인 것으로 치환하면서 자신의 감정 자체는 도외시했던 반면, 김남천은 '아내'나 최무경의 시선을 통해 지식인 계급인 자신의 감정 자체를 대상화함으로써 카프 작가들의 한계를 명시했다. 그렇다고 해서 김남천이 한계에 머문 것은 아니다. 한계를 인식한 자만이 한계를 넘어설 수 있기 때문이다. 이것은 그가 자신의 추상적 태도를 비판하고, 구체적 태도로 전환하는 것과 궤를 같이 한다. 이 과정에서 감정은 다만 의식의 부수물이 아니라, 의식의 변화를 추동하는 계기로서 형상화된다.

4. 제거의 서사와 수용의 서사

감정에 대한 김남천의 관심은 「남편 그의 동지」에서부터 발견된다. 소설 전체를 지배하는 갈등의 서사 없이, 이 소설은 시종일관 아내의 관점에서 남편과 동지를 묘사하고 있으며, 무엇보다 자신의 내면 의식을 직접 서술하고 있다. 그런데 아내의 관점에서 전위인 남편은 강철 같은 신념의 소유자의 모습이 아니라, 편벽된 시야를 지닌 지식인

24) "우리들이 창작방법의 방향만을 지지하고 조직을 문제로 하지 않았다면 우리들의 영향은 결국 이데올로기적 영향만에 머무를 것이다. 그러나 우리에게 있어 이데올로기적 영향이란 그것이 조직적 영향으로 되어서 비로소 그의 실천적 의의를 가지는 것이 아닐까?" 김남천, 「창작방법에 있어서의 전환의 문제」, 앞의 책, 64면.

의 모습으로 형상화되어 있다. 남편의 시야에서는 보이지 않는 것, 곧 추상된 것은 아내의 육체를 매개로 현전된다. 남편 없이 혼자 출산을 해야 하는 아내는 부른 배가 혹여나 남에게 흉이 될까 두려워하고, 면회 시간 차디찬 의자에 앉아 남편을 기다리면서 자신의 상황에 슬퍼하기도 한다. 또한 자신의 고통을 근거로 미루어 짐작하여, 남편의 고통을 헤아리면서 자신의 감정을 추스르기도 한다.

남편의 입장에서 아내는 이념과 사상을 같이 논하기 어려운 상대이다. 동시에 아내의 입장에서 남편은 홀로 출산의 고통과 두려움을 감당해야 하는 자신의 처지를 이해하고 공감해줄 것을 바랄 수 있는 상대가 아니다. 그런데 당시 카프 작가들의 입장에서 보면, 남편의 사상적 고투는 아내의 고통과 두려움에 비할 바가 아니다. 곧 사회주의 사상을 계속 견지하기 어려운 시대적 상황 속에서 더욱 시급한 것은, 「공장신문」에서 관수가 자신의 사적인 문제가 아니라 파업과 같은 시대적 문제를 정면으로 받아내고자 했듯이, 출산이 아니라 사상의 문제이다. 그러나 이 소설에서 아내의 출산 문제는 남편의 사상적 문제보다 더 중대한 문제로 형상화되어 있다.

「처를 때리고」(1937)에서도 이러한 작가의 태도는 반복된다. 차남수는 과거 사회주의자로서 출옥한 지 삼 년 정도 지났다. 그는 기자였던 김준호의 제안으로 출판사를 운영하고자, 변호사 허창훈을 비롯한 재력가의 출자를 이끌어내고자 했다. 그러나 결과적으로 김준호는 남수를 이용해서 자신의 구직활동을 했던 것이었고, 출판사 설립의 계획은 불투명해졌다. 그런데 이 소설에서도 김준호의 파렴치한 배반보다는, 세상 물정도 모른 채 문화 운동을 해보겠다고 나선 차남수의 어리숙함이 더 두드러진다.

차남수는 출장에서 하루 일찍 돌아왔는데, 아내는 준호와 우연히 산책을 하고 돌아왔다. 아내는 어떤 이유인지 남편에게 준호와 만났다는 사실을 알리지 않았는데, 저녁에 준호와 만나고 돌아온 남편이 이 사실을 알게 됨으로써 부부싸움이 벌어졌다. 이 과정에서 아내는 허창훈으로 추행을 당했던 사실을 비로소 발설한다. 모멸감이 들었지만, 당장의 생활고를 벗어나기 위해 아내는 허창훈의 사과와 함께 돈을 받았던 것이다.

> 흥 사회주의. 이름은 좋다. 그 철없던 것들이 웅게중게 모여들어 선생, 선생 하니 그게 그리 신이 나던가. 우쭐해서 갈팡질팡. 드럽다 드러워. 제 여편네 젖통 만지는 건 모르고 눈앞에 내놓는 지폐장만 보이나.(…중략…)
>
> 네가 뭘 잘했기에 나에게 손을 거니. 이놈아. 날 죽여라. 죽여라. 자. 이걸로 날 찔러라. 응, 이놈아.
>
> 야, 사회주의자 참 훌륭하구나. 이십 년 간 사회주의나 했기에 그 모양인 줄 안다.
>
> 질투심. 시기심. 파벌 심리. 허영심. 굴욕. 허세. 비겁. 인치키. 브러커. 네 몸을 흐르는 혈관 속에 민중을 위하는 피가 한 방울이래도 남아서 흘러 있다면 내 목을 바치리라.[25)]

아내 정숙이 남편의 정체로서 지목하는 것은, '질투심, 시기심, 파벌 심리' 따위의 감정적인 것들이다. 일차적 감정[26)]의 보편성을 인정할 때, 남편에게 속하는 감정에서 아내 정숙도 자유로울 수는 없다. 또한 사회주의로의 투신이 아내의 비판처럼 '선생' 소리를 듣기 위해서였다는

---

25) 김남천, 『맥, 김남천 단편선』, 채호석 편, 문학과지성사, 2006, 136면.
26) 일차적 감정은 생리학적인 것에 기반한 두려움, 화, 우울감, 그리고 만족감 등을 뜻한다. 이들 감정은 진화하는 데 있어서 중요하고, 문화적으로 공통, 보편적이며, 개체발생적으로도 초기에 나타나는 것이고, 또한 사회관계의 중요한 결과로 파악된다. 이성식 외, 『감정사회학』, 도서출판 한울, 1995, 137면 참조.

점도 과장일 수 있다. 그럼에도 아내 정숙이 이를 통해서 비난할 수 있는 근거는, 바로 그러한 감정이 '억압'되어 있었다는 점이다. 사회주의에 투신한 전위와 '질투심, 시기심' 따위는 양립할 수 없다. 바로 이것이 김남천이 「공장신문」에서 재창이를 제거하고자 했던 이유이다. '타락한 노조 간부'는 성립할 수 없다는 것인데, 그럼에도 '타락한 노조간부'는 현실적으로 존재했다. 현실적 존재를 인정할 수 없을 때, 김남천은 이를 부정하고 제거했는데, 이로써 현실적인 것은 억압당했다.

그런데 김남천이 '타락'으로 규정한 현상은 「공장신문」과 「남편 그의 동지」 이후의 소설들에서 다르게 나타난다. 「공장신문」에서 재창이는 노조간부였다. 이는 그가 지난 여름의 파업에서 분명 다른 노동자에 비해 뛰어난 역할을 담당했다는 것을 의미한다. 그러나 회사의 회유에 그는 무너졌다. 그는 노조간부이면서, 노조간부가 아닌, 모순적 존재이다. 이 모순은 서로 양립되지 않는 이념과 감정이 한 인물에 공속해 있었고, 김남천으로서는 이 모순을 극복할 수 없었을 때, 재창이를 폭로하고 제거한다. 이는 달리 말하면, 노조간부에서 감정적인 부분을 억압하는 것이었다. 이처럼 모순적 가치 가운데 감정적인 것을 억압하는 '제거의 서사'가 바로 「공장신문」의 주된 서사 원리였다.

그러나 「남편 그의 동지」에서 타락은 더 이상 제거되지 않는다. 감옥에서 사상의 강화에 몰두하는 남편을 배반한 옛 동지들은 남편의 입장에서 용납될 수 없는 존재들이지만, 아내의 관점에서 남편 역시 세상 물정 모르는 인물로 형상화되면서, 현실적인 인물들로서 소설 구성의 요소로서 존재한다. 다시 말해 남편의 입장에서는 이들은 「공장신문」의 관수처럼 제거되어야 할 존재들이었지만, 남편이 아닌 아내의 관점에서는 이들은 남편과 함께 현실적인 존재로서 인정된다. 이는 아내의 관점에서 남편 역시 긍정되지는 않지만 현실적 존재로서 인정되는 것과 동일하다.

아내의 관점이 서술의 주체로서 등장하면서, 「남편 그의 동지」에서는 「공장신문」에서와 같은 명백한 이분법적 구조는 더 이상 나타나지 않는다. 그리고 남편이나 동지들을 이념형에서 현실적 존재로서 구체화한다. 이념을 좇거나 현실에 순응하는 모습은 어느 한 쪽의 일방적인 우월함으로 귀결되지 않고, 모두 결점을 지닌 인물들로서 형상화된다. 이처럼 아내의 관점이 개입됨으로써, 소설은 이념의 추상적 공간에서 현실적 공간으로 점차 구체화된다.

도식성을 극복하기 시작하는 첫 작품인 「남편 그의 동지」에서 보듯이 남편과 옛 동지, 그리고 서술자 아내의 삶이 각각 전개될 뿐이라는 점에서 아내의 관점은 서사를 구성하지는 못한다. 하지만 「처를 때리고」 이후의 소설들에서 아내의 관점은 서술자의 역할을 넘어서 소설 전체의 지배적 사건을 형성하는 주요한 인물로서 점차 현실화된다. 이 소설의 중심 사건은 앞서 언급한 대로, 차남수와 허창훈, 그리고 김준호는 서로 상대를 이용하여 자신의 목적을 달성하고자 했다. 여기에 아내 정숙은 남편 대신 가계를 도맡아 꾸릴 뿐만 아니라, 허창훈과 김준호로부터 성적인 측면에서 매혹적인 대상으로 등장함으로써 이들 남성들과 관계한다. 「남편 그의 동지」와 마찬가지로, 남편과 그의 동지들의 이면을 드러낼 뿐만 아니라, 여기서 더 나아가 이들과 관계함으로써 서사의 중심적인 역할을 하게 된다. 「남편 그의 동지」의 아내가 관찰자적인 관점에 머물렀다면, 「처를 때리고」의 정숙은 관찰자적인 인물을 넘어서 남편과 그의 동지들의 감정적인 것들이 표현되는 장소인 셈이다.

아내 정숙은 남편의 이념적인 측면뿐만 아니라, 감정적인 측면에 대해서도 이미 이해하고 있었다. 다만 남편의 감정적인 측면이 이념적인 측면을 넘어서지 않는 역할을 했다. 다시 말해 남편에게 존재하는 '질투심, 시기심, 파벌 심리' 따위들의 존재를 인정했지만, 동시에 그것들이 남편의 이념이 현실화되는 데에 결정적인 장애가 되지 않도록 했다. 그것은 아내 정숙이 남편을 대신해서 생활을 책임졌다는 것에 있다.

생활을 꾸려나간다는 것은 곧 이념과 감정의 모순을 야기한다는 것을 의미한다. 남편이 생활을 꾸려나가야 했다면, 그는 허창수나 김준호와 같지는 않았겠지만, 그보다 더 멀리 나가지도 못 했을 것이다. 아내 정숙이 도맡았던 생활의 역할을 차남수가 맡아야 했다면, 출판업을 통해 문화사업을 하겠다는 이상과 출판업을 통한 생활의 운영은 분명 극심한 모순의 상태에 놓였을 것이다. 실제로 남편 차남수가 아내 정숙을 때리는 것은, 아내와 김준호의 관계에 대한 분노의 표현이었지만, 그것을 달리 말하면 스스로 자신이 생활을 꾸리는 남편으로서의 역할을 하지 못하고 있다는 것에 대한 우회적인 표현으로서, 남편의 모순이 표현된 것이다. 이로써 아내의 위치는 억압되었던 감정적인 것들이 표현되는 위치이자, 남편의 모순이 현실화되는 것을 지연하는 위치임이 드러난다.

「경영」 연작에서 오시형의 모순이 적극적으로 표명되지 않는 이유는 이 때문이다. 곧 오시형은 생활을 스스로 책임질 필요가 없다. 그는 최무경의 뒷받침을 받았고, 최무경을 떠났을 때는 아버지의 뒷받침을 받기 때문이다. 생활에 대한 책무가 면제될 때, 그는 이념의 방향대로 움직일 수 있었고, 이의 연장에서 최무경을 떠날 수 있었다. "독일이 파란, 노르웨이, 덴마크를 무찌르고 화란, 백이의를 정복하고 불란서를 항복시켰다는 건 결코 작은 사실이 아니니까. 이러한 세계사의 변동에 제휴해서 동양인도 동양인다운 자각이 있어야 할 거야." 오시형은 낡은 세계 질서는 독일로 대표되는 새로운 질서로 재편되어가고 있다고 생각했고, 아시아에서는 일본의 '동양학'이 바로 그러한 역할을 하고 있다고 여겼다. 마치 1920년대 사회주의자들이 사회주의를 새 것으로서 열렬히 수용했던 것과 같은 방식으로, 오시형은 낡은 것을 대체하고 새 것을 선취하고자 하는 지식인의 모습 그대로였다. 오시형은 독일 파시즘이나 일본 군국주의의 힘을 인정한다.

그러나 오시형의 위치가 모순이 은폐된 자리인 것은 이관형을 통해서 폭로된다. "동양이 가지고 있는 고유의 학문 방법으로 동양을 연구하여야 할 터인데 내가 영국 문학을 한 사람이라 그런지 사회과학이나 자연과학이나 철학이나 심리학이나 구라파적 학문 방법을 떠나서는 지금 한 발자국도 옴짝달싹 못 할 것"이 그것이다. 오시형은 일본의 동양학이 낡은 서구 질서를 대체한다고 생각했지만, 이러한 생각 자체는 그가 낡은 것으로 인식한 서구의 방법론에 기초하고 있었던 것이다. 오시형을 비판하면서도, 이관형이 허무주의로 빠져든 것도 이것에서 빠져나올 길이 도저히 잡히지 않았기 때문인데, 이것은 김윤식이 임화를 비판하던 논리 그대로이다.

> 마르크스 사상도 사회주의도 공산주의도 깡그리 일본을 통해서만 배운 것이어서, 일본적 사고, 그것도 제국의 수도 『東京』이 항시 중심적인 그런 사고의 지평에 갇혀 있는 형국이었다. 이러나 사상의 그물에 걸려 있으면서도 그런 사실을 조금도 알아차리지 못하고 그 자체가 영원한 진리 그 자체인 듯이 착각하고 있는 것, 그것이 임화로 대표되는 현해탄컴플렉스이다. 임화의 비극은 근본적으로는 이러한 사상적 과제 속에 있었던 셈이다.[27]

김윤식은 임화를 카프의 대표로 규정하고, 임화의 한계를 곧 카프 작가들의 한계로 치환하지만, 실제는 그렇지 않다. 곧 김윤식이 임화를 비판하는 내용과 논리로써 최무경이 오시형을 비판하고 있기 때문

27) 김윤식, 『임화연구』, 문학사상사, 2000, 564면.

인데, 그것은 최무경이 김윤식의 논리를 넘어서고 있음을 의미한다. 달리 말하면, 임화가 카프 작가들의 한계를 대표한다고 할 때, 거기에서 최무경을 서술하고 있는 김남천은 예외적 존재가 된다.

최무경은 「남편 그의 동지」에서부터 드러나기 시작한 아내의 연장이자, 발전으로서 김남천의 인식론을 대변한다. 아내는 남편과 그의 동지들의 모순이 드러나는 자리이자, 그 모순을 지연하는 위치였는데, 그것은 바로 이들이 소위 '생활'을 떠맡은 존재들이기 때문이다. 생활을 영위한다는 것은 남편이나 동지들과 같은 이념적 존재들의 감각과는 다른 감각을 지닌 존재들로서, 이념적 존재들의 모순을 폭로함으로써 이들을 넘어설 수 있는 존재들이다.

생활은 이념적 존재들이 사상한, 당시 조선이라는 사회를 구성하는 대중들의 구체적인 삶의 방식이다. 그들은 자신들의 생활을 영위함으로써 당시 사회적 모순을 온몸으로 겪어내면서, 이념적 존재들과 다른 자신들의 세계관을 형성해 간다. 그런데 이들의 세계관은 이들의 물적 조건으로 인해 이념형으로 표현되지 못한다. 더 정확히는 당시 지식인들에 의해 항상 부정적으로만 정의될 뿐이다. 이것은 이들 대중들이 자신들을 지식인들의 관점에 따라 부정적으로 정의하면서도, 동시에 이들 지식인들의 관점으로는 환원되지 않는 영역을 지각하고 있음을 의미한다. 다만 이들의 '언어'가 정립되지 못했기 때문에, 이들의 경험은 담론화되지 못할 뿐이다. 최무경이 오시형의 돌아갔을 때, "나도 나의 생활을 갖자! 나의 생각을 나의 입으로 표현할 만한 자립성을 가져보자!"고 되뇌는 것은 이러한 맥락에서 해석될 수 있다. 곧 동양학이라는 새로운 전체주의 논리에 의해 잘려진 최무경이라는 타자의 삶을 담론화함으로써, 전체주의 논리에 균열을 가져오려는 김남천의 의도이다.

당시 카프 작가들과 같은 지식인의 언어로 번역되지 않는 이들 대중들의 삶의 영역을, 도식성에 직면한 카프 작가들은 '획득할 수 있는' 생활 감정으로 인식했다. 그런데 이러한 인식에는 카프 작가들이 지녔다고 생각하는 이념과 대중의 생활 감정은 모순 없이 존재할 수 있다는 인식이 선규정되어 있다. 이에 반해 김남천은 이들 카프 작가들과 뚜렷하게 구분되는데, 그것은 대중의 생활 감정은 그 자체로 인식론적인 기능을 하고 있다는 것을 주장한다. 그의 주장이 승인되면, 카프 작가들이 대중에게 가져가고자 했던 '이념'의 우월적 지위는 의문시된다. 카프 작가들이 대중의 생활 감정 앞에서 목도한 '도식성'은 이를 문학적으로 표현한 것일 뿐이다. 이때 카프 작가들은 이념을 부정함으로써 전향하거나 혹은 이념과 경험적 현실 사이에서 분열된다.

그러나 김남천은 '이념'의 추상성을 생활을 통과하게 함으로써 구체화한다. 「경영」 연작에서 오시형의 전향은 또 다른 추상적 이념으로 옮겨 간 것에 불과하지만, 최무경은 오시형의 전향을 이해하는 위치에 섬으로써 추상적 이념을 현실화할 수 있는 위치를 마련한다. 그것은 최무경이 바로 '생활'을 영위하는 자였기 때문에 가능하다.

「남편 그의 동지」 이후의 아내들이 영위하고자 했던 '생활'의 개념을 일의적으로 단정하는 것은 쉽지 않다. 그러나 그것이 다만 생계의 의미를 넘어선다는 것은 분명하다. 최무경은 20대에 홀로 된 어머니에게 아직 여자로서의 감각이 남아 있다는 것, 곧 재혼을 망측하게 생각한다. 그러나 "여자로서의 살의 냄새를 잃지 않은 군살[贅肉]이 목과, 배와, 허벅다리에 알맞추 오르기 시작하는, 어머니의 육체"를 보게 된다. 최무경의 눈에 어머니는 다만 추상적으로만 존재했던 것이었지만, 어머니의 육체를 보았을 때 어머니의 실재를 인정하지 않을 수 없었다. 이에 최무경은 자신의 이전 태도를 반성하고 어머니의 재혼을 수긍하게 된다.

전향 하기 전 오시형은 아버지와 대립했지만, 전향 후 그는 아버지의 질서로 복귀한다. 이것을 모순의 통일이라고 볼 수 없는 것은, 이 복귀에는 최무경이 제외되기 때문이다. 이에 반해 최무경은 어머니의 재혼에 대해 수긍하고, 수용할 뿐만 아니라, 오시형의 전향 자체를 이해하는 위치에 놓인다. 그것은 '어머니의 육체'를 수용하는 어떤 감각 때문이다. 여기서 어머니의 육체는 실재로서 인정되고, 그것은 최무경이 가졌던 선입견적 편견이나 독신으로 살았으면 하는, 어머니에 대한 자신의 욕망을 넘어선다. 그것은 최무경이 바로 '생활'을 통해 익힌 어떤 감각 때문이다. 바로 이것이 「남편 그의 동지」 이후 아내들이 남편의 모순을 견디면서 생활을 영위하면서 형성되었던 감각이었다. 이로써 이들 소설들은 「공장신문」과 같은 이분법적 '제거'의 서사를 넘어서, 최무경과 같은 '수용'의 서사로 확대, 심화될 수 있었다. 그것은 모순 앞에서 분열되는 남편을 넘어 새로운 주체를 형성하는 과정이었다.

5. 나오면서

이 글에서 일제 카프 작가들이 봉착해야만 했던 도식성을 중심으로 김남천과 다른 카프 작가들을 일정하게 대비하면서, 김남천의 문학사적 의의를 살펴보았다. 카프 작가들은 사회주의를 민족해방을 내포한 해방의 사상으로 수용했지만, 1930년대 초두 도식성이라는 이중구속적 사태에 사로잡히게 된다. 사회주의 이념을 고수하게 되면 현실과 괴리되고, 사회주의 이념을 버리면 전향이었다. 이를 카프 작가들은 문학의 측면에서 '도식성'이라고 표현하였다.

도식성은 이념과 경험의 불일치이자 동시에, 대중이라는 익숙한 존재의 타자성을 가리킨다. 카프 작가들은 사회주의 이념을 담은 작품을 대중에게 가져가면, 대중의 감정은 공분으로 들끓을 것으로 예상

했다. 감정은 의식의 자동적 효과로서 생각했다. 그러나 사회주의 이념은 사회체제에 대한 분노, 혹은 혁명적 열기로 이어지지 않았다. 전근대적이고 낡은 봉건의식을 대체해서 사회에 대한 계급적 인식이 가져올 것으로 생각했던 대중의 공분은 확인할 수 없었다. 이에 카프 작가들은 대중의 '생활 감정'이 자신들의 그것과 다르다고 생각했고, 이를 획득하기 위해 대중들의 생활 속으로 들어가야 한다고 주장했다.

그러나 이들 카프 작가들이 간과한 것은, 이들이 대중에게 가져가고자 했던 계급적 인식은 그 자체로서 대중에게 전달되는 것이 아니라, 대중들에게 속한 어떤 인식 태도에 의해 해석된다는 점이다. 곧 대중의 생활 감정은 물화된 사물과 같이 획득될 수 있는 것이 아니라, 이들의 인식 태도에 따라 카프 작가들과 다르게 수용했다. 카프 작가들의 기대와 다른 감정이 표현된 것 역시 대중들의 인식 태도 때문이었다.

카프 작가들 가운데 김남천은 거의 유일하게 대중들의 인식 태도를 문제 삼았다. 그것은 달리 말하면, 카프 작가들 자신들의 인식 태도를 의식 대상으로 현전시켜야 함을 의미한다. 김남천은 이를 그의 문학론에서 '고발론' 등으로 표현했다. 그가 일체를 고발해야 한다고 한 본래의 의미는 카프 작가들이 발 딛고 서 있는 자리, 곧 주체의 위치를 성찰하려는 태도였다. 그리고 이를 소설로서 형상화했는데, 카프 작가들에게 무의식화된 자신들이 서 있는 위치를 대상화하는 새로운 주체의 위치는 곧 '아내'로 나타났다. 김남천은 전위들의 아내의 관점에서 전위들의 맹목을 고발한다. 이러한 아내의 고발이 성립할 수 있는 것은, 이들이 소위 '생활'을 도맡아 영위하면서 갖게 된 어떤 '생활 감정' 때문이었다. 다시 말해 카프 작가들이 획득하고자 했던 생활 감정을, 김남천은 역으로 아내들의 생활 감정에서부터 전위들을 반영시킨다. 그러나 김남천은 전위들의 사상 자체를 부정하는 것은 아니다.

이들 아내는 전위들이 전향해 간 바로 그 자리에서부터 자신들의 '입'을 만들어가고 있기 때문이다. 이는 추상이 바로 그 땅에서 구체화되는 것을 의미한다. 곧 '구체로의 비약'을 소설적으로 형상화한다. 이로써 김남천은 초기의 '제거'의 서사를 넘어, '수용'의 서사를 구성할 수 있게 되었다.

김남천은 하나의 가능성으로 현존한다. 그는 소설은 서발턴의 언어, 타자성을 비롯해 변증법적 지양에 대해 새로운 의문을 제시한다. 또한 차이에 대해 새로운 접근 및 탈식민성에 대한 방법론을 보여주기도 한다. 그리고 무엇보다 아직 제기하지 않은 물음의 가능성을 내재한다. 그러나 이 글에서는 이에 대해 충분히 언급하지 못했으며, 다만 후속 연구에서 이어가기로 한다.

참고문헌

F. 카울바하, 『칸트 비판철학의 형성과정과 체계』, 백종현 역, 서광사, 1992.

권보드래, 『연애의 시대』, 현실문학연구, 2003.

그레고리 베이트슨, 『정신과 자연』, 박지동 역, 까치, 1990.

김남천, 『김남천 전집』 I, 정호웅·손정수 편, 박이정, 2000.

_____, 『맥, 김남천 단편선』, 채호석 편, 문학과지성사, 2006.

김윤식, 『임화연구』, 문학사상사, 2000.

_____, 『한국근대문예비평사연구』, 일지사, 1984.

김지영, 『연애라는 표상』, 소명출판, 2008.

김지형, 「'물 논쟁'에 나타난 김남천의 자기반성적 실천 고찰」, 『민족문학사연구』 47, 2011.

_____, 『식민지 이성과 마르크스의 방법』, 소명출판, 2013.

마르크스·엥겔스, 『칼 맑스／프리드리히 엥겔스 저작선집』 제1권, 박종철 출판사, 2005.

백철, 『신문학 사조사』, 중판, 신구문화사, 2003.

베르트 다네말크 외, 『새로운 사회과학 방법론』, 이기홍 역, 한울아카데미, 2009.

손유경, 『고통과 동정』, 역사비평사, 2008.

이성식 외, 『감정사회학』, 도서출판 한울, 1995.

임규찬·한기형 편, 『제1차 방향전환론과 대중화론』, 카프비평자료총서 III, 태학사, 1989.

임화, 『평론1』, 임화문학예술전집 편찬위원회 편, 임화문학예술전집 4, 소명출판, 2009.

채호석, 『한국근대문학과 계몽의 서사』, 소명출판, 1999.

한자경, 『헤겔 정신현상학의 이해』, 서광사, 2009.

III

내러티브의 '포앙테'에 의한 인지-정서 효과

3

내러티브의 '포앙테'에 의한 인지-정서 효과
- 이야기 유머와 최단편 픽션의 비교

강 병 창

1. 들머리

말이나 글은 같은 내용을 담는다면 되도록 짧고 간결한 것이 좋다고 보는 편이 우세한 것 같다. 하지만 그 실천이 그리 쉬운 것이 아니라는 것도 우리는 경험으로 알고 있다. 대개 내용은 별로 없는데 표현이 길어지는 말/글은 시시하고, 내용은 많은데 표현이 너무 간결한 것은 모호하게 느껴지며, 내용도 많고 표현도 길어지면 장황한 느낌을 준다. 언젠가 파스칼이 친구에게 길고긴 편지를 쓰면서 추신에 시간이 없어 편지를 짧게 쓰지 못함을 사과했다고 한다(Bär et al. 2007, 4). 또한 이탈리아의 작가 칼비노는 "단 한 문장으로 된, 가능하다면 단 한 줄로 된 이야기들"을 모아 출판하고 싶다는 소망을 드러내기도 했다(Kampa 2012, 5). 이와 같은 언어적 간결함은 절대적인 기준이 있는 것이 아니며, 담화의 목적, 수용자 성격, 주제, 소통 상황 등에 따라 그 정도가 조절될 것이다. 그렇다면 이러한 '언어적 짧음'의 문제는 이야기, 곧 내러티브(narrative)의 경우에는 어떻게 적용될 수 있을까?

아리스토텔레스(2013, 42-43) 이래로, 이야기는 '처음', '중간', '끝'이 있어야 하는 것으로 여겨져 왔다. 물론 이 말은 내러티브 담화가 시작했으면 언제나 끝이 나게 되어 있는 물리적 속성만을 부각시키는 것이 아니다. 일반적으로 내러티브 담화가 진행되면, 스토리가 전개되고, 스토리 세계에 갈등이 생겨나며, 이에 따라 수용자는 기대와 의문을 갖게 된다. 일정 시점에 이르면 이 기대와 의문이 충족 또는 해소되는 효과가 발생한다. 내러티브 연구에서는 이를 일컬어 흔히 '결말(closure)'이라 한다. 결말은 (은유적 의미에서의) '공간적'으로 '열려' 있던 것이 '닫힌다'는 측면이 강조됨으로써 시간적, 물리적인 '끝남(ending)'과는 구분된다(Abbott 2008, 55-56). 내러티브에서 결말이 꼭 있어야 하는 것은 아니지만(이른바 '열린 결말'을 갖는 내러티브도 적지 않다), 장르에 따라서는 결말이 매우 중요한 역할을 하기도 한다. 내러티브로서는 길이가 매우 짧은 최단편(最短篇) 픽션(microfiction)과 이야기 유머(narrative joke)가 바로 거기에 해당한다. 이러한 '아주 짧은 이야기'에서 결말은 흔히 (독일어권에서는) '포앙테(Pointe)'로 지칭되는데, 이야기의 '핵심', '정곡'이 무엇보다 크게 부각되고 이것이 특정한 인지적, 정서적 효과를 자아내기 때문이다.

이 글에서는 최단편 픽션과 이야기 유머를 대상으로 하여 이 두 텍스트 종류의 장르적 특징과 내러티브 결말의 메커니즘을 비교해 보려고 한다. 최단편 픽션의 영역이 매우 광범위하고 그 성격도 다양하므로, 이 글에서 취하는 접근 방법은 비교적 구조와 효과가 단순한 이야기 유머에서 출발하여 부조화 인지 및 해소 방식의 유형을 추출한 다음 이것을 일부 최단편 픽션에 대응시켜 보는 것이다. 따라서 이 글의 주안점은 내러티브 결말구조에서 중요한 요소가 되는 부조화/

갈등의 발생과 그 해결 방식의 형식적 측면과 이것이 보일 수 있는 '놀라움', '심오함', '우스움', '즐거움' 같은 정서적 효과가 된다.

2. 대상 규정

2.1. 이야기 유머

이야기 유머는 간단히 말해 내러티브(이야기) 형식을 취하는 맥락 독립적인 유머 텍스트라 할 수 있다. 이야기 유머는 언어학과 인접 학문들의 언어적 유머(verbal humor) 연구에서 가장 많이 다루어져 온 유머 유형인 이른바 '조크(joke)'(독일어로는 'Witz')[1] 가운데 중심이 되는 것이다. 조크는 누군가에 의해 웃음을 유발할 목적으로 의도적으로 만들어져 유통되는 짧은 이야기, 문답 또는 한줄 형식의 유머 텍스트이다. 이런 형식의 언어적 유머는 보통 출판물, 인터넷 등의 매체에서 바로 읽으며 즐기거나 대화중에 삽입되어 구술되는 것이 보통이다.

이야기 유머는 내적인 구성의 측면에서 볼 때 서사구조를 취하는데,

---

1) 언어적 유머는 먼저 생산과 사용 방식의 측면에서 볼 때 누군가에 의해 이미 만들어져 유통되는 '기성(旣成)' 유머(Chafe[2007]가 말하는 '계획된 유머[planned humor]')와 화자가 즉석에서 창의적으로 생산하는 '즉석' 유머로 구분해 볼 수 있다. 조크는 기성 유머의 성격을 강조하여 '통조림식 조크(canned joke)'라고도 하는데, 통조림처럼 미리 제조되어 간편하게 유통, 소비될 수 있는 측면이 강조된 것이다. 'joke/Witz'는 '익살/재담(才談)' 등으로 번역되기도 하고(예컨대 구현정 2000, 이유선 1996) 일상에서는 '유머'로 옮겨지기도 하는데, 번역어가 지닌 오해를 피하기 위해 여기서는 '조크'로 지칭하겠다.

대체로 도입, 전개, 결말의 3분 구조로 실현된다.[2)] 도입부에서는 등장 인물과 상황, 서술될 사건의 맥락이 제시되고, 전개부에서는 사건이 전개되면서 기대나 의문, 문제가 발생한다. 이것들이 결말부에서 충족 또는 해결된다고 할 수 있다. 예컨대 (1)과 같은 이야기 유머를 보자.

(1) [도입부] 의사가 수술을 끝내고 말했다.

[전개부] "수술은 성공적입니다. 경과도 좋을 것입니다. 그렇지만 한 동안은 좀 아플 수 있습니다." 그러자 환자가 물었다. "언제가 가장 아플까요?"

[결말부] 이에 간호사가 대답했다. "계산서 볼 때죠."

그러나 실제로 이야기 유머에서 도입부는 명시적으로 설정되지 않아도 텍스트로부터 추론이 가능하므로 생략되거나 간단히 처리되는 경우가 드물지 않다. 예컨대 (2), (3)과 같은 이야기 유머는 흔히 글로 된 유머집에서 볼 수 있는 대화체 유머인데, 이것들이 입말로 구술될 때는 도입부가 구체적인 형식으로 복구될 것이다. (3)은 말하자면 서사자(narrator)의 '말해주기(telling)' 없이 대화를 통해 '보여주기(showing)'만 하는 내러티브라고 할 수 있다. 이 대화에서 상황과 등장인물이 쉽게 추론됨으로써 도입부가 생략될 수 있는 것이다.

(2) 부인 1: 매일 어딜 그렇게 다니세요?

부인 2: 저요? 남편이 반찬이 멋없다는 얘기를 자주 해서 학원엘 좀 다녀요.

---

2) 다른 내러티브 장르에서 통용되는 대표적인 서사구조는 구스타프 프라이타크(Gustav Freytag)의 피라미드 구조(Freytag 1863, 100)라고 할 수 있다. 곧, '도입(Einleitung) - 전개(Steigerung) - 절정(Höhepunkt) - 반전(Fall/Umkehr) - 종결(Katastrophe)'의 5부 구조이다.

부인 1: 아~ 요리학원에요?

부인 2: 아뇨, 유도 학원에요. 불평하면 던져 버리려고요.

(3) "여보세요, 혹시 이 근처에서 경찰 못 보셨소?"

"아뇨, 아무 데도 없던 걸요."

"그래요? 그럼 꼼짝 마! 그 시계 하고 주머니의 돈 모두 내 놔!"

이러한 사정으로 해서 유머연구 문헌에서는 흔히 도입-전개-결말을 구분하지 않고 양분 구조를 설정하는데, 도입과 전개를 한데 묶어 '세우기(setup/buildup)', 결말을 '허물기(punchline)'로 지칭한다.[3] 이러한 이야기 유머의 허물기 부분은 독일어권 문헌에서는 흔히 'Pointe'로 지칭된다(예컨대 Marfurt 1977; Röhrich 1977; Lixfeld 1978; Ulrich 1979; Müller 2003a, b). 이 용어는 유머 텍스트에만 적용되는 것이 아니라, 경구, 일화, 단편소설 등의 파격적인 결말을 지칭하는 데도 쓰인다(Müller 2003b, 225).

이야기 유머 텍스트의 결말부(허물기 부분)를 일컬어 'punchline'(때림 구절)이라 한 것은 텍스트의 전반부(세우기 부분)에서 흥미와 기대로써 구축된 세계를 마치 주먹을 날려 때려눕히듯이 전복시키는 점을 부각시킨 것으로 보인다. 사실 이야기 유머를 포함한 유머 텍스트의 상당수는 세우기 부분에서 예상 또는 기대되었던 것이 허물기 부분을 만나면서 모순(부조화)을 겪게 되고 그것이 해소됨으로써 웃음을 유발하게 된다. (1)-(3)에서 허물기 부분은 각각 "계산서 볼 때죠.", "유도 학원에요. 불평하면 던져 버리려고요.", "그럼 꼼짝 마! 그

3) 'setup - punchline'이란 용어쌍은 'build-up - punch'(Hockett 1977[1973], 259)와 'set up - punch line'(Sherzer 1985, 216)을 거쳐 거의 정착된 것으로 보인다.

시계 하고 주머니의 돈 모두 내 놔!"라고 할 수 있다.

이야기 유머는 텍스트의 길이가 비교적 짧은 편이어서 단일 사건(스토리)을 서술하는 단순 내러티브인 것이 보통이고, 여러 스토리라인이 겹치는 복잡한 내러티브를 구성하기는 어렵다. 다만 (4)와 같은 이른바 '3단 유머(three-part joke/tricolon joke)'(예컨대 Partington 2006, 42)에서처럼 동일한 조건 하에서 각자 다르게 전개되는 세 가지 행동/반응/사건을 보여주는 방식으로 다소 복합적인 구조의 이야기 유머가 실현될 수는 있겠다.

(4) 금발머리, 갈색머리, 빨강머리 여자가 무인도에 갇혀 있었다. 어느 날 병이 하나 떠밀려 왔고, 세 사람이 그것을 열자 병 속의 정령이 나타났다. 그가 말했다. "너희들이 나를 풀어줬으니까 이제 각자 소원을 말하면 내가 들어줄 테다." (A) *갈색머리가 "다른 게 있겠어요? 집에 가고 싶어요." 하고 말하자 그녀는 휙 하고 사라졌다.* (B) *빨강머리는 "저도 그래요. 집에요." 하니까 마찬가지로 휙 하고 사라졌다.* (C) *금발머리는 이렇게 말했다. "여기에 걔네 둘이 없으면 심심해요. 걔들 다시 오게 해 주세요!"*

3단 유머 (4)에서는 기울임 글자 부분에서 첫 번째(A)와 두 번째 사건(B)은 정상적인 기대에 부합하는 세우기 부분에 포함되지만, 세 번째 사건(C)은 수용자의 기대에 어긋나게 하는 허물기 부분이 된다.

2.2. 최단편 픽션

이 글에서 말하는 '최단편 픽션(microfiction)'은 단편소설[4]보다 훨

4) 일반적으로 단편소설은 2,000에서 10,000단어 사이의 길이로 보는데(박병규 2010, 87), 대체로 작가와 비평가들이 인정하는 전통적인 단편

씬 짧은 분량의 문학 장르 가운데서 대체로 A4 반 페이지를 넘지 않는 길이의 서사적 픽션으로 이해하고자 한다. 이러한 짧은 서사 텍스트는 그 동안 문학 연구에서 거의 도외시되어 왔다가 1980년대부터 “Less is more”(적은 것이 많은 것이다) 또는 “Die Würze der Kürze”(짧음의 짜릿함) 같은 모토 하에 붐을 타면서 주목을 받고 있다(Schubert 1997; Ette 2008 참조). 이러한 텍스트 종류의 역사가 짧은 만큼 이 장르의 개념 규정과 명칭 제안도 혼란스러울 정도로 다양하게 이루어지고 있다. ‘단편보다 짧은 텍스트’를 지칭하는 데는 예컨대 라틴아메리카 문학에서 통용되는 ‘미니픽션(minificción)’이라는 용어가 국내에서도 널리 받아들여지고 있는 듯하다(송병선 2003; 박병규 2010, 2011). 그런데 이러한 ‘미니어처 픽션(miature fiction)’의 최대 분량이 2,000 단어 정도이지만, 그 범위 안에서도 분량 제한이 다양하게 시도되고 이에 따른 명칭 구분도 제각기 다르게 이루어지고 있다. 영어권에서는 작품의 길이/규모에 초점을 맞추어 예컨대 ‘short-short story’, ‘microfiction’, ‘nanofiction’ 등의 용어가 제안되었고, 읽는 데 걸리는 시간의 측면에서 보아 ‘sudden fiction’, ‘flash fiction’, ‘instant fiction’ 등의 명칭도 쓰여 왔다. 이들 명칭은 같은 의미로 혼용되기도 하고 길이 제한에 따른 세부 명칭으로 쓰이기도 한다.[5] 읽는 시간과 관련하여 좀 더 구체적인 명칭들도 제안되었는데, 예컨대 ‘one-minute story’, ‘Sekundengeschichte’(‘몇 초+이야기’)(Berner 1998의 제목: 보통 두 문장을 넘지 않는 이야기) 등이 쓰기도 한다. 중국에서 유래한 것으로 알려진 ‘smoke-long story’는 담배 한 대 피우는 동안에 읽는 이야기이다. 독일에서 최근에 출간된 미니픽션집(Walther 2010)의

의 분량은 그보다 더 좁혀 2,000~3,000 단어 사이로 보기도 한다(송병선 2003).

5) <http://en.wikipedia.org/wiki/Flash_fiction> 참조.

제목은 'Scheißhausgeschichte'('변소+이야기')를 포함하고 있는데, 책 읽을 시간 없는 현대인이 화장실에 혼자 조용히 앉아 있을 동안에 읽을 수 있는 이야기임을 암시하고 있다. 국내에서도 기존 용어 '장편(掌篇)'의 뜻을 살려 '한뼘소설'과 같은 명칭도 나오고 있다.

본고에서 선택해 쓰는 'microfiction'은 보통 200~300단어를 넘지 않는(또는 반 페이지 이하 분량의[6]) 극도로 짧은 이야기를 포괄적으로 지칭하는 개념으로 사용된다. 독일어권에서는 이러한 'microfiction'을 가리켜 ('단편[Kurzgeschichte]'보다 극도로 더 짧은) '최단편(Kürzestgeschichte)'(예컨대 Graf von Nayhauss 1982; Hummel 2010), (영어의 'sudden/flash/quick/fast story'에 기대어 만들어진 것으로 보이는) '초고속 이야기 (schnellste Geschichte)'(예컨대 Kampa 2007, 2008, 2012) 등으로 부르기도 한다. 이 글에서는 'microfiction'을 (독일의 경우를 좇아) '최단편 픽션'으로 옮겨 부르고자 한다.

본고에서 주목하는 최단편 픽션은 대체로 일반적인 이야기 유머와 크기 면에서 유사한 것들이다. 예를 들면 (5)와 같은 것이다.

(5) *잠자리 이야기*

"조심해, 자기, 그거 총알 들어 있는 거야." 그가 침실로 다시 들어오며 말했다.

그녀는 침대 머리에 등을 기댄 채 물었다. "이걸로 당신 부인을?"

"아냐. 너무 위험해. 전문가한테 맡길 거야."

"나는 어때?"

그는 가소롭다는 듯이 웃어 보였다. "귀여워. 근데 사람 해치우는 일에 여

---

6) 예컨대 섀퍼드(Shapard 2012, 49)에 따르면, 'sudden fiction'은 약 두 페이지, 'flash fiction'은 약 한 페이지, 'micro fiction'은 반 페이지 이하의 길이를 갖는다.

자를 쓸 바보가 누가 있겠어?"

그녀는 입술을 적시며 총열을 겨누었다. "당신 부인이 있지."

(*Bedtime Story*

"Careful, honey, it's loaded," he said, re-entering the bedroom.

Her back rested against the headboard. "This for your wife?"

"No. Too chancy. I'm hiring a professional."

"How about me?"

He smirked. "Cute. But who'd be dumb enough to hire a lady hit man?"

She wet her lips, sighting along the barrel. "Your wife.")[7)]

최단편 픽션이 생산되는 과정을 보면 작가들이 자유롭게 쓰는 경우도 있지만 사용될 단어수를 예컨대 55단어 내외로 제한한다든지(예: 위의 (5)) 하는 방식으로 공모를 하거나 트위터의 글쓰기 방식에 따라 140글자 트윅션(twiction)도 선보이고 있다(예: (6)).

(6) 올레의 아버지가 숨을 거두면서 그에게 자신의 생애 마지막 문장을 귓속 말했다. "돈을 놔둔 곳은 ..." "아-침-식사요!" 하고 수간호사가 외쳐댔다.

(Sterbend hauchte Oles Vater ihm den letzten Satz seines Lebens ins Ohr. »Das Geld liegt im …« »Frühstüüück!«, kreischte die Oberschwester.) (Meimberg 2011.)

이렇게 볼 때 생길 수 있는 의문 가운데 하나는 최단편 픽션은 과연

---

7) Jeffrey Whitmore, "Bedtime Story" in Steve Moss (ed.), *The World's Shortest Stories* (San Luis Obispo and Santa Barbara: New Times Press and John Daniel, 1995), p. 15. Abbott (2008, 56)에서 재인용.

얼마만큼 짧을 수 있는가 하는 것일 것이다. 결국 언어적 내러티브가 어느 정도까지 짧아질 수 있는가 하는 문제인데, 움베르트 에코(Eco 2003, 3)에 따르면, 당시까지 쓰여진 가장 짧은 소설은 과테말라의 작가 몬테로소(Augusto Monterroso: 1921-2003)의 (7)이라고 한다. 혹자는 헤밍웨이(Ernest Hemingway: 1899-1961)가 썼다는 (8)이 가장 짧은 소설이라고 한다. (7)이 원문으로 일곱 단어인데 비해, (8)은 여섯 단어로 이루어졌기 때문이다.

(7) 깨어나 보니, 공룡은 아직도 거기에 있었다.
 (Cuando despertó, el dinosaurio todavía estaba allí.)

(8) 아이 신발 팝니다. 한 번도 안 신었어요.
 (For sale: baby shoes, never worn.)

여섯 단어 이야기 (8)에 자극되어 영국의 일간지 <가디언>(The Guardian)은 2007년에 현대 작가 35인에게 6단어 이야기를 의뢰한 바 있다. 그 가운데 일부를 소개하면 (9)와 같다.[8)]

(9) a. "사과?" "아니." "맛봐!" "아-담?" 오 하느님.
 ("Apple?" "No." "Taste!" "ADAM?" Oh God. - David Lodge)
 b. 낳음. 피어오름. 짝지음. 슬픔. 병듦. 죽음.
 (Womb. Bloom. Groom. Gloom. Rheum. Tomb. - Blake Morrison)
 c. 그들은 해오름을 기다렸다. 그건 오지 않았다.
 (They awaited sunrise. It never came. - AS Byatt)

8) <http://www.theguardian.com/books/2007/mar/24/fiction.originalwriting>.

d. 밀월여행 뒤에 장례식이었다. 그는 90 살이었다.

(Funeral followed honeymoon. He was 90. - Graham Swift)

내러티브 구조의 측면에서 볼 때 이러한 최단편 픽션은 대체로 단편 소설과 비교해 볼 때 단순히 그것의 양적인 축소판이라고 할 수 없는 질적인 차이를 보인다. 예컨대, 최단편 픽션에서는 사건(스토리)의 시간에 비해 그것을 재현하는 담화의 시간이 매우 짧으며, 이 과정에서 배경 및 인물 설정의 명시적 상세화가 생략되며, 사건의 연쇄도 매우 제한적이어서 선택된 특정 사건에 초점이 맞춰진다. 만화에 비유하자면, 최단편 픽션은 (연재만화나 만화책과는 다른) 한 칸 만평이나 네 칸 시사만화에 해당한다고 할 수 있다. 이러한 최단편 픽션은 또한 매우 제한된 양에 비해 결말부의 비중이 비교적 높다고 할 수 있다. 극단적으로는 예컨대 (9c)와 같은 두 문장 내러티브에서는 '포앙테/반전'이 되는 결말부의 비율은 전체 내러티브의 절반이 된다.

3. 최소 내러티브를 통한 내러티브 추론 모델

내러티브의 규정은 매우 다양하지만, 애버트(Abbott 2008, 13)의 간단한 정의를 따르면, 내러티브는 "단일 사건이나 연속 사건들의 재현(the representation of an event or a series of events"이라 할 수 있다. 그렇다면, "왕이 죽었다"와 같은 한 사건을 한 문장으로 말한 것도 내러티브가 될 수 있을 것이다. 하지만 많은 학자들과 마찬가지로 포스터(E. M. Forster 1927, 86)도 옹호하듯이 시간 순서대로 전개되는 적어도 두 사건이 있어야 '스토리(story)'라 할 수 있고(10a), 나아가 사건들이 인과적으로 연결될 때 '플롯(plot)'이 있는 내러티브가 된다

(10b).

(10) a. The king died, *and then* the queen died.

b. The king died, *and then* the queen died *of grief*.

이러한 측면을 달리 말하자면, 예컨대 수용자가 (10)을 듣거나 읽을 때 이것을 내러티브로 이해하려면 언어적으로 표현되지는 않았어도 두 사건의 인과관계를 어떤 식으로든 추론해 보려고 한다. 이런 의미에서 실제로 전승된 '최소 내러티브(minimal narrative)'인 벵골의 전통 이야기 (11)(Nair 2003, 215)를 통해 내러티브 추론 모델을 살펴보자.

(11) 호랑이. 사냥꾼. 호랑이.

(*aekta bagh, aekta shikari, aekta bagh* [A tiger. A hunter. A tiger.])

나이르(Nair 2003, 213-214)에 따르면, 내러티브(N)는 크게 볼 때 시간구조(TS: temporal structure)와 추론구조(IS: inference structure)로 이루어진다. 이것의 세부 구조를 나타내면 (12)와 같다.

(12) N	→	TS + IS
TS	→	X *and then* Y ... n
IS	→	(CI)→(II)→(EI)→(CI) ... n (순환적)
CI	→	X *cause* Y, Y *cause* Z ... n
II	→	A, B, C ... n *connect* X, Y, Z ... n
EI	→	A, B, C ... n and/or X, Y, Z ... n *connote* P, Q, R ... n

시간구조 TS는 N을 내적으로 구성하는 구/문장 X, Y, Z ..., n을

and then(그리고 나서)의 관계로 연결시킨다. 추론구조 IS는 인과추론(CI: causal inference), 정보추론(II: informational inference), 평가추론(EI: evaluative inference)으로 구성되며, 이것들이 순차적으로 적용되고 그 적용이 순환적으로 반복될 수 있다. 여기서 인과추론 CI는 X과 Y를 일으키고(cause), Y가 Z를 일으킨다는 식으로 N을 분석하며, 정보추론 II에서는 N 외부의 구/문장 A, B, C, ..., n이 N 내부의 X, Y, Z, ... n를 연결(*connect*)시킨다. 평가추론 EI에서는 는 A, B, C, ... n 및/또는 X, Y, Z, ..., n이 N 외부의 P, Q, R, ..., n을 암시(*connote*)한다.

이러한 추론모델을 최소 내러티브 (11)에 적용해 보면 다음과 같다.

(12)

내러티브	A tiger. A hunter. A tiger.

시간구조	A tiger and then A hunter and then A tiger

▼

추론구조	

인과추론 1	A tiger therefore A hunter
정보추론 1	[사냥꾼들은 호랑이들을 쏘아 잡는다] 또는 [호랑이들은 사냥꾼들을 잡아먹는다]

▼

인과추론 2	A hunter therefore A tiger ([호랑이가 마지막으로 등장한다])
정보추론 2	[호랑이가 사냥꾼을 잡아먹었다] (이야기 흐름상 앞의 호랑이와 뒤의 호랑이는 동일 존재)

▼

평가추론	놀람/경악의 정서 효과; 죽이려는 자가 죽음을 당하는 아이러니; 웃음 유발 가능성

(12)의 내러티브는 완전한 문장이 아닌 세 명사구의 나열로 이루어져 있어서 파편적인 언어적 사슬이라는 인상을 준다. 각 명사구는 명

제로 해석되기 위해 가장 기본적인 값이라 할 수 있는 존재 진술로 변환시킬 수 있다('호랑이가 한 마리 있다', '사냥꾼이 한 명 있다', '(다시) 호랑이가 한 마리 있다'). 그러나 이것 자체로는 스토리를 재구성하는 의미가 없기 때문에 시간구조가 부여된다. 그렇게 해서 나열된 순서대로 사건이 연속된 것으로 이해된다. 이것이 온전히 내러티브로 이해되기 위해서는 스토리에 인과적 연결고리가 부여해야 하는데, 이를 위해서 세상에 관한 지식, 사건의 일반적 프레임(frame)이 동원되어 필요한 정보가 추출되어 인과관계를 뒷받침한다. 호랑이가 있으면 사냥꾼이 그것을 잡기 위해 등장하는 것은 상식이다. 그런데 결말에 호랑이만 남아 있다. 호랑이가 사냥꾼을 잡아먹은 것이다. 결말이 *A tiger*로 끝난 것은 포앙테가 된다고 볼 수 있다. 상식적인 기대에 대한 반전이 이루어지고 있기 때문이다.

'포앙테'라는 용어는 프랑스어 *pointe*에서 차용된 독일어인데, 18세기 후반 레싱(Gotthold Ephraim Lessing)에 의해 도입되었다. 이 용어는 단편소설, 일화, 에피그램, 아포리즘, 이야기 유머 등 비교적 짧은 장르에서 보이는 인상적인 결말을 뜻하는데, 인상적인 효과를 주는 텍스트의 결말 구절 또는 그 효과 자체를 아울러 지칭한다(Müller 2003a, 2003b).[9)]

위에서 제시한 최단편 픽션 (5), (6), (8), (9), (11)은 모두 포앙테를 지닌 텍스트로 볼 수 있다. 몬테로소의 (7)이나 아래 (13)(Nair 2003, 215)은 앞의 것들에 비해 포앙테가 그렇게 강렬하게 느껴지지는 않는데 놀람을 동반하는 반전 효과는 거의 없는 것으로 보인다.

9) 영어에서 이에 해당하는 용어로는 유머의 *punchline*, 드라마의 *curtain line*, 단편소설의 *plot twist*가 있다.

(13) 나무 한 그루, 둥지 하나, 두 마리 새, 알 세 개, 어린 새 세 마리, **다시 두 마리 새.**

(A tree, a nest, two birds, three eggs, three fledglings, **two birds again.**)

(13)의 최소 내러티브는 (11)과 형식적으로는 유사하지만, 밑줄 친 결말부가 평범한 생명 사이클을 보여줌으로써 시간적, 인과적 스토리 전개에서 기대의 반전을 줄 만큼의 포앙테의 힘을 지니지 못한다.

4. 부조화-해소의 양상에 따른 내러티브 포앙테의 효과

이야기 유머와 최단편 픽션은 서로 다른 짧은 이야기 장르이지만 유사한 점도 있다. 이 두 장르는 내러티브의 짧고 간결함을 통해 인지적, 정서적으로 강렬한 수사적 효과를 꾀하는 점에서 유사하다. 내러티브의 수사적 효과는 그것이 갖는 '힘'이라 할 수 있는데, 이 힘은 우리가 내러티브를 해석할 때 사고와 감정이 강렬하거나 미묘하게 연결되는 수용자의 경험으로 나타난다(Abbott 2008, 40). 결말 또는 포앙테는 필수적이지 않은 내러티브 요소들이 대부분 제거된 두 장르에서 특히 도드라진 수사적 효과를 갖는 장치라고 할 수 있다. 이러한 포앙테를 위한 공통된 필수조건으로는 먼저 '부조화(incongruity)'를 들 수 있고, 이 부조화는 어떤 식으로든 해소(resolution)되어야 한다는 것이다.

부조화의 기본 개념은 유머를 설명하는 전통적인 부조화 이론과 부조화-해소 모델(incongruity-resolution model: Suls 1972, 1983)에서 말하는 것과 상통한다. 웃기기 위한 필수조건으로 간주되는 부조화는 "조화롭지 않거나, 놀랍거나, 유별나거나, 특이한 것이거나, 우리가 정상적으로 기대한 것과 다른 것"(Martin 2007, 63)이라 할 수 있다. 부조화-해소 모델의 요지는 유머가 발생하기 위해서는 수용자가 먼저 부조화를 인식하고, 이어서 부조화를 유발한 요소가 어떤 식으로든 다시 전체 텍스트에 적합하게 해석될 수 있도록 적절한 인지 규칙을 모색함으로써 부조화를 해소해야 한다는 것이다. 예컨대 다음과 같은 고전적인 이야기 유머(Raskin 1985, 32)를 보자.

(14) "의사 선생님, 댁에 계세요?" 하고 환자가 기관지에 탈 난 듯한 쉰 목소리로 물었다. "아뇨." 하고 의사의 젊고 예쁜 부인이 속삭이는 듯한 목소리로 대답했다. **"어서 들어와요."**
("Is the doctor at home?" the patient asked in his bronchial whisper. "No," the doctor's young and pretty wife whispered in reply. **"Come right in."**)

이야기 유머 (14)에서 맥락에 부응하여 특정 시나리오(또는 '스크립트[script]', '프레임[frame]'), 곧 [환자의 의사 방문] 시나리오가 구축되고 포앙테(진한 글자 부분)에 이르러 어긋나 앞뒤가 맞지 않은 부조화를 겪게 된다. 하지만 곧 바로 새로운 시나리오([애정관계/외도])가 모색됨으로써 부조화가 해소된다. 앞에서 본 최단편 픽션 (5)(「잠자리 이야기」)에서도 포앙테("당신 부인이 있지")에 의해 두 시나리오가 충돌하여 부조화가 발생한다.

포앙테에 의한 부조화 발생-해소는 부조화의 구체적인 성격에 따라 다양한 인지적, 정서적 효과를 불러일으키는 효과를 갖는다. 이야기 유머는 부조화 인지와 더불어 추론에 기반한 부조화 해소를 통해 궁극적으로는 웃음을 유발하는 우스움의 감정을 수용자에게 일으키는

데 주목적이 있다고 할 수 있다. 최단편 픽션은 매우 다양한 정서 효과를 일으킬 수 있는데, 놀라움, 감탄, 슬픔, 유쾌함 등의 감정을 비롯하여 경우에 따라서는 익살, 유머러스함 등의 유머 관련 정서도 얻을 수 있다. 이하에서는 이러한 효과를 얻기 위해 두 장르에서 부조화가 어떤 양상으로 구현되는지 그 형식을 살펴보기로 한다. 여기서 부조화는 텍스트 해석에서 촉발되는 시나리오/스크립트/프레임/관점(이하에서는 대표적으로 '프레임'이란 용어를 선택하여 사용한다) 사이의 부조화라고 할 수 있다. 부조화는 프레임들 사이의 대립/대조/모순/충돌로 구체화되는데, 이것이 어떻게 전개되고 해소되는지를 세 가지 대표적인 유형을 중심으로 살펴본다.

4.1. 프레임 바꾸기

프레임은 인지과학 및 인지언어학에서 잘 알려진 개념으로서 일찍이 필모어(Fillmore 1968), 민스키(Minsky 1974), 생크와 아벨슨(Schank and Abelson 1977) 등에 의해 촉발되어 발전해 왔다(자세한 논의는 Ziem 2008, Busse 2012 참조). 내러티브와 관련지어 볼 때 필요한 프레임 개념의 핵심은 우리가 어떤 텍스트를 접할 때 특정 단어, 구문 등의 텍스트 요소가 우리의 장기기억으로부터 특정한 유형의 어떤 '장면(scene)'을 호출한다는 것이다. 이 장면은 상호 구조적으로 연관된 지식 요소들의 집합체인 프레임이 되어서, 텍스트에서 계속되는 다른 단어들과 문장을 이해하고 해석해 나가는 데 길잡이가 된다. 곧, 프레임은 어떤 텍스트 또는 텍스트 부분을 이해하는 데 관건이 되는 지식 틀이라고 할 수 있다. 예컨대 상황과 맥락이 제거된 상태의 두 문장 "나는 아버지보다 두 살 많다"와 "아버지는 나보다 두 살 많다"가 주어져 있을 때, 단순히 앞 문장은 논리적으로 거짓이고, 뒷 문장은 세상 지식에 맞지 않은 것이라고 해석할 수는 없다. 구체적인 배경맥락과 특정 프레임이 주어질 때 참이 될 수 있는 문장들이다. 예를 들면, 화자의 어머니가 화자보다 어린 남자와 재혼을 한 프레임의 관점에서는 앞 문장은 적절한 해석이 가능하다. 뒷 문장은 인간세계의 프레임에서는 생물학적으로 말이 되지 않지만, 동화 속의 동물 세계라는 세팅이 주어진다면 적합한 해석이 가능할 것이다.

이야기 유머와 최단편 픽션에서는 이러한 프레임 설정이 수사적 효과를 내는 데 중요한 역할을 한다. 대표적인 전략이 '프레임 바꾸기'라 할 만한 것인데, 짧은 텍스트의 성격상 대체로 제한되거나 유도되는 측면은 있지만, 주어진 맥락에서 가장 우세한, '기본값'이라 할 만한 프레임 A가 구축되어 이야기가 진행되다가 포앙테에 이르러 그 프레임에 모순과 부조화가 생기고, 이를 해소하기 위해 다른 프레임 B로 대체하는 것이다. 이때 프레임 B는 처음에는 알 수 없었지만 텍스트의 전개부에 이미 잠재되어 있었던 것이라고 할 수 있다. 또한 [그림 1]에서 암시하듯이 처음에 우세했던 프레임 A(그림에서 AAA로 표시됨)는 교체 후 배후로 밀려나지만 그 영향력이 완전히 사라지는 것은 아니다(그림에서 면적의 변동은 없음).

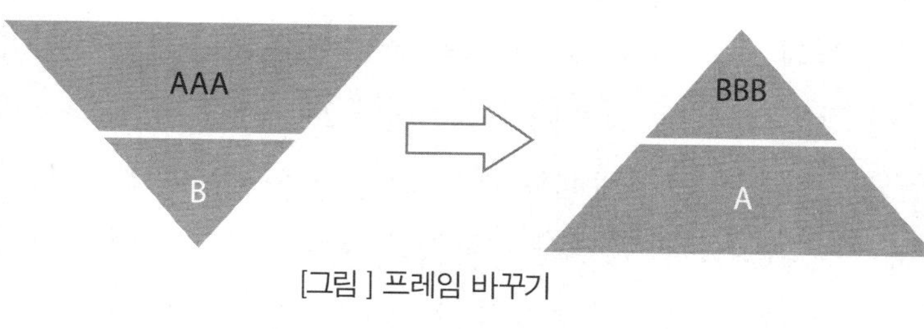

[그림] 프레임 바꾸기

'프레임 바꾸기' 유형의 특성은 이미 앞에서 제시된 최단편 픽션 (5)(= M1)와 이야기 유머 (14)(= H1)가 잘 보여준다.

(M1) *잠자리 이야기*

"조심해, 자기, 그거 총알 들어 있는 거야." 그가 침실로 다시 들어오며 말했다.

그녀는 침대 머리에 등을 기댄 채 물었다. "이걸로 당신 부인을?"

"아냐. 너무 위험해. 전문가한테 맡길 거야."

"나는 어때?"

그는 가소롭다는 듯이 웃어 보였다. "귀여워. 근데 사람 해치우는 일에 여자를 쓸 바보가 누가 있겠어?"

그녀는 입술을 적시며 총열을 겨누었다. **"당신 부인이 있지."**

(H1) "의사 선생님, 댁에 계세요?" 하고 환자가 기관지에 탈 난 듯한 쉰 목소리로 물었다. "아뇨." 하고 의사의 젊고 예쁜 부인이 속삭이는 듯한 목소리로 대답했다. **"어서 들어와요."**

최단편 픽션 (M1)에서는 포앙테에 이르기까지는 [혼외관계] 프레임이 구축되어 유지되다가, 포앙테에 의해 이 프레임에 맞지 않은 사건이 발생한다. 일종의 부조화가 발생한 것인데, 이 부조화는 [청부살인] 프레임 설정으로 해소된다. 의외 방식으로 일어나는 이러한 프레임 전환은 사랑이 죽음으로 반전되는 놀라움의 효과를 준다. 사랑하는 사이의 농담/장난 모드가 갑자기 사실 모드로 바뀌는 것이다. 이야기 유머 (H1)에서도 처음에는 [의사-환자 관계] 프레임이 구축되었다가 [연인관계/외도]의 프레임으로 바뀐다. 여기서 프레임 전환은 웃음을 유발하는데, 이 웃김은 단순히 프레임 바꾸기에 의한 부조화 해소만으로는 설명되지 않는다. 이야기 유머의 부조화는 최단편 픽션의 부조화와는 그 성격 면에서 차이가 있는 것 같다. M1에서 프레임 전환은 비교적 정상적인 있음직한 상황에서 비교적 심각한 무거운 상황으로 바뀌는 것으로 해석할 수 있다. 반면에 H1에서는 정상적인 상황에서 비정상적인/가벼운/엉뚱한 상황으로 반전되고 있다. 이러한 차이가 정서 효과의 차이로 이어진다고 할 수 있다.

'프레임 바꾸기'의 또 다른 예를 들어 보면 다음과 같다.

(M2) *시작*

앨은 72시간 동안이나 잠을 못 잔 상태였다. 지진맥진한 채 그는 인적 없는 불모의 황야를 비틀거리며 걷고 있었다. 하늘을 쳐다보았다. **그곳엔 지구가 막 떠오르고 있었다.**[10)]

(H2) 헤르베르트가 편찮으신 선생님을 집으로 찾아뵈었다. 그가 선생님 집을 다시 나오자 집 앞에는 같은 반 학생들 몇 명이 있었다. 그들이 "그래, 어떠시니?" 하고 물었다. 그러자 헤르베르트가 이렇게 말했다. "이젠 가망이 없어. **내일부터 다시 나오신대!**[11)]

최단편 픽션 (M2)은 원문이 170글자 트윅션이다. 이 장르의 특성상 '말해진 것'이 극도로 제한되어 있는데, 이것은 프레임 구축에도 영향을 준다. 여기에는 '말해진 것'으로부터 '말해지지 않은 것'/'뜻해진 것'을 채워야 하는 해석 과정에 인간 정신의 기본 속성이 되는 현저성(salience) 원리가 작동한다. 곧, 수용자의 정신에 가장 현저하게 이

---

10) Al hatte seit 72 Stunden nicht geschlafen. Entkräftet stolperte er durch die karge Einöde. Er sah zum Himmel. **Dort ging gerade die Erde auf**. (*Anfang*; Meimberg 2011)

11) Herbert besucht seine kranke Lehrerin. Als er das Haus wieder verlässt, trifft er davor ein paar Mitschüler. Fragen diese: »Und?« Darauf Herbert: »Es gibt keine Hoffnung mehr. **Morgen kommt sie wieder!**«

용되는 정보가 프레임으로 구축될 확률이 높은 것이다. 현저성이 높은 정보는 대체로 출현빈도, 친숙성, 관습성, 전형성이 높은 정보이다 (Giora 2003, 15-16). (M2)에서 인적 없는 불모의 황야와 하늘은 우리가 살고 있는 지구 어느 한 켠의 불모지와 그곳에서 바라본 하늘을 포함하는 프레임을 구축하게 한다. 그러나 포앙테는 순간 부조화를 야기시키지만('하늘에 떠오는 것은 달이지 지구가 아니다!') 그 프레임을 [외계 행성]의 프레임으로 바꿔 버린다. 이야기 유머 (H2)에서는 포앙테에 이르기 전까지는 *편찮으신 선생님, 집으로 찾아뵙다*와 같은 표현이 [병문안] 프레임을 쉽게 구축하게 한다. 그러나 포앙테에서 부조화가 발생하고('환자의 소생 가망이 없음'과 '환자가 나아서 다시 출근함'의 부조화), 프레임 교체([병문안] → [(이기적 목적을 위한) 병세 확인])라는 반전이 이루어진다.

최단편 픽션 (M2)에서는 프레임 교체가 일상적/평범한/가벼운 것에서 비일상적/비범한/무거운 것으로 일어남(일종의 '상승' 작용)으로써 놀라움의 효과를 강화시키고 있다. 우스움을 유발하는 이야기 유머 (H2)에서도 일상적인 것에서 비일상적인 것으로 프레임 전환이 일어났다고 할 수 있지만, '진지한' 것에서 '진지하지 않은 것'으로 '하강'하는 작용이 일어남으로써 유머 효과가 발생한다고 할 수 있다. 이때의 부조화도 완전히 해소된 것이 아니라, 여전히 현실에는 맞지 않은 '가짜 타당성(pseudo-plausobility)'(Chafe 2007, 9)을 가질 뿐이다. 반면에 최단편 픽션에서는 포앙테에서 발생한 부조화가 프레임 전환을 통해 거의 완전하게 해소된다고 말할 수 있다.

4.2. 프레임 고치기

앞의 '프레임 바꾸기' 유형이 한 프레임에서 다른 프레임으로 전환되는 것이라면, '프레임 고치기' 유형은 어떤 프레임이 구축되어 지속되다가 그 프레임을 수정할 필요가 생기는 것을 말한다. 텍스트 수용자가 포앙테에 이르기까지는 정상적인 해석 경로를 따라가면서 특정 프레임을 구축해 나가다가 포앙테에 이르러 갑자기 해석 경로가 막히게 된다. 이때 인지하게 되는 부조화는 새로운 프레임을 요구하는 것이 아니라 기존 프레임 안에서 새로운 해석 경로가 탐색되고 기존 프레임에 수정이 가해짐으로써 해소된다. 구축된 프레임이 포앙테에서 부조화를 겪게 되고, 관점 추가나 유사성 인식에 의한 범주 확대를 통해 그 프레임의 외연을 이루는 요소나 구조를 변경함으로써 기존의 프레임을 고치게 되는 것이다.

먼저 최단편 픽션의 예를 몇 개 보자.

(M3) *독본의 이야기*

전쟁이 끝나자 병사는 집으로 돌아왔다. 그런데 먹을 빵이 없었다. 그때 빵을 가진 한 사람이 보였다. 그를 때려 죽였다. 사람을 때려죽이면 안 된다고 판사가 말했다. **왜 안 되느냐고 병사가 물었다.**[12)]

(M4) 손님들이 이제 자리에서 일어나는 것이 반가워서 그 집 부인은 이렇게 말했다. **조금만 더 계시다 가시지요.**[13)]

(M5) *첫 사랑*

첫 사랑: 자바 여인 - **그때부터 지금까지도 그는 자바의 사탕 시세를 읽**

---

12) Als der Krieg aus war, kam der Soldat nach Haus. Aber er hatte kein Brot. Da sah er einen, der hatte Brot. Den schlug er tot. Du darst doch keinen totschlagen, sagte der Richter. **Warum nicht, fragte der Soldat**. (Wolfgang Borchert, *Lesebuchgeschichte*; Kampa 2007, 49.)

13) 안톤 체홉.

는다.[14)]

(M3)에서는 살인이 죄가 되는 줄 모르는 부조화가 발생한다. 이 부조화는 내러티브 참여자의 의식세계 차이로 해소될 수 있을 것이다. 수용자/판사의 의식에서는 [전쟁] 프레임과 [현실사회] 프레임이 대립적인 것이지만, 전쟁에서 돌아온 병사의 의식에서는 일치하는 것이다. 이로써 좁은 의미의 [전쟁] 프레임이 [사회]에 은유적 매핑(metaphorical mapping)을 일으켜 [사회]가 재해석된다. (M4)에서는 [손님 치르기] 프레임에서 (일견 모순되는) 마음에 없는 의례적 빈말이 필수 요소로 추가되어 재편된다. (M5)에서는 [첫 사랑] 프레임이 확장되어 사랑이 대상과 직접 관련은 없지만, 넓게 보면 그 대상을 연상시키는 다른 요소들(*자바*라는 명칭, *사탕*이 갖는 은유적 의미 등)을 포함하게 된다.

이러한 프레임 고치기는 이야기 유머에서도 찾아볼 수 있다.

(H3) 그레이트 데인 개와 닥스훈트 개가 함께 산보를 했다. 그레이트 데인이 말했다. "나는 귀족이야. 내 이름은 뤼디거 폰 아델호프(Rüdiger vom Adelhof)야." 그러자 닥스훈트가 대꾸했다. "나도 귀족이야. 내 이름은 **룬터 폼 조파**(Runter vom Sofa: '소파에서 내려와'라는 뜻)야."[15)]

(H4) 2099년의 일이었다. 악마가 베드로에게 "천당 대 지옥" 축구경기를 하자고 제안했다. 베드로는 미소를 지으며 환영했다. "이길 가망이 조금이

---

14) Die erste Liebe: eine Javanerin - seitdem liest er noch heute die javanischen Zuckerkurse. (Kurt Tucholsky, *Erste Liebe*; Kampa 2012, 22.)

15) Dogge und Dackel gehen gemeinsam spazieren. Die Dogge: »Ich bin adelig, mein Name ist Rüdiger vom Adelhof.« Da antwortet der Dackel: »Ich bin auch adelig, mein Name ist Runter vom Sofa.«

라도 있다고 보는가? 훌륭한 선수 전부는 천당에 있네. 브라이트너, 베컴, 펠레, 베켄바우어, 뮐러, 피고, 마라도나 ...” 악마가 싱긋 웃으며 대답했다. “상관없소. **우리에게는 심판들이 모두 있소.**”

(H3)에서는 독일에서 von이 들어간 이름은 귀족이라는 배경지식과 함께 [귀족] 프레임이 구축되는데, 포앙테에서 부조화가 야기된다. 그러나 이름 부르기와 명령하기는 상대를 향해 말소리를 내는 점에서 유사하며, *Runter vom Sofa*도 귀족 이름 패턴과 유사함으로써, 유사성에 의한 범주 확대가 진지하지 않은 방식으로 일어나고 있다. (H4)에서는 우승의 결정 요인이 훌륭한 선수라는 [축구경기 우승] 프레임이 자연스럽게 구축되다가 경기에 직접 뛰지도 않는 심판이 우승을 결정한다는 대목에서 부조화가 발생한다. 그러나 심판의 편파 판정이 더 결정적이라는 점이 그 프레임에 추가됨으로써 부조화가 해소된다.

4.3. 프레임 밝히기

‘프레임 밝히기’ 유형에서는 텍스트가 전개되면서 프레임이 명확하게 구축되지 않아 상황이 아리송하고 혼미해짐으로써 이미 포앙테에 이르기 전에 부조화가 발생한다. 이 점은 앞의 두 유형이 포앙테에서 부조화가 발생하는 것과 대조를 이룬다. 말하자면 포앙테에 앞서 수수께끼 같은 상황이 발생하는데, 이러한 불확실한 프레임은 포앙테를 만나면서 해답이 얻어지고 모호함이 해소된다.

(M6) 카를 카지미르 카르니켈이 물고기를 잡으러 간다.
그는 허가증이 없다. 무슨 상관인가?

호수엔 물고기가 없다.[16)]

(M7) *속죄*

하늘나라에서 두 여자가 새로 도착한 한 남자를 놓고 자기 것이라고 권리주장을 했다.

"나는 이 남자의 아내였어요." 하고 한 여자가 말했다.

"나는 이 남자의 애인이었어요." 하고 다른 여자가 말했다.

그러자 베드로 성인이 그 남자에게 말했다. "다른 곳으로 내려가거라. **그대는 이미 충분히 고통 받았다."**[17)]

(M8) *사회적 무질서*

"저녁식사로 뭘 드시고 싶소?" 내일 아침 교수형에 처해지게 될 가련한 죄인에게 형무소장이 물었다. "원하는 게 있다면 뭐든지 실컷 먹고 마셔도 됩니다."

"안타깝소!" 죄인이 말했다. "안타까운 일이오!! **석 달 전에 이렇게 물어봐 주셨더라면 그렇게 강도 살인을 저지르는 일은 일어나지 않았을 거요."**[18)]

최단편 픽션 (M6)의 [물고기잡이] 프레임에서는 허가증이 필수인데 상관없다는 아리송한 부조화가 발생한다. 잡을 물고기가 없기 때

---

16) 토미 웅거러(Tomi Ungerer).

17) 앰브로즈 비어스(Ambrose Bierce).

18) »Was wünschen Sie zum Abendbrot?« fragte der Gefängnisdirektor den armen Sünder, der morgen früh am Galgen sterben sollte. »Sie dürfen essen und trinken, was und wie viel Sie wollen.« »Schade!«, sagte der Delinquent. »Schade!! Wenn Sie mich das drei Monate früher gefragt hätten, wär' der ganze Raubmord nicht passiert.« (Alfred Polgar, *Soziale Unordnung*; Kampa 2012, 69.)

문에 허가증 미소지가 불법이 아니라는 것으로써 부조화가 해소된다. (M7)에서는 베드로 성인이 판결을 하지 않고 남자를 다른 곳으로 보내는 이유가 아리송하며, 그 이유는 포앙테에서 제시되어 부조화가 해소된다. (M8)에서도 먹고 싶은 것을 먹게 주는 것과 그것을 유감스럽게 생각하는 것 사이에서 발생하는 모순이 프레임을 수수께끼처럼 만들고, 포앙테가 해답을 제시한다.

(H5) 내과 과장이 환자에게 물었다. "수술실에서 왜 그렇게 급히 뛰어나옵니까?"

환자가 대답했다. "간호사가 '불안해하지 마세요. 이건 간단한 편도선 수술일 뿐이에요. 잘 해내실 거예요.' 하고 말했어요."

과장이 다시 물었다. "그런데 그게 왜 문제인 거죠?"

환자가 대답했다. **"간호사가 그 말을 저한테 한 게 아니라, 의사한테 했어요."**

이야기 유머 (H5)에서는 포앙테에 도달하기 전에 이미, 의사의 두 번째 물음("그런데 그게 왜 문제인 거죠?")에서도 알 수 있듯이, 간단한 수술이고 간호사가 안심을 시키는데도 환자가 수술실에서 도망쳐 나오는 점이 부조화를 야기시킨다. [편도선 수술] 프레임이 모호해지는 것이다. 그러나 프레임에 내재된 모순은 포앙테에 의해 제거된다. 집도 의사가 겁 많고 미숙한 의사라는 것을 수용자가 확인함으로써 부조화가 해소되고 모호했던 프레임이 명확해진다.

5. 마무리

지금까지 이 글에서 그 동안 내러티브 연구대상으로서는 주변부에 있다고 할 수 있는 최단편 픽션과 이야기 유머에 초점을 맞추어 두 내러티브의 포앙테와 그 인지-정서 효과를 언어학과 서사연구의 관점에서 비교해 보았다. 이 두 장르는 매우 짧지만 창의적인 내러티브 형식이라는 데 공통점이 있다. 웃음, 재미 등 다양한 정서 체험을 유발하는 이 짧은 이야기 형식들은 최근 들어 무엇보다 인터넷 블로그, 모바일 기반 SNS 등 새로운 미디어 환경을 만나면서 더욱 번성하고 있다. 이러한 작은 내러티브 형식들에 대한 관심은 이러한 매체 생태계의 변화에 부응한 것이며, 작은 내러티브가 큰 내러티브를 프랙탈적으로 반영하는지를 살펴보는 목적에서 출발하였다.

이야기 유머는 해석이 성공했을 때 수용자에게 웃음을 유발하고, 최단편 픽션은 많은 경우 놀라움을 비롯한 다양한 정서를 불러일으킨다. 해석의 관점에서 볼 때 이야기 유머와 최단편 픽션은 대체로 볼 때 공통적으로 부조화 또는 갈등을 수용자가 인지하고 포앙테를 기점으로 추론과 상상력을 통해 부조화를 해소하는 일련의 과정을 요구한다. 최단편 픽션과 이야기 유머에서 확인된 세 가지 부조화 인지-해소 유형은 '프레임 바꾸기', '프레임 고치기', '프레임 밝히기'였다. 그러나 이 유형 분류는 어디까지나 제한한 자료에 근거하여 살핀 잠정적인 것이고, 코퍼스가 확장에 의한 새로운 유형의 발견 가능성은 언제나 열려 있다. 예컨대 다음과 같은 엔니오 플라이아노(Ennio Flaiano)의 최단편 픽션은 살펴본 세 가지 유형에는 잘 맞지 않는 것으로 보인다.

그는 어느 문예신문사에 고용되어 기사와 작품을 읽는 일을 하고 있었다. 어느 날 연애편지를 한 통 받았다. 마음에 들지는 않았지만, 몇 군데 삭제를 하고 결말을 고치면 그런대로 괜찮을 것 같았다.[19)]

이 작품은 이렇다 할 강렬한 포앙테가 없어 보이는데도 유머 효과를 보인다. 여기서는 말하자면 두 프레임([픽션/작품으로서의 연애편지]와 [논픽션으로서의 연애편지])이 동시에 겹치는 데서 부조화가 발생하고 그 겹침의 동기가 자연스럽게 추론됨으로써 유머가 발생하는 것으로 여겨진다.

이러한 다양한 부조화 인지-해소 방식들은 텍스트 내재적 요소와 인지적 해석 기제의 상호작용에서 나온 것이다. 이러한 부조화의 인지-해소 과정에서 다양한 정서 효과가 유발되는데, 부조화 유발-해소 방식의 차이에 따라 이러한 정서 효과에서도 특별한 차이가 있는지는 여전히 밝혀야 할 과제이다. 이야기 유머의 수사적/정서적 효과인 우스움과 최단편 픽션의 대표적 효과인 놀라움이 서로 어떻게 연관되고 서로 겹칠 수 있는지에 대해서도 여전히 좀 더 넓고 세밀한 관찰이 필요하다. 또한 최단편 픽션의 유머러스함과 이야기 유머의 유머러스함의 차이가 무엇인지도 해명되어야 할 것이다. 유머의 발생에서 부조화의 발생이 필수조건으로 간주되고 있는데, 유머 장르에서 부조화의 해소는 논리적/객관적/합리적 해소가 아니라는 것도 잘 알려져 있다. 프레임 또는 관점의 변화의 성격에 따라 두 장르의 정서 효과에 차이가 있을 수 있는데, 유머 효과의 경우에는 포앙테를 매개로 변화된 프레임/관점이 당초의 프레임에 비해 '가벼움'(축소/약화/'저열')을 특징

19) Era addetto a leggere articoli e racconti in un giornale letterario. Ricevette una lettera d'amore: non gli piacque ma, con qualche taglio e rifacendo la fine, poteva andare. (Ennio Flaiano, *Diario notturno*.)

으로 한다는 점을 결론적으로 강조하고 싶다. 부조화가 우스움, 놀라움 등의 다양한 정서 효과로 이어지는 과정에 대한 해명은 여전히 진행 중이며, 개별분과 학문의 좁은 틀에서는 해결하기 쉽지 않으며 학제적 연구가 필요할 것으로 본다.

참고문헌

강병창. 2014a. “내러티브 유머와 마이크로픽션의 결말구조 비교.” 『독일어문학』 65: 21-45.

강병창. 2014b. “내러티브 유머에서의 부조화 인지 및 해소 방식.” 『독어학』 29: 35-56.

구현정. 2000. “유머 담화의 구조와 생성 기제.” 『한글』 248: 159-184.

박병규. 2010. “라틴아메리카 미니픽션 이론에 대한 고찰 - 용어와 장르의 문제를 중심으로.” 『이베로아메리카연구』 21 (2): 83-101.

박병규. 2011. “라틴아메리카 미니픽션 기원과 대중문화.” 『이베로아메리카연구』 22 (2): 65-90.

송병선. 2003. “미니픽션: 21세기 문학의 새로운 지평.” (URL: http://www.latin21.com/ board3/list.php?table=theory_mh)

아리스토텔레스. 2013. 『아리스토텔레스의 시학』. 승영조 옮김. 유페이퍼(전자책).

이유선. 1996. “프로이트의 재담이론.” 『독일문학』 60: 305-326.

Abbott, H. Porter. 2008. *The Cambridge Introduction to Narrative.* 2nd ed. Cambridge: Cambridge University Press.

Bär, Jochen A., Thorsten Roelcke, and Anja Steinhauer. eds. 2007. *Sprachliche Kürze: Konzeptuelle, strukturelle und pragmatische Aspekte.* Berlin: de Gruyter.

Berner, Martin. ed. 1998. *Sekundengeschichten.* 3 Bde. Frankfurt a. M.: minimart-Verlag.

Busse, Dietrich. 2012. *Frame-Semantik: Ein Kompendium.* Berlin: De Gruyter.

Chafe, Wallace. 2007. *The Importance of Not Being Earnest: The Feeling Behind Laughter and Humor.* Amsterdam: John Benjamins.

Eco, Umberto. 2003. *Mouse or Rat? Translation as Negotiation.* London: Phoenix.

Ette, Ottmar. ed. 2008. *Nanophilologie: Literarische Kurz- und Kürzestformen in der Romania.* Tübingen: Max Niemeyer Verlag.

Fillmore, Charles J. 1968. "The Case for Case."In *Universals in Linguistic Theory,* eds. Emmon Bach and Robert T. Harms, 1-88. New York: Holt, Rinehart and Winston.

Forster, E. M. 1927. *Aspects of the Novel.* San Diego: A Harvest Book.

Freytag, Gustav. 1863. *Die Technik des Dramas.* Leipzig: S. Hirzel (Google eBook: http://books.google.de/books?id=CDYLAAAAIAAJ&printsec=frontcover& hl=de).

Giora, Rachel. 2003. *On Our Mind: Salience, Context, and Figurative Language.* Oxford: Oxford University Press.

Hockett, Charles F. 1977[1973]. "Jokes."In Charles Hockett, *The View From Language: Selected Essays*, 257-289. Athens: University of Georgia.

Hummel, Christine. ed. 2010. *Kürzestgeschichten: Texte und Materialien für den Unterricht.* Stuttgart: Reclam.

Kampa, Daniel. ed. 2007. *Kurz und bündig: Die schnellsten Geschichten der Welt.* Zürich: Diogenes.

Kampa, Daniel. ed. 2008. *Ruckzuck: Die schnellsten Geschichten der Welt.* Zürich: Diogenes.

Kampa, Daniel. ed. 2012. *Moment! Die allerschnellsten Geschichten der Welt.* Zürich: Diogenes.

Lixfeld, Hannjost. 1978. "Witz und Aggression. Zur Begriffbestimmung und Funktion der Textsorte." *Zeitschrift für Volkskunde* 74: 1-19.

Marfurt, Bernhard. 1977. *Textsorte Witz: Möglichkeiten einer sprachwissenschaftlichen Textsorten-Bestimmung.* Tübingen: Niemeyer.

Martin, Rod A. 2007. *The Psychology of Humor: An Integrative Approach.* Burlington, MA: Elsevier Academic Press.

Meimberg, Florian. 2011. A*uf die Länge kommt es an. Tiny Tales. Sehr kurze Geschichten.* Frankfurt a. M.: Fischer Verlag.

Minsky, Marvin. 1974. "A Framework for Representing Knowledge." In *Artificial lntelligence Memo* No. 306, M.I.T. Artificial Intelligence Laboratory.

Müller, Ralph. 2003a. *Theorie der Pointe.* Paderborn: mentis.

Müller, Ralph. 2003b. "The *Pointe* in German Research." *Humor* 16 (2): 225-242.

Nair, Rukmini Bhaya. 2003. *Narrative Gravity: Conversation, Cognition, Culture.* London: Routledge.

Nayhauss, Hans-Christoph Graf von. ed. 1982. *Kürzestgeschichten: Arbeitstexte für den Unterricht.* Stuttgart: Reclam.

Partington, Alan. 2006. *The Linguistics of Laughter: A Corpus-Assisted Study of Laughter-Talk.* London: Routledge.

Raskin, Victor. 1985. *Semantic Mechanisms of Humor.* Dordrecht: D.

Reidel.

Röhrich, Lutz. 1977. *Der Witz: Figuren, Formen, Funktionen.* Stuttgart: Metzler.

Schank, Roger C. and Robert P. Abelson. 1977. *Scripts, Plans, Goals and Understanding: An Inquiry into Human Knowledge Structures.* Hillsdale: Lawrence Erlbaum.

Schubert, Susanne. 1997. *Die Kürzestgeschichte: Struktur und Wirkung.* Frankfurt a. M.: Peter Lang.

Sherzer, Joel. 1985. "Puns and Jokes." In *Handbook of Discourse Analysis. Vol. 3. Discourse and Dialogue*, ed. Teun A. van Dijk, 213-221. London: Academic.

Suls, Jerry M. 1972. "A Two-Stage Model for the Appreciation of Jokes and Cartoons: An Information Processing Analysis." In *The Psychology of Humor: Theoretical Perspectives and Empirical Issues,* eds. Jeffrey H. Goldstein and Paul E. McGhee, 81-100. New York: Academic Press.

Suls, Jerry M. 1983. Cognitive Processes in Humor Appreciation. In *Handbook of Humor Research. Volume 1: Basic Issues,* eds. Paul E. McGhee and Jeffrey H. Goldstein, 39-57. New York: Springer-Verlag.

Ulrich, Winfried. 1978. "Der Mißverständniswitz." *Muttersprache* 88 (2): 73-92.

Walther, Markus. 2010. *Kleine Scheißhausgeschichten: 68 kurzweilige Geschichten zum Schmunzeln.* Hamburg: ACABUS Verlag.

Ziem, Alexander. 2008. *Frames und sprachliches Wissen.* Berlin: De Gruyter.

IV

영화 <셰익스피어 인 러브>의 인지 내러티브 탐색

4

영화 <셰익스피어 인 러브>의 인지 내러티브 탐색

박 은 정

1. 내러티브 탐색을 통한 스토리텔링 아키텍처 개념 엿보기

본 연구는 인지과학 지식을 기본으로 창의적 아이디어를 가진 인문학자가 영화 <셰익스피어 인 러브>는 인공지능 알고리즘으로 스토리가 어떻게 구축될까에 대한 기초 탐구를 해 보는 과정이다. 이것은 요즘 소위 말하는 빅 데이터 시대에 새로운 알고리즘을 구현하기 위해서 온 세계가 고민하고 있는 거시적 안목의 일환으로 인문학을 기본으로 하여 이공계의 지식 산업을 공유하고 협업하는 최종 연구 목표를 가지고 있다고 해석할 수도 있을 것이다. 본 연구의 지향점은 현 논문의 결론을 초월하여, <셰익스피어 인 러브>의 내러티브 구조와 스토리텔링 전략을 연구하기 위해서 작품의 스토리가 컴퓨터 시뮬레이션으로는 어떤 인지 아키텍처(cognitive architecture)의 구조로 되어 있는지 그 의미망을 분석하는 것이 최종 목적일 것이다.

하지만 본 논문에서는 <셰익스피어 인 러브>의 인공지능 스토리텔링 아키텍처를 구현하기 전 단계인 인지 내러티브 탐색에 초점을 맞추고자 한다. 이 말은 팰트로우와 피엔느(Gwyneth Paltrow and Joseph Fiennes)가 1998년에 제작해서 1999년에 유통되었던 <셰익스피어 인 러브>가 7개의 오스카 상을 받았고, 최고의 영상상(best pictures)을 받았으며, 희극적 요소와 고품격 언어 풍자와 즐거움을 시청자에게 한껏 선사한 그 이유, 즉 <셰익스피어 인 러브>의 스토리텔링 구조가 어떻게 독자의 정서와 감흥을 이끌어 내고, 시청자의 몰입을 위해서 어떤 서사와 비주얼 이미지 전략을 썼는지를 연구하는 것이다. 콘텐츠를 감상하면서 인간의 마음은 움직인다. 마음의 동요란 뇌신경의 동기화에 의해서 지각, 기억, 감흥, 사고 등 일련의 인지과정이 산출되는 것이다. 때문에 본 논문은 인지과학에 기반하여 규칙기반(rule-based)의 기호주의(symbolism)와 인공신경망(artificial neural network)의 연결주의(connectionism)를 하이브리드로 구성한 개념적 메타포(conceptual metaphor)의 의미 구조망을 통해서 인지 아키텍처를 지향하는 밑그림으로 그 내러티브 구조를 연구한다.

오늘날 인지과학 이론가들은 의식과 무의식, 인지와 감성 모두를 아우르는 '마음'(mind)이 계열적이면서도 병렬적이며, 확률적 연결 비중으로 작동한다고 한다. 즉, 마음은 기능적이고 독립적인 다량의 모듈이 계열적 층위로 구성되기도 하고, 병렬적으로 연결되어 있기도 한 시스템이라고 본다. 인간은 많은 계열적 층위로 클러스터된 신경다발들이 동시에 활성, 진행됨에 따라 인지과정이 생성된다. 이러한 개념은 병렬 분산처리 과정(parallel distributed processing)이라고 명명된다. 왜냐하면 마음은 독립적이고 병렬적인 모듈들이 인지 사고나 감흥의 자극이 오면 위계적(hierarchy)으로 구성되기도, 병렬적으로 연결되기도 하면서 의미망을 구조하는데, 그 구성 강도가 확률적 처리 과정을 거치고 있어서, 활성화된 신경네트워크의 모양과 크기, 강도가 정황마다 다르게 구성된다. 이렇게 오감으로부터 자극이 없으면 독립적으로 흩어져 있다가 인지 자극이 오면 우리 뇌에서 계열적, 혹은 병렬적으로 구성되는 개념적 연결망을 도식, 혹은 스키마(schema)라고 한다.

본 연구에서는 위와 같이 인지과학의 마음연구를 하되, 인지심리학자나 사회학자, 또는 신경네트워크 학자들이 하지 않는 문화예술 콘텐츠의 내러티브 도식을 연구하는 독창성이 있다. 스토리의 감흥을 인터액션(interaction)하는 과정에서, 시청자는 대중문화예술 <셰익스피어 인 러브> 스토리의 변화에 따라 감흥하는 마음의 정서가 어떻게 표상되는지를 분석한다. 그리고 인지 기반의 내러티브가 담론화하고 있는 개념 연결망과 연관되는 메타포와 문화코드가 어떻게 산출되는지도 함께 탐색해 볼 것이다.

문화콘텐츠의 스토리텔링 알고리즘을 기획할 때, 인물(character)의 성격(personality)과 행위(action), 그리고 그 행위가 촉발되었던 정황(setting)을 분석한다. 이 의미망 연결 속에서 메타포(metaphor)와 문화코드(culture code)를 추출한 후에, 이런 주요 메타포와 문화코드들이 어떻게 총체적 플롯에서 개념적 연결망을 구성하는 지, 그 내러티브를 분석한다. 이제껏의 인지과학 연구는 정서와 감성에 대한 중점 연구가 미흡했다. 그러나 본 연구에서는 문학과 예술, 그리고 문화콘텐츠로 통칭되는 '오브제 아'에서 우리가 소통하고 인터액션(interaction)하는 인지감성은 바로 이런 정서, 감정, 무의식적 선택과 끌림을 연구하는 셈이기 때문에 그 의의가 매우 크다.

기존의 심리학이나 정신분석에서 잘 해명할 수 없었던 인지 감성과 정서, 또는 감성의 인터액션을 어떻게 강하게 표출하는가, 그 감성이 어떤 문화 공동체에서 구체적으로 인지지도(cognitive map)로 도식될 수 있는가, 그리고 시청자가 그 인지지도를 강렬하고 직감적으로 매핑(mapping)할 수 있도록 내러티브를 어떻게 전략화 하는가 등의 인지주의적 접근을 시도한다. 본 연구는 기존의 인지과학에서 미흡하게 다루어왔던 대중문화예술 콘텐츠를--마치 독자반응 이론(readers' response theory)처럼--시청자 인터액션 반응 입장에서 콘텐츠에 재현되고 있는 문화 현상과 인지감성을 초점화해서 연구하기 때문에 그 의의가 크다.

2. 인지 내러티브 분석의 범위 및 방법

본 논문을 수행하기 위해서는 수 백 페이지 분량의 <셰익스피어 인 러브> 영화 각본을 요약한 스토리 스크립트를 만들었다.[1] 간단한 스토리 스크립트를 짤 때, 작품의 배경, 등장인물, 등장인물의 성격과 행위, 등장인물들 간의 관계가 엮어가는 스토리를 기술하고, 그 스토리 라인에서 내포하는 메타포와 문화코드를 추출하는 작업을 다양한 모듈과 연결선을 구조화 하면서, 그 모듈 각각이 어떤 상관관계 속에서 구조화될 지, 그 관계 형성을 개념적 연결망(conceptual mapping)으로 짠다. 이것은 많은 양의 텍스트 분석을 통해서 시멘틱(semantic) 의미연결망 차원에서 무엇이 코드화되고 메타포화 되는지를 천착한다. 스토리 라인에 드러난 모든 관계를 다 한꺼번에 그리기에는 너무 복잡하기 때문에 요약 정보화한 스토리 라인에서 볼 수 있는 총체적 플롯에서 표상되는 관계망을 각각의 병렬적 모듈로, 혹은 계층적, 층위적 모듈로 구조화 하여 나중에 필요하게 되면 합성할 것을 전제로 분석 처리한다.

1) Norman, Marc, Tom Stoppard, and John Madden. *Shakespeare in Love*. Faber&Faber, 1999.

2.1. 〈셰익스피어 인 러브〉 의 영웅서사, SNAP, 킨치 이론 적용

<로미오와 줄리엣>을 속편으로 둔 <셰익스피어 인 러브>의 스토리 스크립트를 기반으로 내러티브를 분석해 보았다. 스크립트를 기술 할 때는 ① 작품의 배경, ② 작가의 인생철학, 그리고 ③ 스토리 라인을 정밀하게 다듬었다. ③ 스토리 라인은 ③-Ⓐ 프로프(Vladimir Propp)의 영웅 31단계 서사를 기초한 스토리 라인을 요점 정리하였다.[2] 31단계의 서사가 잘 맞지 않을 경우는 ③-Ⓑ 레비 스트라우스(Claude Levi-Strauss)의 신화체계에 기초한 스토리 라인으로도 간략화 해 보았다.[3]

따라서 <셰익스피어 인 러브>를 다음과 같은 스토리 라인 구조로 대입시키는 실험을 하였다.

---

2) 그의 이론을 정립하기 위해 참조한 서적은 다음과 같다.
Propp, Vladimir. *Morphology of the Folktale* (2nded.). (L. Scott, Trans.) Austin: University of Texas Press, 1968.

3) Lévi-Strauss, Claude. *Myth and Meaning*. New York: Routledge, 2013.

[표 1] ③-Ⓐ와 ③-Ⓑ의 연구

	'Shakespeare in Love' (Romantic comedy)
1	Set in London in 1593, Shakespeare is away from his family in Stratford.
2	Will Shakespeare, a struggling young playwright, suffering from a dreadful bout of writer's block.
3	No matter how hard he tries he just can't seem to make any headway with his latest work - *Romeo and Ethel, the Pirate's Daughter.*
4	Suffering from writer's block, he has barely begun the play, but starts auditioning players.
5	Viola de Lesseps, the daughter of a wealthy merchant who has seen Shakespeare's plays at court, disguises herself as "Thomas Kent" to audition, then runs away.
6	Shakespeare pursues Kent to Viola's house and leaves a note with the nurse, asking Thomas Kent to begin rehearsals at the Rose.
7	He sneaks into the house with the minstrels playing that night at the ball, where her parents are arranging her betrothal to Lord Wessex, an impoverished aristocrat.
8	While dancing with Viola, Shakespeare is struck speechless. Viola and Will falls in love with each other.
9	After being forcibly ejected by Wessex, Will Shakespeare is asked his name, to which he replies that he is Christopher Marlowe.
10	Due to the Shakespeare's sincere love with Viola, he uses Thomas Kent as a go-between to woo her.
11	When he discovers her true identity, they begin a secret affair. Inspired by her, Shakespeare writes quickly.
12	With help from his friend and rival playwright Christopher 'Kit'Marlowe, Shakespeare completely transforms the play into what will become *Romeo and Juliet.*
13	Then, Viola is summoned to court to receive approval for her proposed marriage to Lord Wessex in the witness of Elizabeth I.
14	Shakespeare accompanies Viola, disguised as her female cousin. There, in front of her majesty, she expressed her belief of truth and nature of love in the play and poem as well. Queen Elizabeth persuades Wessex to wager £50 that a play can capture the true nature of love, the exact amount Shakespeare requires to buy a share in the Chamberlain's Men.
15	Queen Elizabeth I declares that she will judge the matter of true nature of love in a play, when the occasion arises.

	'Shakespeare in Love' (Romantic comedy)
16	Queen Elizabeth I also mentioned to Lord Wessex that Viola is plugged not by him, but by somebody else, which arouses him anger the love between Kit Marlow and Viola.
17	Viola is appalled to leave when she learns he is married, albeit separated from his wife, and she knows she cannot escape her duty to marry Wessex.
18	Shakespeare tries to catch her, but there is a messenger to let it know that Kit Marlow is stabbed in a tavern at Deptford.
19	Will discovers that Marlowe is dead, and thinks he is the one to blame.
20	Lord Wessex suspects an affair between Shakespeare and his bride-to-be. Because Wessex thinks that Will is Kit Marlowe, he approves of Kit's death, and tells Viola the news.
21	In the funeral ceremony of the church, Viola finds out that Will is still alive, and declares her love for him beyond poetry.
22	Will Shakespeare continue and extend the true love between Romeo and Juliet as a tragedy of a star-crossed love, by ending with love poison and death.
23	Lord Wessex intrudes to fight to kill Shakespeare in order to keep his love, while Will fights back to revenge for the death of Kit Marlow. It is the moment to learn that Marlowe had been killed by accident.
24	When Edmund Tilney, the Master of the Revels, is informed there is a woman player at The Rose, he closes the theatre for breaking the ban on women.
25	Viola's identity is exposed before the company, leaving them without a stage or lead actor, until Richard Burbage, owner of the Curtain, offers them his theatre.
26	Shakespeare takes the role of Romeo, with a boy actor as Juliet.
27	Following her wedding, Viola learns that the play will be performed that day, and runs away to the Curtain.
28	Planning to watch with the crowd, Viola overhears that the boy playing Juliet cannot perform, and offers to replace him.
29	While she plays Juliet to Shakespeare's Romeo, the audience is enthralled, despite the tragic ending, until Master Tilney arrives to arrest everyone for indecency due to Viola's presence.
30	But the Queen is in attendance and restrains Tilney, instead asserting that Kent's resemblance to a woman is, indeed, remarkable.
31	However, even a queen is powerless to end a lawful marriage, and she orders Kent to fetch Viola because she must sail with Wessex to the Colony of Virginia.

	'Shakespeare in Love' (Romantic comedy)
32	The Queen also tells Wessex, who followed Viola to the theatre, that *Romeo and Juliet* has won the bet for Shakespeare, and has Kent deliver his £50 with instructions to write something "a little more cheerful next time, for Twelfth Night".
33	Viola and Shakespeare say their goodbyes, and he vows to immortalize her, as they improvise the beginnings of his *Twelfth Night*, imagining her as a castaway disguised as a man after a voyage to a strange land. "For she will be my heroine for all time, and her name will be...Viola."

한편 민담과 신화에 기초한 스토리 라인 이외에 언어학자들이 자주 사용하는 육하원칙과 논리적 위계 의미망을 검증하기 위해서, 본 연구자가 만든 스토리 라인의 응집성을 평가하기 위해서 ③-Ⓒ주인공(영웅)의 행동을 중심으로 SNAP 평가도구로 재평가해 보았다. SNAP(Strong Narrative Assessment Procedure)은 본래 초등학생 어린이의 이야기 평가도구이다. 스트롱(Strong 1988)의 주장에 따르면 국소적 응집성과 총체적 응집성을 동시에 분석할 수 있다. 스트롱은 문장들 간의 응집성(cohesion)이 잘 짜진 개구리 이야기를 아이들에게 들려 준 다음, 아이들에게 다시 이야기를 하도록 하는 과정에서 어린이의 이야기 구성능력을 측정하여 SNAP을 제안했다.

SNAP의 평가가 본 연구에서 유의미한 점은 스토리란 모든 장르에 활용되는 이야기의 기본 구조이기 때문에 초등학생도 쉽게 인지할 수 있도록 서술되어야 모든 장르의 콘텐츠에서 활용가능하고 구체적이고 생생한 스토리텔링으로 발전시킬 수 있다. 때문에 언어 의미망에 따라 쉽게 논리적으로 이해할 수 있는 스토리 라인을 구상하고 있는지를 검증한다.

SNAP는 국소적 응집성에서 총체적 응집성을 분석하는 순서로 문장 분석, 응집력 분석, 이야기문법 분석의 단계가 있다. 응집성 분석에서는 문장 내, 또는 문장과 문장 사이의 관계를 분석한다. 이야기

문법 분석에서는 스트롱이 제안한 7단계(배경, 사건발단, 내적 반응, 계획, 시도, 반응, 결과)의 이야기 문법요소에 맞추어 이야기 흐름을 평가한다. SNAP의 설명한 7단계의 이야기 문법요소와 <셰익스피어 인 러브>에서 찾은 각 요소들의 예(문장)를 요약하면 아래 [표 2]와 같다.

[표 2] ③-ⓒ 모델의 예시: SNAP의 이야기 문법요소

이야기문법 요소	설명	*Shakespeare in Love*
배경(S) : setting	인물소개 / 시간, 장소 등 배경설명	Set in London in 1593, Shakespeare is away from his family in Stratford. A young playwright, Will Shakespeare is struggling with a writer's block. Will starts auditioning players. Viola de Lesseps, the daughter of a wealthy merchant who loves poet, disguises herself as "Thomas Kent" to audition of Shakespeare's plays.
사건발단(IE) : initial event	문제발생, 방해자로 인한 문제 발생, 방해자의 행동	Shakespeare pursues Kent to Viola's house and leaves a note with the nurse, asking Thomas Kent to begin rehearsals at the Rose. Will sneaks into the house with the minstrels playing that night at the ball to find Thomas Kent. While dancing with Viola, Shakespeare is struck speechless. Viola and Will falls in love with each other.
내적반응(IR) : internal response	주인공의 정서적 반응, 또는 생각	Due to the Shakespeare's sincere love with Viola, he uses Thomas Kent as a go-between to woo her. When he discovers her true identity, they begin a secret affair at the Rose. Inspired by her, Shakespeare writes quickly.
계획(P) : plan	문제, 역경을 해결하려는 주인공의 계획	Will Shakespeare continues and extends the true love between *Romeo and Juliet* as a tragedy of a star-crossed love, by ending with love poison and death.
시도(A) : attempt	주인공의 시도	In front of Elizabeth I majesty, Viola declares her belief of truth and nature of love in the play and poem as well. Queen Elizabeth asks Wessex to wager £50 if a play can prove to capture the true nature of love. Shakespeare requires that exact amount to buy a share in the Chamberlain's Men.

이야기문법 요소	설명	*Shakespeare in Love*
반응(C) : consequence	주인공의 행동에 따른 결과	While Viola plays Juliet to Shakespeare's Romeo, the audience is enthralled, despite the tragic ending, Master Tilney arrives to arrest every player for indecency due to Viola's presence. But the Queen is in attendance and restrains Tilney owing to the performance of true love, instead asserting Kent's resemblance to a woman.
결과(R) : reaction	이야기 결말 주인공의 생각, 감정, 행동	The Queen tells Wessex that *Romeo and Juliet* has won the bet for Shakespeare, and has Kent deliver his £50. The Queen also instructions to write something" a little more cheerful next time, for Twelfth Night". Viola and Shakespeare say their goodbyes, and he vows to immortalize her, "For she will be my heroine for all time, and her name will be ... Viola."

인지 내러티브를 구상하는 그 다음 단계로 ④킨치(Walter Kintsch)의 다층적 구성-통합-모형 이론을 적용하여 인과적 그물망을 연결 도식화 한다. 응집성, 이야기 문법 등은 담화를 이해하는 도구이다. 담화를 구성하는 문장과 단어 이외에도, 많은 단서들이 담화를 이해하는데 영향을 준다는 것을 우리는 잘 알고 있다. 킨치 등 여러 학자들이(Just & Carpenter, 1992; Graesser et al., 2003; Kintsch, 1988; Kintsch, 1998; van Dijk & Kintsch, 1983) 담화를 이해하는 과정은 다층적(다중 심적 표상; multi-level mental representation)으로 이루어진다는 생각을 구성-통합-모형(construction integration model)으로 제안하였다. 이 모형은 다음과 같은 세 가지 생각에 기초한 것이다. 첫째, 담화처리에는 저장, 보존, 인출 등 일정한 주기가 있다. 담화에서 발생한 새로운 정보를 이전의 정보와 알맞게 정리하려면 통합과정이 필요하다. 이때 새로운 정보를 작업기억에 저장하고, 담화의 주제와 연관이 높은 부분은 작업기억 내에 유지해야 한다. 장기 기억에 있는 기억을 인출해서 담화주제를 올바르게 연결시키는 데는 더 많은 절차

가 필요하다. 둘째, 각 주기에는 구성과 통합의 차원이 있다. 구성 차원에서는 문장에 포함된 모든 개념을 처리하고, 통합 차원에서는 그 중 가장 주제와 관련성이 큰 정보만이 문장정보와 연결된다. 마지막으로 셋째, 담화처리 과정에서 다층적 심적 표상이 형성되는데, 그 표상은 표면형식(surface form), 명제분석(propositional analysis), 상황모형(situational model)이다.

표면형식에서는 문장을 단어, 문장 그대로를 정확하게 표상하는 단계이다. 명제분석에서는 각 문장을 연결된 망으로 표상, 보존한다. 상황모형에서는 담화에서 묘사한 상황을 포착하여 보존한다. 상황모형은 담화를 이해하는 개인의 경험이 통합된 표상이라고 할 수 있다. 담화를 기억하는데 시간이 오래 지연되어도 상황모형은 남아있지만 표면형식은 빠르게 사라진다(Kintsch et al., 1990). 글을 읽는 데에도 담화의 내용이 개인의 경험으로 흡수된 상황모형이 가장 기억에 오래 남는 것과 마찬가지로, 담화를 산출하는 데에도 상황모형이 잘 짜여 있어야 올바르게 연결되고 잘 짜인 담화가 만들어질 수 있다고 예상할 수 있다.

<셰익스피어 인 러브>의 상황모형은 다음과 같다.

[표 3] <셰익스피어 인 러브> 상황 모형

		Shakespeare in Love	
Setting	S1	Set in London in 1593, Shakespeare is away from his family in Stratford.	Stratford, London 1593 Will Shakespeare be away from his family
	S2	A young playwright, Will Shakespeare is struggling with a writer's block.	Shakespeare Struggle with writing block
	S3	Will starts auditioning players.	Will Shakespeare Audition players

		Shakespeare in Love	
Setting	S4	Viola de Lesseps, the daughter of a wealthy merchant who loves poet, disguises herself as "Thomas Kent" to audition of Shakespeare's plays	Viola de Lesseps Disguise herself as a man Audition for Shakespeare's play
initial event	IE1	Shakespeare pursues Kent to Viola's house and leaves a note with the nurse, asking Thomas Kent to begin rehearsals at the Rose.	Shakespeare Pursue Kent for rehearsal Leave a note with the nurse
	IE2	Will sneaks into the house with the minstrels playing that night at the ball to find Thomas Kent.	Shakespeare Sneak into Kent's house At the ball
	IE3	While dancing with Viola, Shakespeare is struck speechless.	Shakespeare Is struck speechless with Viola
	IE4	Viola and Will falls in love with each other.	Viola and Will Fall in love with each other
internal response	IR1	Due to the Shakespeare's sincere love with Viola, he uses Thomas Kent as a go-between to woo her.	Shakespeare Use Thomas Kent To woo Viola
	IR2	When he discovers her true identity,	Shakespeare Discover Kent's identity to be Viola
	IR3	they begin a secret affair at the Rose.	Viola and Will Secret love affair
	IR4	Inspired by her, Shakespeare writes quickly.	Inspired by Viola's love Shakespeare Create plays quickly
plan	P	Will Shakespeare continues and extends the true love between *Romeo and Juliet* as a tragedy of a star-crossed love, by ending with love poison and death.	Shakespeare Extend the true love between *Romeo and Juliet* Star-crossed love
attempt	A1	In front of Elizabeth I majesty, Viola declares her belief of truth and nature of love in the play and poem as well.	Viola Believe the true nature of love in the play Before Queen Elizabeth

		Shakespeare in Love	
attempt	A2	Queen Elizabeth asks Wessex to wager £50 if a play can prove to capture the true nature of love.	Queen Elizabeth Ask Wessex To wage 50 pounds To prove the true nature of love
	A3	Shakespeare requires that exact amount to buy a share in the Chamberlain's Men.	Shakespeare Request 50 pounds To share the Chamberlain's men
conse-quence	C1	While Viola plays Juliet to Shakespeare's Romeo, the audience is enthralled, despite the tragic ending,	Viola plays Juliet Will plays Romeo The audience is enthralled Tragic ending
	C2	Master Tilney arrives to arrest every player for indecency due to Viola's presence.	Tilney Arrest Every player Due to Viola's presence
	C3	But the Queen is in attendance and restrains Tilney owing to the performance of true love, instead asserting Kent's resemblance to a woman.	Queen Restrains Tilney Realize The performance of true love
reaction	R1	The Queen tells Wessex that *Romeo and Juliet* has won the bet for Shakespeare, and has Kent deliver his £50.	Queen Tell Wessex To give 50 pounds
	R2	The Queen also instructions to write something "a little more cheerful next time, for Twelfth Night".	Queen Instruct to write More cheerful next time
	R3	Viola and Shakespeare say their goodbyes, and he vows to immortalize her, "For she will be my heroine for all time, and her name will be...Viola."	Viola and Will Say goodbyes Will Immortalize Viola in *Twelfth Night*

위의 <셰익스피어 인 러브>의 상황모형 분석에서도 알 수 있듯이, 담화처리를 하는 과정에서는 담화이해를 위해 작업기억(working memory)이 핵심적인 역할을 한다는 것은 잘 알려진 사실이다

(Kintsch et al., 1990; Till et al., 1988; Whitney et al., 1991). 담화이해에 대한 정보가 국소적 응집성과 총체적 응집성에 연결되어 있으려면 그 정보는 작업기억 내에 저장/보존되어야 상황모형의 분석을 잘 할 수 있다. 작업기억 용량이 부족한 사람들은 국소적 응집성과 총체적 응집성 중 하나를 포기하는 현상을 보이는데, 주로 총체적 응집성을 희생한다(Whitney, 1997). 이 말은 시청자가 <셰익스피어 인 러브>를 감상하는 과정에서 무수한 장면과 대사를 보고 듣지만, 일단 위의 [표 3]의 예시처럼 스토리를 기억해 내는 상황모형을 구도해 보려고 하면, 어떤 한 기억에 남아 있는 상황을 붙잡고 자신에게 체화된 기억들과 연상시켜서 거기서부터 연이어 나오는 응집적 장면과 대사를 기억해 내고, 저장하고 보존하는 과정 상태에서 스토리의 처음부터 끝까지 국소적인 응집성이 다음의 국소적 응집성과 어떤 스토리적 연관성이 있는지를 분석해야 한다는 의미이다. 그런 내러티브의 재현 과정에서 무수히 다양하게 떠오르고 스쳐 지나가는 장면과 대사를 희생하고 지나치면서 시청자는 자기 기억에 남아 있는 <셰익스피어 인 러브> 스토리의 상황모형을 재현한다.

본 연구자는 킨치의 다층적 구성-통합-모형 이론의 3가지 단계, 즉 표면형식, 명제분석, 상황모형 중, 상황모형을 주로 활용한다. 총체적 스토리 라인에서 핵심 스토리(core story)를 위의 [표 3]처럼 상황모형에 맞추어 분석해 본다는 것은 인간의 체화된 담론을 내포하고 있는 의미망인 메타포 추출, 문화코드 추출에 큰 도움이 되기 때문이다. 결국 주인공과 인물들의 역할 관계, 각 인물의 성격과 행동, 그리고 그 행동이 나오게 된 배경, 등의 의미연결망을 킨치 이론에서 통합적으로 구축해 봄으로써 SNAP 분석과 비교하여 재확인 한다.

이런 과정에서 언어담화분석, 문화연구는 내포된 저자(implied author)라는 개념을 상정한 텍스트와 독자(시청자)간의 상호작용 의미연결망에서 함축하고 있는(implicit) 메타포와 문화코드 등의 상호텍스트 분석(inter-textual analysis)의 아래 [표 4]의 인과적 그물망을 도출할 수 있는 시너지 효과까지 있다. 이런 분석은 인지언어학의 차원을 넘어서, 인지문화적 차원으로 향하여 작품이 지향하는 이데올로기와 담론을 논증할 수 있다. 이런 일련의 과정은 인지과학에서 이제껏 큰 논증 결실을 보지 못한 문화연구나 예술문화 콘텐츠의 인지감성 도식화까지 발견할 수 있기에 그 의의가 크다.

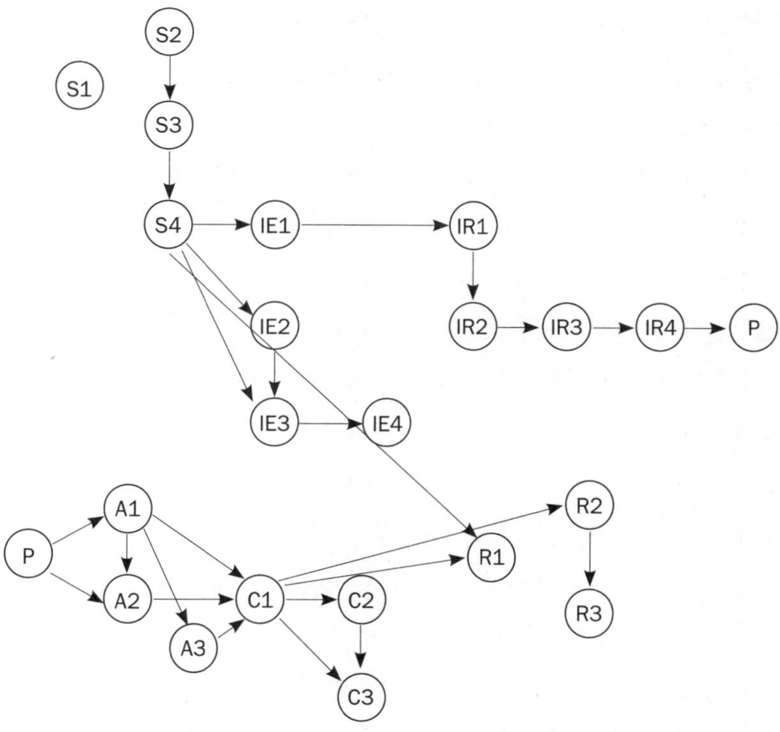

[표 4] <셰익스피어 인 러브> 인과적 그물망

스토리의 인과적 그물망은 독자 또는 시청자가 콘텐츠를 감흥할 때의 인지지도(cognitive map)과 동일하다는 가정을 전제로 해야 한다. 비록 작가의 작품 지향성과 시청자 개개의 인지정서 반응의 인지지도와는 차이가 있을 수 있지만, 이런 일련의 연구 논증은 최소한 작가가 작품을 쓸 때의 지향성과 대중 예술에서 시청자들의 공통적 반응과 수렴되는 그 결과물일 것이다. 본 연구자는 <셰익스피어 인 러브> 영화를 분석해 보고 있다. 프로프(Vladimir Propp)의 영웅 31단계 스토리 라인 분석, 레비 스트라우스(Levi-Strauss) 신화 스토리 발전 단계, SNAP 분석, 킨치의 다층적 상황모형을 통한 구성-통합-모형의 인과적 그물망 등, 일련의 작업은 컴퓨터 시뮬레이션의 결과물인 스토리텔링 아키텍처를 짜기 위한 밑그림 단계로서, 본 연구자가 산출한 스토리 라인 요약, 인물의 행위, 인물간의 관계 등의 의미망을 인지 내러티브 차원에서 검증하기 위한 이론적 과정이라고 할 수 있다.

<셰익스피어 인 러브>는 실제로는 네 가지 이야기가 함께 어우러진 셈이다. 첫째, 셰익스피어가 어떻게 그리고 왜 성공적으로 <로미오와 줄리엣> 비극을 창조하게 되었는가에 대한 가상적 인물 셰익스피어가 비올라와 얽힌 사랑 이야기. 둘째, 엘리자베트 1세 여왕 당대에 셰익스피어(William Shakespeare)와 말로(Christopher Marlow)라는 두 거장의 창작 산출물의 뒷이야기: <로미오와 줄리엣>의 이야기 착상을 말로가 영감을 준 것으로 서브 플롯에 드러나 있다. 셋째, 16세기 당시의 결혼제도에 대한 역사적인 배경 속에서 비올라를 부인으로 맞이하려고 안간힘을 쓰며, 당시 여성은 무대에 설 수 없는 법규로 정의로 비올라의 예술적 영혼을 가두려고 하는 예비 신랑 웨섹스의 결혼 스토리. 이것은 당대의 결혼 제도로 인해 여성의 성적 자유를 억압하는 사회상을 엿볼 수 있어서, 비올라가 자신의 성 해방을 위해 예술적 숭엄미를 어떻게 승화시키는 지를 암묵적으로 제시한다. 넷째, 엘리자베스 여왕 1세가 예술을 인정하고 셰익스피어를 궁중

작가로 선택하게 된 동기, 그리고 그 후속의 작품 <십이야>(*Twelfth Night*)의 이야기가 탄생하게 된 동기와 배경 등, 네 가지 다른 주제의 이야기가 첫 번째 메인 스토리와 잘 중첩되고 얽혀있어 시청자의 흥을 한껏 돋군다.

2.2. 인물 관계망: Brothers Grimm's Fairy Tale Model

위와 같은 개별 사건들의 조합을 이룰 때, 인물이 어떤 행위를 만들고, 인물의 성격이 주인공이나 영웅과의 갈등, 혹은 상생의 관계를 설정하기 때문에 인물 관계망은 중요한 기본적 모델이 된다. 본 연구에서는 인물 관계망은 그림 형제(Brothers Grimm)의 동화모델(fairy tale model)을 기본으로 한다. 따라서 본 논문의 인지 내러티브 탐색은 프로프의 영웅 서사 과정과 그림 형제의 동화모델에 기초한 인물 중심의 행위와 사건들의 조합이다.[4)]

그림의 동화이야기 패턴에서 분석해 본 <셰익스피어 인 러브>의 인물 관계망은 위의 도식처럼 집약되는데, 이것은 본 연구에서 밝힌 프로프의 영웅 단계를 기초로 한 스토리 라인과 SNAP 평가, 그리고 킨치의 다층적 구성-통합 상황모형 이론에 근간해서 나온 귀결이다.

하지만 스토리텔링 아키텍처를 구현할 때, 본 연구자는 주요 스토리 뿐만 아니라 나머지 서브 스토리에 해당하는 말로와 셰익스피어와의 창작 경쟁 관계 속에서 <로미오와 줄리엣>이 창조된 이야기, 엘리자베스 여왕이 셰익스피어를 궁중 극작가로 선택한 뒷이야기, 당대의

---

4) 참조한 서지는 다음과 같다.
The Brothers Grimm http://www.bbc.co.uk/programmes/b00h8t18
Zipes, Jack (1988). *The Brothers Grimm: From Enchanted Forests to the Modern World* (1sted.). Routledge.

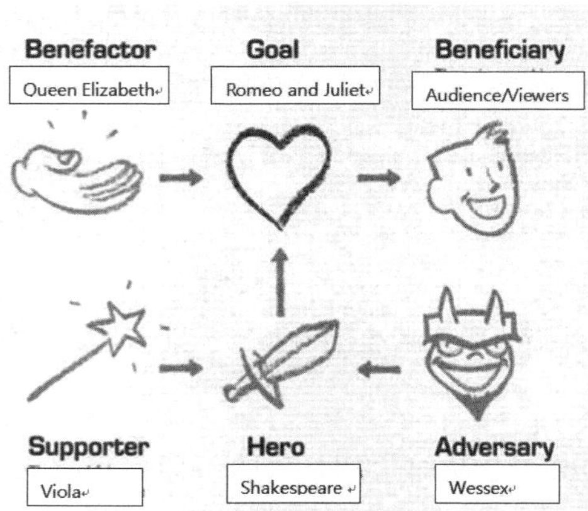

[표 5] 그림 형제의 동화모델

세속적 결혼 풍습 때문에 가난한 귀족 웨섹스와 결혼하지만, 여성의 성 해방을 위해 그녀가 어떻게 예술적 열정을 불태우는지에 대한 비올라 이야기, 등을 모두 적용하여 컴퓨터 알고리즘을 구현한 결과를 가지고 나머지 세 가지 이야기의 동화모델을 구조화할 수도 있다. 세 개의 스토리에서 영웅은 모두 셰익스피어 일 것이고, 나머지 하나는 비올라가 영웅이 될 것이다. 말로와 셰익스피어의 스토리에서는 영웅은 셰익스피어, 응원자와 반대자가 말로+<해적의 딸> 스토리 vs. 셰익스피어의 창조성 결핍이고, 엘리자베스 여왕과 셰익스피어 이야기에서는 영웅은 셰익스피어, 응원자와 반대자는 비올라+엘리자베스 여왕 vs. 틸니 패턴으로 해석될 수 있다. 그리고 비올라와 돈 욕심에 어두운 웨섹스 귀족의 이야기에서는 영웅은 비올라, 응원자는 셰익스피어+엘리자베스 여왕 vs. 웨섹스로 바뀐다.

2.3. 메타포와 문화코드 추출

본 연구에서 스토리 스크립트를 정리하고, 스토리 인과적 그물망을 도식화 해 보고, 인물 관계망을 확인하는 일련의 과정에서 작가가 지향하는 총체적인 은유(metaphor)와 문화코드(culture code)를 영화 콘텐츠에서 발견할 수 있었다. 이 은유와 문화 코드 발견은 소쉬르(Ferdinand de Saussure)나 바르트(Roland Barthes) 같은 구조주의자들이 강조하는 것과 다르게, 본 연구는 인지과학에 근거한 은유의 '개념적 혼성'(conceptual blending)의 시각에 근간하여 분석한다.

질 포코니에와 마크 터너(Gilles Fauconnier & Mark Turner)는 '개념적 혼성'이라는 인지 작용이 인류 언어의 진화를 겪었으며, 인간의 상상력이나 사고력이 무의식적으로 잠재되어 있는 기본 인지 활동임을 강조했다. 이들은 언어 구조주의자들이 주장하는 인코딩/디코딩의 과정이 기표(signifier)와 기의(signified)의 의미작용(signification=semiosis)이라고 주장하지만, 인지과학자의 견지로는 언어구조주의자들의 세미오시스가 바로 개념적 혼성이라는 반복적이고 점층적인 인지사고의 확장 과정이라고 주장한다. 이 둘은 어린 아이가 언어를 학습하는 과정에서 깨닫는 이중개념 혼성의 사례를 일일이 증명하고자 하였다.

한편, 롤랑 바르트(Roland Barthes)처럼 소쉬르의 언어 의미작용이 언어 범주를 넘어서 미디어 시대의 사회 현상 모든 면에서도 그런 의미작용이 일어나고 있기 때문에 그런 메타포의 확장이 이데올로기처럼 당연한 신화체계(mythology)를 가지고 있다고 주장한 것처럼, 포코니에와 터너는 소쉬르와 바르트의 언어 구조주의 패턴을 넘어서서 인간의 인지체계 자체가 개념적 혼성을 할 수 있는 동물 종이기 때문에, 인간의 인지 진화가 여기서 발생하게 되었다고 주장한다. 그리고 이중 개념 연결망이 연쇄적으로 일어나는 개념적 혼성 과정에는 끊임없는 압축과 탈압축, 혼성과 탈혼성, 등이 반복되면서 우리 인류는 인지체계를 진화하여 스키마를 형성하였을 뿐만 아니라, 언어를 만들어 내는 문화적 진화를 한 것이라고 주장한다. "포유동물에서 영장류, 원시인에 이르는 개념적 통합에 대한 능력을 증가시킨 생물학적 발달이 있었다. 그런 생물학적 발달이 이중범위 통합의 단계에 도달하면서, 인지적 현대 인간이 탄생했다. 인간의 특징적인 행동은 이중범위 개념적 통합에 대한 생물학적 능력의 산물이다"라고 포코니에와 터너는 주장한다.[5)]

이들의 주장에 따르면, 은유는 다양한 계층적 의미망에서 발견될 것이고, 문화코드 또한 여러 개를 발견할 수도 있다. <셰익스피어 인 러브>에서의 개념적 혼성을 구체적으로 도식화 해보면 다음과 같은 도식을 발견할 수 있다.

다음의 도식에서 알 수 있듯이, <셰익스피어 인 러브>는 셰익스피어의 공간1과 비올라의 공간2, 그리고 이 둘의 사랑이 <로미오와 줄리엣>을 탄생시킨 극중 행위가 총칭공간으로 통합된다. 그리고 이 두 연인을 중심으로 연극이 성공을 거두었을 때, 여왕과 당대 대중들에게 얼마나 예술이 삶을 진실되게 재현하고 있으며 예술이 진정한 사랑을 구현하고 있는지를 입증하는 결과로 모든 이의 감정이입을 상상하게 하는 혼성공간이 창조된다.

최근 인지과학에서 유추적 사고는 열띤 주제였다. 개념적 프레이밍이 아주 이른 시기에 유아에게서 발생하고 모든 사회적, 개념적 영역에서 작용한다는 것이 밝혀졌다. 상식상 예술과 수사학의 특별한 도구로 간주되는 은유적 사고는 무의식적 관습이던, 의식적 현실이던 간에 모든 인지 층위에서 작용하고 있고, 일관된 구조적, 역동적 원리를 보여 주었다. 성인과 아이가 모두 공유하는 보편적인 인지 능력이

---

5) Gilles Fauconnier & Mark Turner, *The Way We Think: Conceptual Blending and the Mind's Hidden Complexities*. New York: Basic Books, 2002. 371.

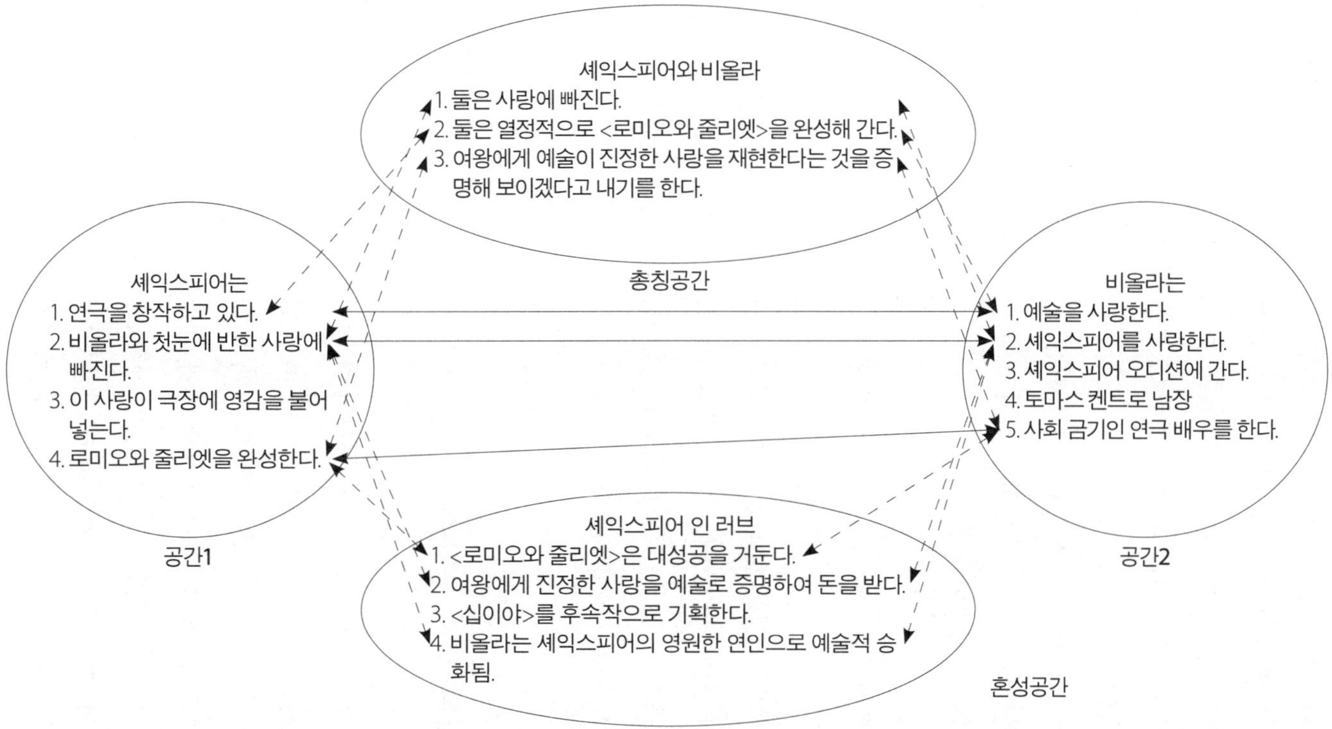

[표 6] <셰익스피어 인 러브> 혼성적 개념 및 내러티브

존재한다. 인공지능 연구가들이 이런 추론을 명시적으로 모형화하면 우리가 당연시 여기던 상상력의 작용, 예술을 보고 감정이입이 되는 인간의 인지과정을 컴퓨터 알고리즘으로 아키텍처화 할 수 있다. 이런 연속적인 알고리즘 개발은 궁극적으로 문화코드 탐색의 결과물을 자연스럽게 산출한다.

<셰익스피어 인 러브>에서 위와 같은 개념적 혼성을 다양하게 도식화 하는 과정에서 다음의 핵심적 문화코드가 데이터 분석을 통해서 드러남이 입증되었다.

예술의 사랑 = 연인의 사랑 = 셰익스피어 예술은 삶의 반영 = 여성의 성해방

연속적인 혼성적 개념망 탐색을 통해서 드러난 문화코드 탐색 결과는 예전 구조주의자들이 인코딩과 디코딩의 도식적 방법으로 찾아본 문화코드와는 조금 다른 차원에서 신경네트워크 기반의 연결주의 인지과정의 귀결이라고 자부한다.

3. 결론: 인지 문화주의

아리스토텔레스는 은유가 "천재의 특징이다"라고 말함과 동시에 "모든 사람들이 은유로 대화를 나눈다"고 말한 바 있다. 그가 말한 것은 역설이 아니다. 그는 일반적인 인지적 작용이 존재한다는 사실과 사람들마다 서로 다른 기술을 가지고 이 작용을 사용한다는 사실 간의 차이를 인식한 것이다. 우리의 정신세계는 관계와 형식적 구조가 아무렇게나 뒤섞인 무정형의 집합이 아니다. 오히려 우리의 정신세계는 중추적 관계와 그 압축을 포함하는, 개념적 통합 연결망과 정신공간의 풍부한 위상에 의해 고유한 모양을 갖춘다. 개념적 통합 연결망의 모습은 기본적인 의미와 형태에 대한 어린아이의 이해 위에 덧씌워지는 어떤 것이 아니다. 그것은 형태와 의미, 곧 정신세계 자체가 구성되고 아키텍처가 되는 바로 그 인식체계 방식 자체이다. 이중범위 능력을 가지고 있는 어린아이는 문화의 혼성 연결망을 이해한다. 그 연결망 자체가 이중범위 창조성을 통해 구축된 정신 구성물이기 때문이다.

본 연구는 수 백장에 달하는 글쓰기 스크립트, 그리고 수 천 만장의 비주얼 커트가 연이어져 움직이는 사진(moving picture=film)으로 만들어진 영화 <셰익스피어 인 러브>를 시청자는 어떻게 그렇게 복잡한 세세한 스토리 스크립트를 단순화시켜서 개념적으로 기억에 오래도록 스토리를 재구성하는가 하는 수용자 중심의 인식체계 과정을 탐색해 보았다고 해도 과언이 아닐 것이다. 작품의 요약 스크립트를 프로프의 패턴에 맞추어 배열해 보았고, SNAP 평가 내러티브로 확인했다. 그리고 킨치의 다층적 구성-통합 상황모형 이론을 적용해서 인과적 그물망을 비주얼화 해 보았다. 이런 단순화 작업은 스토리의 인과적 그물망과 인물의 관계망을 기반으로, 이러한 인지 내러티브가 어떻게 패턴을 수반하는 알고리즘화된 아키텍처로 변환 가능할지를 분석해 보기 위함이었다. 본 논문에서는 이런 과정을 통해서 시청자가 영화 내러티브 속에 직조되어 있는 담론을 도출할 수 있도록 문화코드를 탐색해 봄으로서 어떤 메시지를 체화하는(emboded) 지를 탐색해 보았다.

본 연구의 장점은 이제껏 인지심리주의자들과 인지신경학자들 사이에서 인지과학의 시행착오 담론들을 총 망라해서, 본 연구자 나름의 내러티브 분석틀을 가지고 총체적으로 통합하면서 스토리텔링 아키텍처를 지향하고자 노력했다는 점이다. 인지 심리학자인 이정모가 전통적 인지주의 입장과 연결주의 입장을 정리하고 분석하는 과정에서, 인지심리학자들이 기존의 전통적 표상주의에 머무른 채 '마음연구'를 하지 말고, 좀 더 융통성 있게 인지신경학자들의 연결주의 이론을 받아들이자고 주장했다. 인지문화주의를 주장하는 본 연구자도 이정모의 주장처럼 인지신경학자들의 연결주의 이론을 수용하는 차원에서 인공지능의 가능성을 열기 위해 <셰익스피어 인 러브>의 인지 내러티브를 탐색해 보았음을 강조한다.

참고문헌

박은정, 『스토리텔링 인지과학 만나다: 콘텐츠 시대의 문학과 예술』 서울: 이담 북스, 2010.

Gilles Fauconnier & Mark Turner. *The Way We Think: Conceptual Blending and the Mind's Hidden Complexities*. New York: Basic Books, 2002.

Graesser, A. C., Gernsbacher, M. A., & Goldman, S. R. (Eds.). (2003). *Handbook of discourse processes*. Mahwah: Erlbaum.

Kintsch, W., & Welsch, D.M., Schmalhofer, F., & Zimny, S. (1990). "Sentence memory: A theoretical analysis." *Journal of Memory and Language*, 29, 133-159.

Kintsch, W. (1988). "The role of knowledge in discourse comprehension: A construction-integration model." *Psychological Review*, 95, 163-182.

Kintsch, W. (1998). *Comprehension: A Paradigm for Cognition*. Cambridge: Cambridge University Press.

Lévi-Strauss, Claude. *Myth and Meaning*. New York: Routledge, 2013.

MacDonald, M. C., Just, M. A., & Carpenter, P. A. (1992). "Working memory constraints on the processing of syntactic ambiguity." *Cognitive Psychology,* 24, 56-98.

Norman, Marc, Tom Stoppard, and John Madden. *Shakespeare in Love*. Faber&Faber, 1999.

Propp, Vladimir. *Morphology of the Folktale* (2nded.). (L. Scott, Trans.) Austin: University of Texas Press, 1968.

van Dijk, T. A., & Kintsch, W. (1983). *Strategies of Discourse Comprehension*. New York: Academic Press.

Zipes, Jack (1988). *The Brothers Grimm: From Enchanted Forests to the Modern World* (1sted.). Routledge.

The Brothers Grimm http://www.bbc.co.uk/programmes/b00h8t18

V 의외성과 그에 수반되는 감정

5

의외성과 그에 수반되는 감정
- 드라마 <커피하우스>를 중심으로

안 미 경

1. 머리말

대화나 담화를 비롯한 인간의 의사소통에 감정은 늘 존재 한다(Chafe, 1994, 2002). 언어는 이 감정을 표현할 수 있는 가장 강력한 수단이며 인간의 내면에 존재하는 것을 밖으로 드러내기 위해 사용 된다(Bloom & Beckwith, 1989). 그럼에도 불구하고 감정과 언어의 관계는 언어학에 있어서 많은 연구가 되지 않은 분야이다. 행복, 슬픔, 화, 공포와 같은 여러 감정과 함께 '놀람' 또한 중요한 감정이다(Ekman 1980, 1984; Izard & Malatesta, 1987). '놀람'이라는 용어는 화자가 인지적으로 준비되지 않은, 즉 미처 인지되지 않은 새로운 정보를 접했을 때 일어나는 정신 상태를 나타낸다(Peterson 2013). 이 '놀람'이라는 감정은 다양한 다른 감정과 심리 상태와 연관이 있다. 이 '놀람'과 같이 예기치 않은 새로운 정보를 접했을 때 수반되는 감정과 이와 유사한 심리상태를 나타내는 언어학에서의 의미범주를 의외성

(mirativity)이라고 한다(Aikhenvald, 2004: 195; DeLancey, 1997, 2001).

의외성은 종종 주어진 발화에 대한 증거를 나타내는 증거성(evidentiality)과 연관이 있다고 한다(Anderson 1986; Chafe & Nicholas 1986; Willett 1988; Aikhenvald & Dixon 2003; Aikhenvald 2004; Aikhenvald & LaPolla 2007). 증거성 중 추론(inference)이나 인용증거성(hearsay evidential)과 같은 간접적인 증거성은 의외성을 나타낸다. (Aikhenvald 2004; DeLancey 1997, 2001). 예를 들어 터키어에서 인용과 추론 증거성을 나타내는 -mis는 "내가 의식하지 못하고 있었던 것을 이제 막 알게 되었다"고 말하는 것처럼 놀람의 의미를 내포한 의외성을 나타낸다(Slobin & Aksu, 1982: 196).

그러나 Delancey (2012)의 최근 주장에 따르면 의외성은 의미적으로나 문법적으로 증거성과 독립된 범주를 이루고 있다고 한다. 의외성을 나타내는 문법범주의 본질적인 의미는 정보의 출처와는 관련이 없다는 것이다. 예를 들어 Margar의 의외성은 증거성과 관련이 있는 것이 아니라 명사화를 통해 표현되는데 이는 히말라야 지역 언어의 일반적인 현상이라고 한다(DeLancey 2012; Aikenvald & LaPolla 2007; Aikenvald 2012).

증거성과 의외성이 밀접한 연관이 없다는 최근의 논의에도 불구하고 많은 언어에서 의외성이 여전히 추론이나 인용을 나타내는 증거성 표지를 통해 표현된다는 주장이 제기되어 왔다(DeLancey 2012; Aikenvald & LaPolla 2007; Aikenvald 2012). 한국어의 의외성도 증거성과 밀접한 연관이 있다는 다수의 연구가 있었다. Strauss (2005)는 '-군', '-네', '-더라'의 연구를 통해 증거성 범주 내에서의 의외성 현상을 분석하였다. Strauss (2005)에 따르면 '-군'은 예기치 않거나 새로 알게 된 정보나 사건을 나타내고 추론에 의한 갑작스런 깨닮음을 나타낸다고 한다(Strass 2005: 459). '-군'이 갑작스럽고 찰라적인 의식의 전환을 나타내는 반면 '-네'는 귀납적인 추론과 같은 더 복잡한 사고 과정을 거친 의식의 전환 혹은 변화를 나타낸다고 한다. '-더라'는 인용을 나타내는 증거성에서 "예기치 않은 사건에 대한 과거의 순간적인 깨닮음"을 나타내는 의외서 표지로 이용된다고 한다(Struass 2005: 470).

또한 Ahn & Yap (2015)에서는 한국어의 인용 증거성 표지 '-다고, 다며, 다면서'의 의외성을 분석하였다. 예문 (1)에서 보여지듯이 '-다고, 다며, 다면서'는 의문문에서 화자의 놀람이나 발화의 예기치 못함을 나타내기 위해 사용되는데 이 세 종결어미는 의외성의 의미에 있어 미묘한 차이가 있다(Ahn & Yap 2015). '-다고'는 "오늘 춥다"와 같은 발화에 대해 반기대성을 나타내는 반면 '다며'와 '다면서'는 발화에 대한 화자의 놀람이나 실망을 나타낸다. '다며'와 '다면서'에는 예문 (1b)에서처럼 "나는 오늘 날씨가 춥다고 들었는데 왜 재킷이나 코트를 입지 않니?"와 같은 화자의 실망감이나 놀람을 나타내는 의미가 내포되어 있다. 반면 (2a)의 '다니'는 '다며'와 '다면서'에서 내포되어 있는 비난이나 꾸짖음 보다는 "날씨가 춥다"라는 발화에 대해 반기대성이나 놀람을 나타내기 위해 사용된다. 그러나 '다고'가 정보가 청자나 제 3자로부터 들었다는 것을 의미하는 반면 '다니'는 그 정보의 출처가 제 3자로부터 나온 것이라는 것을 나타낸다.

(1) a. 오늘 날씨가 춥*다고?*

b. 오늘 날씨가 춥*다며(면서)?*

(2) a. 오늘 날씨가 춥*다니?*

b. 오늘 날씨가 춥*다니!*

'다고, 다며, 다면서'가 의문문에서만 의외성의 의미를 나타내는 반면 종결어미 '다니'는 예문 (2b)에서 알 수 있듯이 평서문과 의문문 모두 의외성의 의미를 나타낸다. 더군다나 (2b)의 '다니'는 발화의 출처를 나타내는 것이 아니라 '날씨가 춥다'라는 예기치 않은 정보에 대한 화자의 놀람이나 불신, 실망을 나타낸다. 그렇기 때문에 '다니'는 '다고, 다며, 다면서'와 달리 순수한 의외성 표지라고 여겨진다. 더욱 흥미로운 사실은 의외성 표지 '다니'가 화자의 감정, 특히 불만, 불평, 짜증과 같은 부정적인 감정을 나타내기 위해 사용된다는 것이다. 예를 들어 (2a,b)를 살펴보면 '다니'에는 예상치 않은 추운 날씨에 대한 화자의 불만이나 불평이 나타나 있는 것이다.

'다니'의 의외성 표지로서의 중요한 역할에도 불구하고 Park (2013)의 종결어미 '다니'의 다양한 의미와 기능에 관한 연구와 Lim(2010)과 Chung (2006)의 증거성 표지로서의 '다니'에 관한 연구를 제외하고 '다니'에 관한 연구가 많이 이루어지지 않았다. 그리하여 이 연구에서 의외성 표지로서의 '다니'의 다양한 의미와 기능에 대해 살펴보고자 한다. 또한 '다니' 가 의외성이라는 인지작용과 함께 수반하는 다양한 감정들에 주목해서 분석하고자 한다.

2. 연구대상 및 방법

한국의 드라마는 중국, 일본, 베트남, 홍콩, 대만등과 같은 아시아권에서 '한류'라고 불리며 많은 인기를 얻고 있으며 한국의 문화를 다른 나라에 전파하는 데 있어서도 많은 기여를 하고 있다. 국내에서의 드라마 인기도 상당해서 드라마를 보는 시청자들은 단지 보는 것으로 만족하지 않고 드라마에 나오는 패션, 드라마 속 주인공의 말과 행동이나 심지어 대사를 모방하기도 한다. 이와 같이 드라마는 현대사회의 많은 사람들에게 영향을 주고 있으며 TV의 다양한 프로그램 중에서 TV 매체를 대표할 만한 프로그램이 되었다(박은하 2010: 153). 또한 드라마는 현시대의 언어 사용 양상, 담화 상황 및 문화적 배경을 보여주기 때문에 살아있는 언어와 문화를 접할 수 있는 중요한 자료가 되기도 한다(이미혜 2011).

인간은 삶의 매 순간마다 다양한 의사소통 과정을 거친다. 인간은 자신의 생각이나 감정을 표현하고 상대방의 의견, 감정들을 이해하는 과정에서 서로 소통을 한다. 드라마 속 인물의 의사 소통 방식 또한 실제 삶의 의사소통 양상과 크게 다르지는 않다. 그러나 드라마 속 의사소통은 작가가 인식하고 있는 의사소통 방식을 바탕으로 연출자, 출연자들이 인식하고 있는 의사소통 방식이 결합되어 표출되는 것이다. 실제 언어 세계에서의 발화는 일회적이며 수정될 수 없으나 드라마속의 대화는 작가, 출연자, 연출자와 같은 여러 방송 관련자들의 인식세계 속에 있는 의사소통방식이 여러 의도에 의해 다듬어진 것이라는 점에서 다르다고 할 수 있다.

또한 대부분의 대화가 그 의사소통에 참여한 사람들이 공유하는 것임에 반하여 드라마속의 대화는 방송이 가지고 있는 파급력으로 인해 다수의 시청자들도 함께 공유하게 된다. 결국 드라마를 제작한 제작자들이 인식하고 있는 특정의 의사소통방식이 실제인 것처럼 시청자에게 전달되고 시청자는 이러한 의사소통방식을 부지불식간에 받아들이고 이것이 실제 언중의 의사소통방식에 영향을 미치게 된다. 이와 같이 드라마속의 대화는 실제 담화와 유사하며 일부 드라마 작가나 연출가에 의해 왜곡되어 표현될 수 있으나 그 왜곡이라는 부분

또한 시청자가 의사소통 맥락 내에서 용인할 수 있는 것이며 시청자가 향후 유사한 의사소통상황에서 사용하게 될 가능성도 있는 것이다(전은주 2013: 222). 이러한 맥락에서 본고는 화자와 청자가 대화상에서 예상하지 못한 상황, 즉 의외적인 상황에서 발생할 수 있는 다양한 감정들을 한국어 종결어미 '다니'를 사용해서 어떻게 나타내고 있는지 드라마를 통해 살펴보고자 한다.

종결어미 '다니'의 의미기능과 역할을 살펴보기 위해서 다양한 상황과 맥락이 전제되는 대화를 확보해야 할 것이다. 자료로 삼은 드라마는 <커피하우스>라는 작품으로 2010년 SBS에서 방영되었다. 총 18회의 대본으로 시나리오작가모임 카페 홈페이지에서 구했으며 대본과 실제 방영된 드라마를 비교해 본 결과 큰 차이가 없었다. 본고는 드라마에 나타난 '다니'의 쓰임과 의미를 분석하기 위해 연구자가 총 18회분 드라마를 시청하면서 각 회별 장면과 줄거리를 파악하였다. 이후 전사된 대본의 '다니'가 쓰인 부분을 표시해 둔 후 녹화된 드라마를 재생해 보면서 대본을 기초로 하여 '다니' 의 의미와 기능을 분석하였다.

3. 한국어의 증거성과 의외성

한국어의 인용을 나타내는 증거성 표지 '다고' '다며' '다면서' '다니'는 화자가 예상하지 못한 정보를 접하게 되는 맥락에서 의외성을 띄게 된다. 이와 같은 현상은 간접적인 증거성 표지의 사용이 "화자의 예상치 못한 마음"을 의미할 수 있다는 Aikhenvald (2004)의 주장과 일맥상통한다. 한국어의 증거성 표지의 의외성 의미로의 사용은 예문(3)에서 확인할 수 있다. 방송국 편집실에서 교양 다큐 ENG물을 편집하고 있는 도상이 이진수 작가가 승연을 비서로 일할 것을 제안했다고 승연에게 전화를 걸어 의향을 묻는다. 전화를 끊고 그 소식을 승연이 가족들에게 전하자 그 말을 들은 진만은 이진수 작가의 뜻밖의 제안에 놀라게 되고 자신의 놀란 감정을 '그 사람이 널 비서로 쓴다고?' 예문에서처럼 '다고'를 이용해서 나타낸다. 화자(=진만)는 청자(승연)로부터 전해 들은 정보가 자신의 기존 생각에 동화되지 않았음을 '다고'를 이용해서 나타낸다.

(3) 커피 하우스 1회 씬/42. 방송국 편집실/승연집 거실(밤)

교양 다큐 ENG물 편집하고 있는 도상이 한손으로 기계 만지며 핸드폰 받고 있다.(범죄물 관련 프로그램이면 좋을 듯)

도상:저번에 니네 커피숍에 같이 왔던 형 말이야.

승연:(놀라)이진수 작가요?

도상:아는구나. 어 그 형 밑에서 비서로 일할 생각 있냐?

승연:(놀라)네...? 그 분이..저를 비서로요..? 저를 왜요?

진/복/승:(엎드려 있다가 고개 점점 쳐들고 눈 똥그래서 쳐다보는)

승연:아뇨 하고 싶죠...당연 하고 싶은데 저를 써주실까요? 국문과 전공도 아니고..

도상:일단 끊어봐.(뚝 끊는)

복녀:비서? 누구 비서라는거냐?

승철:이진수라잖아요 그 이진수 작가 맞지?! 와 씨~(방으로 구르듯 뛰어들어간다)

승연:(얼떨떨)네..왜 저번에 화장실에 갇혔을 때 도와줬다는...

복녀:아 그 책 쓴다는 사람~?

진만:그 사람이 널 비서로 <u>*쓴다고*</u>? 왜?

승연:몰라요..그리고 쓴다는 게 아니라 쓸 건지 물어봐준다고..

승철:(책을 들고 뛰어나와 사진 보여주는)아빠 이 사람이야 이 사람~ 이 사람 열라 유명해~ 요새 완전 최고~

진만/복녀:(혹 하는)그래?/어매 잘 생겼네..

'다며'도 또한 예문 (4)에서 볼 수 있듯이 의외성을 나타낸다. 승연과 진수가 함께 달리는 택시 안에 있다. 진수가 승연에게 '프로'가 무엇인지 그 의미에 관해 질문을 하자 승연은 진수의 질문에 즉시 답을 하지 못하고 '네?'라고 반문한다. 그러자 진수는 승연이가 '프로'의 의미를 묻는 질문에 제대로 답을 하지 못하는 모습을 보고 '프로가 되고 싶다며'라고 '다며'를 사용해서 프로가 되고자 평소 말하는 승연이 그 질문에 대해 답변하지 못한 사실에 대한 그의 놀라운 감정을 나타낼 뿐만 아니라 답답함을 드러낸다. 예문 (3)에서 '다고'는 화자가 제시한 '그 사람이 널 비서로 쓴다'라는 명제에 대한 반기대성을 강조한 반면 예문 (4)의 '다며'는 화자(=진수)가 청자(=승연)의 '프로가 되고 싶다'라는 말에 대한 예상치 못함, 반기대성을 나타내고자 하는 것이 아니라 '프로가 되고 싶다고 말하면서 어떻게 프로의 의미를 모를 수 있어?'라는 비난의 의미가 내포되어 있다.

(4) 커피하우스 5회 씬/25. 택시 안(낮)

택시가 달리고 있다. 진수가 앞자리에, 승연이 뒷자리에 앉아있는 승연, 빨개진 이마 만지며 뭔가 해보겠다는 의지에 찬 표정이다.

승연Na:그때 난 앞에 앉은 작가 선생의 표정을 볼 수가 없었다. 그저, 내 열의에 조금이라도 감동했으니 날 태웠겠지 했다...하지만,

진수:(뒤 돌아보며)프로가 뭔지 알아요?

승연:네...?

진수:프로가 되고 싶*다며*. 프로가 무슨 뜻인데?

승연:(당황)아 저..그러니까..아마추어의 반대...?

진수:...(큭 웃으면서 고개 돌려 앞을 본다)

승연:(?)

승연Na:그건 또 한번 나의 얼척없는 오해였을 뿐이고~

증거성 표지 '다면서' 또한 의외성의 의미를 나타낼 수 있다. 예문(5)를 살펴보면 승연은 오랫동안, 무려 6시간동안 진수를 기다리다 겨우 만난다. 그러자 승연은 '30분이면 된다면서요'라고 '다면서'를 이용해서 그녀의 예기치 않은 상황, 즉 6시간이나 진수를 기다리게 되는 상황에 따른 놀라움 및 실망감을 나타낸다. 뿐만 아니라 화자(=승연)는 청자(=진수)의 바람직하지 않은 행동, 즉 그녀와의 약속시간을 어기고 6시간이나 늦게 와서 승연을 기다리게 한 점을 비난하려고 하는 의도도 포함되어 있다. 다시 말해서 '30분만 기다리면 된다고 말해 놓고서 왜 6시간이나 기다리게 했느냐?'라는 의미가 '다면서'에 내포되어 있는 것이다.

(5) 커피하우스 5회 씬/48 병원 일각 (새벽)

승연이 서 있기도 버거운 표정으로 힘들게 구두 한쪽 벗고 기다리는데 진수가 온다.

승연 !!!! (순간 안도와 원망이 겹치는. 진수 손목시계를 얼른 꺼내보고는 더 화나는) 하~

(진수가 앞까지 오자) 30분이면 된*다면서요*~ 지금 여섯시간도 넘었거든

요?!

진수 .....

승연 (대꾸 없자 뭔가 기세에 밀리는) 여섯 시간도 더 기다렸다구요~

진수 기다리는 거 말고 다른 방법은 생각이 안 났어? 안 오면 무슨 대책을 세우던지..

승연 (억울한) 대책을 세워보려고 했죠, 했는데...,

진수 했는데..?

승연 기다리라 그러셨잖아요.. 괜히 자리 떴다가 그새 오시면 어떡해요.., 선생님 말 또 안 들었다가 엇갈리면 혼날테구.. (갑자기 서러운) 혼나는 것도 진짜 지겹구...

하 그래서 화장실도 한번도 못가고..

진수 미안해.

억양과 문맥 또한 '다고' '다며' '다면서'가 증거성의 의미를 나타내는지 아니면 의외성의 의미를 나타내는지에 영향을 미친다. '다고' '다며' '다면서'가 의외성의 의미로 쓰일 때에는 높은 톤(tone)과 피치(pitich)를 띄고 의문문의 상승조를 띌 때에는 '다고' '다며' '다면서'가 확인의 의미를 가진다. 또한 평서문이나 의문문의 비교적 낮은 톤을 가진 '다고' '다며' '다면서'는 증거성을 의미를 나타낸다(Ahn & Yap 2014).

예문 (6)에서 보여지듯이 '다니' 또한 의외성의 의미를 나타낸다. 진수가 승연에게 지원의 차를 공사장 입구에 세워놓고 오라고 하자 진수의 비서인 승연은 별다른 생각없이 그의 지시를 따른다. 공사장 인부의 전화를 받고 자신의 차가 공사장 입구에 세워져있다는 사실을 알게 된 지원은 '내 차가 공사장에 있다니?'에서와 같이 그 예기치 않은 상황에 대한 놀라움 및 충격을 '다니'를 이용해서 나타내고 있다. 또한 여기서 쓰인 '다니'는 놀라움이나 충격을 나타내는 의외성의 의미 뿐만 아니라 화자(=지원)의 상황에 대한 불만이나 짜증과 같은 부정적인 감정을 나타내기도 한다.

(6) 커피 하우스 4회 씬/8 공사장 앞 / 진수 작업실 (낮)

거대한 덤프트럭이 출입구에 서서 나가질 못하고 지원 차 앞에 서 있다.

거칠고 덩치 좋은 공사 현장 인부1,2,3이 지원 차 앞에 서서 성질내고 있는

인부1 미친 거 아뇨?! 공사장 출입구에 차를 대놓고 어딜 가?!!

지원 (놀라며) 당신 지금 무슨 소리야, 내 차가 공사장에 있*다니?*

승연 (자기가 두고 온 차가 지원 차인 걸 알고는 !! 놀라 진수를 쳐다보는)

진수 (모른 척 하라고 눈짓하는)

승연 (뻥해서...)

지원 내 차는 지하주차장에.. (하다 !) 거기가 어디예요 도대체?! 어디?

인부1 5분 내로 빼라구 당장!! 안 그럼 덤프트럭으로 밀어버릴테니까!!

지원 뭐? 이 사람이 그게 얼마짜리 찬데 밀어!! (하다) 아 일단 가니까 기다려! 아무 짓도 하지 말라고! (급하게 끊고) 무슨 이런~ (혼비백산 뛰어나간다)

진수 (크 웃으며) 퀵 보내라고 했나?

승연 네.. (하고) 근데 저 분 차를 제가 공사장에 놔두고 온 거예요?

진수 입구에 잘 세워놓은 거지?

승연 (어이없는 표정)

진수 그 표정은 뭐야? 해석해볼까..? (진지하게 들여다보며) 저 인간이 미칠락말락하더니 드디어 선을 넘었구나. 나만 괴롭히는 것도 모자라서 남 괴롭히는데 나를 써먹어? 이 인간 비서를 도대체 왜 해야 돼? 아빠 말 듣고 못이기는 척 그만둘 껄.

이러한 '다고' '다며' '다면서' '다니'의 의미상의 차이는 종결어미 '-고' '-며' '-면서' '-니'의 의미와 연관이 있다. '-고'는 '부인' '부정'의 의미를 갖고 있고 '-면서'는 '반대' 혹은 '충돌'과 같은 의미를 나타낸다. 또한 '-니'는 '불만' 혹은 '불평'의 의미를 나타내기도 한다(J. Ahn 2006, Nam 2009, Jang 2012, Jeong 2013, Sutae Kim 2004). '부인 혹은 부정'의 의미를 가진 '-고'와 결합한 '다고'는 '다며', '다면서' '다니'와 달리 명제에 대한 '반기대성(counterexpectation)'의 의미를 강하게 띄고 있다. '반대' 혹은 '충돌'의 의미를 가진 '-면서'와 결합한 '다면서'는 청자의 발화에 대해 비난하거나 꾸짖는 뉘앙스를 가진다. '다며'는 '다면서'와 유사한 의미양상을 띄고 있으나 상대적으로 약화된 의미를 갖고 있다(see Ahn & Yap 2015). '불만'이나 '불평'의 의미를 띄는 종결어미 '-니'와 결합한 '다니'는 의외성의 의미를 나타낼 뿐만 아니라 예상하지 못한 상황에 대한 불만이나 짜증과 같은 부정적인 감정을 나타내기도 한다.

3. 의외성과 그에 수반되는 감정들

2장에서 증거성을 나타내는 '다고', 다며', '다면서','다니'가 의외성의 의미를 나타내는 경우와 각각의 의미상의 차이점을 살펴보았다. 3장에서는 의외성을 나타내는 '다니'의 다양한 기능과 의외성에 수반되는 여러 감정들을 살펴보고자 한다. 예문 (7)에서의 상황은 승연이 선배도움으로 비서로 취직이 되어서 기뻐하며 그녀의 어머니의 사진을 보며 혼자 독백하는 장면이다. '승연은 인생에서 걸림돌이던 찌질 선배가 이런 은총을 베푸는 날이 오다니.'라고 하며 '다니'를 사용해서 예상하지 못했던 취업이 된 사실에 대한 놀라움을 나타낸다. 또한 평소 도움이 될 것으로 기대하지 않았던 선배의 도움으로 취직한 사실에 대한 놀라움을 '다니'와 같은 의외성 표지를 사용해서 나타내었다.

(7) 커피하우스 1회 씬/42. 방송국 편집실/승연집 거실(밤)

식구들, 순간 기뻐 이성 잃고 와~~ 큰 소리로 함성 지르며 승연 주위에서 난리치는

복녀:이게 웬일이냐 이게 웬일이야~~(덩실덩실 춤을 춘다)
진만:근데 그렇게 유명한 작가라며 널 비서로 왜 쓴대?
승연:(감격해서)몰라~ 나를 잘 봤나~? 하긴 그때 너무 친절하게 잘 해주긴 했어~!!
복녀:당연히 잘 봤겠지~ 얘가 얼마나 복스럽게 생겼냐~ 관상만 봐도 비서로 쓰고 싶지~ 얘 관상이 스물 다섯부터 운수대통이라니까~
승철:아빠 아빠~~(승연 다리 하나 붙잡고 난리인)
진만:어~(신나서 승연 다리 나머지 붙잡고 올리는)
승연:어~ 왜 이래~(하면서도 신이 난)

승연, 진만과 승철이 번쩍 기마 태우고 뱅뱅 돌며 좋아하고, 복녀는 어깨춤을 추는데 올라타고 신나하는 승연 시선에 웃고 있는 승연모의 사진이 보인다.

승연Na:엄마, 엄마가 딸네미 인생이 지지리 한심해 보여서 살짝 도와준거야? 아님 할머니 말대로 나 진짜 올해부터 운이 피는거야? 인생에 걸림돌이던 찌질 선배가 이런 은총을 베푸는 날이 *오다니*.

예문(7)의 '다니'가 평서문에서 쓰인 반면 예문(8)의 '다니'는 의문문에서 이전 발화에 대한 확인 어법으로 쓰이고 있다. 화자(=지연)가

'작가가 사라졌다(튀셨다)'고 하자 청자(=지원)는 놀라서 지연의 발화 내용을 확인하기 위해 '다니'를 사용하고 있다. '튀다니'에서 '다니'는 앞 발화를 확인하기 위해 되묻는 기능 뿐만 아니라 앞 발화의 내용이 의외적이라는 것을 나타낸다. 즉 발화내용이 기존의 청자의 지식이나 경험 세계에 동화되지 않았음을 의미하며 그로 인해 생겨나는 놀람과 짜증과 같은 감정을 나타내기도 한다.

(8) 커피하우스 4회 씬/14 카페 브라운 1층 (낮)

지연, 석호 있는데 지원이 들어온다.

지연 어서오세요 카페 브라운입니다(하다 보고) 어머, 안녕하세요.

석호 안녕하세요.

지원 (손인사하며) 오늘은 좀 한가하네.

지연 피크타임 막 지나갔어요.

지원 음.. (둘러보며 슬쩍) 혹시 이작가 어디 있는지 알아요?

지연 작가님이요? 튀셨는데요.

지원 튀*다니?*

지연 어제 방송 촬영 있었는데 그 자리에서 도망가셨어요. 난리났었어요 그래서.

지원 (!) 뭐?

석호 작가님하고 합의된 거라고 속이고 잡은 스케줄인데 튀셔갖고.. 대표님 완전..

지연 대표님 진짜 신용 와르르 되셨잖아요 방송국에

지원 그래애..? (뭔가 화나면서도 신이 나는) 자식이 뭘 얼마나 잘났다고 까탈을 피워?

친구라면서 그 정도 협조도 안해줘? 하여튼 애초에 싹수없는 놈은 키워주면 안된다니까. 내가 이진수 봐주지 말라고 처음부터 그렇게 말했는데 내 말을 안 듣더니.

서대표는?

석호　사무실에 계실껄요.

예문 (9)에서 화자(=은영)는 진수가 떠난다는 얘기를 제 3자로부터 듣고 확인하기 위해 '다니'를 사용한다. 여기에 '나는 다른 사람으로부터 너가 떠난다는 얘기를 들었는데 너무 놀랍다'라는 의미가 내포되어 있다. 또한 이 예문에서도 주지해야 할 부분은 화자(=은영)는 진수가 떠난다는 사실에 대한 놀람 뿐만 아니라 불만을 나타내기 위해 '다니'를 사용하고 있다는 것이다.

(9) 커피하우스 8회 씬/4　호텔 스위트룸 거실 (아침)

식탁에 앉아 아침 먹고 있는 진수, 은영.

은영, 어제 주사로 좀 겸연쩍어 침묵이 흐르는 은영이 굳어서 보는데, 진수는 접시의 음식만 썰고 시선 안 마주치는

진수　나한테 배운 게 조금이라도 있으면 어디가서든 전보단 나을테고.

은영　떠난*다니...?*

진수　9월 전에 원고 마감하고 갈려구.

은영　어디를....?

진수　어디든.

은영　.....

진수　너무 오래 여??었어. 나 꼬박 2년을 붙어있었다~ (지겨운 듯 고개 흔드는)

은영　(기막힌) 하, 니 고향이 여기야. 너 여기서 태어났잖아. 뭘 타국에 있었던 거처럼 지겹다고, (하다 깨달은, 화난다) 그래서 갑자기 일 시작 한 거야? 은영(완전 상처 받는다, 포크 탈칵 내려놓는)

진수　(그 소리에 고개 들고) 어허 농담이다~

은영　농담을 가장한 진담이시겠지., 화난다) 그래서 갑자기 일 시작한거야? 왜 이렇게 서두르나 했더니, (점점 분노) 너 나한테 원고 던져주고 도망칠 생각만 하고 있었던 거야 내내?

진수　(농담) 어~ 서은영 잔소리 안들리는 데로 아주 멀리 튈려고~

은영　(완전 상처 받는다, 포크 탈칵 내려놓는)

진수　(그 소리에 고개 들고) 어허 농담이다~

은영　농담을 가장한 진담이시겠지.

예문(10)의 장면을 살펴보면 지원이 장난스럽게 진수와 은영을 향해 윙크를 하며 인사를 건넨다. 그러자 은영은 '미친...어따 대고 윙크질이야...'라며 지원의 윙크를 못마땅해한다. 그 반면 진수는 윙크를 하는 은영을 향해 '여전히 느끼하다니'라고 '다니'를 이용해서 윙크를 하는 지원의 행동에 대한 불만을 나타낸다. 은영이 자신의 감정을 언어적으로 직접적으로 표현한 반면 진수는 '다니'를 이용해서 간접적으로 자신의 감정을 드러내는 것이다.

(10) 커피하우스 2회 씬/27. 카페 건물 앞(오전)

지원의 고급 외제차가 길가에 서 있고 지원이 차창 너머로 내다본다.
진수, 놀라서 은영을 쳐다보면 은영, 어제와 달리 미동도 하지 않고 팔짱 끼고는 지원에게 레이저빔 눈빛을 쏘고 있다.

지원:오랜만이다~(윙크하는)

진수:네..선배...서울엔 웬일로..

지원:나 이 옆 빌딩 회사로 왔어. 니 작업실 여기라면서. 조만간 점심이나 먹자.

진수:아..네...

지원:그럼 두 사람 다, 오늘도 즐겁게.(손가락 눈가에 대며 멋지지만 느끼하게 윙크하고 차 출발한다)

은영:(너무 싫다. 중얼)미친...어따 대고 윙크질이야...

진수:뭐야? 둘이 벌써 만난거야? 언제?

은영:저 인간 땜에 열 뻗쳐서 전화했더니 전화기를 쓰레기통에 던져버리시대~?

진수:(표정)

은영:(시니컬)놀래지도 않았으면서 또 엄청 놀란 척은..

진수:(심각하게)아니야 이건 진짜 놀랐어..놀라운데? 여전히 <u>느끼하*다니..*</u>

은영:(순간 웃음 터져 마시던 커피 푹 뱉어 진수에게 다 튄다)

진수:(자리에서 튀어 일어나는)왜 이래 더럽게~

은영:미안 미안~ 하 간만에 웃겼어~

진수:(손가락으로 인사하는 흉내 내보며)이건 뭐..(찌푸리는)

부정적인 감정을 나타내는 '다니'의 사용은 공손어법(politeness)과 관련이 있다. 공손어법은 대화자 상호간의 부조화와 연관이 있으며 대화자간의 잠재적인 충돌이나 마찰을 피하기 위해 필요하다(Brown and Levinson 1987; Lakoff 1989). 왜냐하면 감정은 대화참여자들의 "체면(face)"과 연관이 있고 공손어법은 감정에 직접적으로 영향을 줄 수 있기 때문이다(Goffman, 1967). 예문 (10)에서처럼 화자는 '다니'를 이용해서 자신의 감정을 간접적으로 나타내고 이로 인해 화자나 청자의 체면이 손상되는 것을 막을 수 있다. '다니'의 사용은 화자로 하여금 놀람 뿐만 아니라 실망, 불만, 불신, 불찬성과 같은 감정을 간접적으로 표현함으로써 "나는 너무 놀랐다, 실망했다, 혹은 짜증이 난다"와 같은 표현을 언어적으로 직접적으로 표현하지 않아도 되는 것이다. 이와 같은 간접적인 표현은 자신의 감정을 직접적, 명시적으로 표현함으로서 생길 수 있는 화자와 청자 상호간의 체면 위협(face threats)의 가능성을 줄여 대화 참여자간의 충돌이나 마찰을 피할 수 있는 것이다.

4. 맺음말

본 연구는 드라마에서의 담화를 분석함으로써 의외성이 어떤 감정과 연관이 있으며 어떤 언어 장치를 통해 담화에서 실현되는지 살펴보았다. 기존의 연구에 따르면 한국어에 있어서 의외성(mirativity)은 정보의 출처를 나타내는 증거성 표지에 의해 나타난다고 하였다(Strauss, 2005; Ahn and Yap, 2014). 한국어의 종결어미 '다니'는 정보가 간접적인 경험에 의한 것인지 직접적인 경험에 의한 것인지와는 별개로 예기치 않은 정보를 화자가 접했을 때 일어나는 놀라움, 실망감, 충격등과 같은 다양한 감정들을 나타낸다. 이와 같은 사실은 의외성(mirativity)이 증거성과 별개로 존재하는 독립적인 문법 범주라는 DeLancey's (2012)의 주장과 맥을 같이한다.

또한 대화상에서 화자가 예상하지 못한 상황이나 정보를 접했을 때 발생할 수 있는 놀라움이나 충격과 같은 감정 뿐만 아니라 실망, 불신, 불만, 불평과 같은 부정적인 감정을 전달하기 위해 '다니'를 사용한다는 사실 또한 주목할 부분이다. '다니'가 지니고 있는 부정적인 뉘앙스는 예기치 않은 정보나 상황에 의해 생겨날 수 있으며 (see DeLancey 2012), '불만'이나 '불평'을 의미하는 어미 '-니'에 의해 그 감정이 강화될 수 있는 것이다(S.T. Kim 2004).

더욱 흥미로운 사실은 의외성 표지 '다니'의 사용이 담화상에서의 공손성(politeness)과 연관이 있다는 사실이다. 화자는 자신의 부정적인 감정을 직접적으로 표현하거나 전달함으로써 발생할 수 있는 화자 자신이나 청자의 체면을 손상시키는 행위를 피할 수 있다는 것이다. 이와 같이 화자는 예상치 못한 상황이나 발화를 접했을 때 자연적으로 생겨날 수 있는 놀라움과 같은 감정 뿐만 아니라 그 외의 불만이나 실망, 불평과 같은 부정적인 감정을 간접적으로 전달하기 위해 의외성을 나타내는 표지 '다니'를 사용하는 것이다.

참고문헌

박은하. 2010. 드라마에 나타난 호칭어 및 높임법 사용 양상 연구. *드라마연구* 33: 151-182.

안주호. 2006. 현대국어 연결어미 "-면서"에 관한 고찰. *현대문법연구* 45: 181-200.

이미혜. 2011. 드라마를 활용한 듣기 중심의 한국어 수업 구성 -수업 모형과 비디오 클립제작을 중심으로. *외국어로서의 한국어교육* 36: 189-216.

전은주. 2013. 드라마 직장 대화에 나타난 질문 화행 분석. *화법연구* 22: 221-257

Ahn, Mikyung. and Foong Ha Yap. 2014. On the development of Korean 'say' evidentials and their extended pragmatic functions. *Diachronica* 31(3): 299-336.

Ahn, Mikyung. and Foong Ha Yap. 2015. Evidentiality in interaction: A pragmatic analysis of Korean hearsay evidential markers. *Studies in Language* 39(1): 46-84.

Aikhenvald, Alexandra Yurievna 2004. *Evidentiality*. Oxford: Oxford University Press.

Aikhenvald, Alexander Yurievna and Randy J. LaPolla. 2007. New perspectives on evidentials: a view from Tibeto-Burman. Linguistics of the Tibeto-Burman Area. *LTBA* 30(2): 1-12.

Aikhenvald, Alexandra Yurievna. 2012. The essence of mirativity. *Linguistic Typology* 16: 435-485.

Bloom, Lois, and Richard Beckwith.1989. Talking with feeling:

Integrating affective and linguistic expression in early language development. *Cognition and Emotion* 3(4): 313-342.

Brown, Penelope and Stephen. C. Levinson. 1987. *Politeness: Some Universals in Language Usage.* Cambridge: Cambridge University Press.

Chafe, Wallace. 1994. *Discourse, Consciousness, and Time: The Flow and Displacement of Conscious Experience in Speaking and Writing.* Chicago: University of Chicago Press.

Chafe, Wallace. 2002. Searching for meaning in language: a memoir, Historiographia, *Linguistica* 29: 245-261.

Chung, Kyung-Sook. 2006. Korean evidentials and assertion. *25th West Coast Conference on Formal Linguistics* ed. by Donald Baumer, David Montero, & Michael Scanlon, 105-113. Somerville, MA: Cascadilla Proceedings Project.

Chung, Kyoungsook. 2007. Spatial deictic tense and evidentials in Korean. *Natural Language Semantics* 15(3):187-219.

DeLancey, Scott. 1997. Mirativity: The grammatical marking of unexpected information. *Linguistic Typology* 1: 33-52.

DeLancey, Scott. 2001. The mirative and evidentiality. *Journal of Pragmatics* 33: 69-382.

DeLancey, Scott 2012. Still mirative after all these years. *Linguistic Typology* 16(3): 529-564.

Ekman, Paul1980. Asymmetry in facial expression. *Science* 209: 833-834.

Ekman, Paul1984. Expression and the nature of emotion. In *Approaches to emotion*, 319-344. Hillsdale, New Jersey:

Lawrence Erlbaum

Evans, Nick 2007. Insubordination and its uses. In *Finiteness: Theoretical and Empirical Foundations*, Nikolaeva, I. (ed.), 366-431. Oxford: Oxford University Press.

Goffman, Erving. 1967. *Interaction Ritual: Essays on face-to-face behavior.* New York: Doubleday Anchor.

Lee, Ho Sang. 1985. Consciously-known but unassimilated information: A pragmatic analysis of the epistemic modal -kun in Korean. In Proceedings of *the First Pacific Linguistics Conference,* 183-210. Eugene: Department of Linguistics, University of Oregon.

Hein, Veronika. 2007. The mirative and its interplay with evidentiality in the Tibetan dialect of Tabo (Spiti). *Linguistics of the Tibeto-Burman Area* 30(2):195-214.

Izard, Carroll E., and Carol Z. Malatesta. 1987. Perspectives on emotional development I: Differential emotions theory of early emotional development. In *Handbook of infant development*, 494-554. Wiley; New York.

Jang, Gyeong-hyeon. 2012. A study on the meaning of the final endings oriented from the connective endings-focus on the discourse-semantical functions of '-go'and '*-neunde'*. *Korean Semantics* 38: 109-134.

Jeon, Hye-Young. 1996. On pragmatic functions of '*-tako*'-ending repercussive question. *Korean Journal of Linguistics* 21(3). 889-911.

Jeon, Byung-yong, 1999. *Cwungseykwuke-uy Emi -ni-ey Tayhan*

Yenkwu [A Study on the ending -ni in Middle Korean]. Cheongtongkewul Publishing, Seoul.

Jeong, Jin. 2013. A study of syntactic structures and discourse functions of *-ko(yo)* functioning as final endings. *Discourse and Cognition* 20.1: 183-200.

Kim, Mary Shin. 2006. Evidential strategies in Korean conversation: An analysis of interactional and conversational narrative functions. *Ph.D. dissertation, University of California, Los Angeles.*

Kim, Mary Shin. 2011. Negotiating epistemic rights to information in Korean conversation: An examination of the Korean evidential marker *-tamye. Discourse Studies* 13(4): 435-459.

Kim, Sutae. 2004. The Function and Meaning of the Final Ending-*ni. Wulimal Yeonkwu [study on our language]* 15: 53-78.

Kwon, Iksoo. 2012. Please confirm what I inferred: On the Korean evidential marker *-napo-. Journal of Pragmatics* 44: 958-969.

Lakoff, Robin. 1989. The limits of politeness: therapeutic and courtroom discourse. *Multilingua* 8: 101-129.

Lim, Dongsik. 2010. Evidentials and Interrogatives: A Case Study from Korean. *Ph.D. dissertation, University of Southern California.*

Nam, Mijeong. 2010. The formation and meaning of an ending " "*-dago*""and its kind. *Hanmalyenku [Studies on Korean Language]* 26: 109-131.

Park Naree. 2013. A study on descriptions of contraction form '*-dani*'in KFL grammar. *Bilingual Research* 51: 45-80.

Peterson, Tyler. 2013. Rethinking Mirativity: The Expression and Implication of Surprise. Ms., *University of Toronto [available at: http://semanticsarchive. net].*

Rhee, Seongha. 2011. Analogy-driven grammaticalization: A case of grammaticalization of sentence-final markers from concomitance-connectives. Paper presented at *the 9th Biennial Conference of the Association for Linguistic Typology*, University of Hong Kong, July 22.

Rhee, Seongha. 2012. Context-induced reinterpretation and (inter) subjectification: the case of grammaticalization of sentence-final particles. *Language Sciences* 34(3): 284-300.

Slobin, Dan and Aksu, Ayhan. 1982. Tense, aspect, and modality in the use of Turkish evidential. In P. J. Hopper (ed.), *Tense-aspect: Between semantics and pragmatics Typological Studies in Language,* 397-405. Amsterdam: John Benjamins.

So-Hartmann, Helga. 2009. A Descriptive Grammar of Daai Chin. *Sino-Tibetan Etymological Dictionary and Thesaurus Project.*

Sohn, Ho-Min. 1994. *Korean*. London: Routledge.

Sohn, Ho-Min. 1999. *The Korean Language.* Cambridge and New York, Cambridge University Press.

Sohn, Sung-Ock. 2011. Historical development of quotative constructions in Korean. *Japanese/Korean Linguistics* 18: 126-143.

Strauss, Susan. 2005. Cognitive realization markers: A discourse-pragmatic study of the sentence ending particles *-kwun*, *-ney*, and *-tela*. *Language Sciences* 2: 437-480.

VI 브랜드의 감(感)과 질(質)

6

브랜드의 감(感)과 질(質)
- 기업브랜드 계획의 문화실천에 대한 고찰

고 경 난

이 글의 목적은 근래 언어인류학에서 사용되고 있는 퍼스(Peirce) 기호학 개념 중 퀄리아(*qualia*)와 리마타이제이션(rhematization)을 마케팅 전문가들과 기업 매니저들의 '기업브랜드란 무엇이고 어떻게 관리되어야 하는가'에 대한 기업브랜드 구상을 설명하는 데에 적용해 보고자 함에 있다. 여기서 기업브랜드 상상과 구상에 집중하는 이유는 실제 브랜드 토큰들의 생산이라는 문화실천과 그 작업을 준비하는 실천은 매우 밀접하게 연관되어 있긴 하나 시공간적 그리고 이데올로기적으로 구분 가능한 경험의 영역들이고 그리하여 실제 생산과는 별개로 집중적인 설명을 시도해 볼 만한 가치가 있다고 보기 때문이다. 인류학에서 퍼스의 퀄리아 개념은 학술지 *Anthropological Theory*의 2013년 특별 호 "QUALIA"(니콜라스 하크네스와 릴리 홉첨리, 공동 게스트 편집)에서 집중적으로 다루어진 바 있다. 리마타이제이션은 이 특별 호의 저자이기도 한 시카고 대학교의 수잔 갈(Susan Gal)이 미시건 대학교의 주디스 얼바인(Judith T. Irvine)과 함께 몇 번에 걸쳐 정립하고 정제해 온 개념이다.[1] 이 글은 이 두 개념들을 사용하여 기업브랜드에 대한 기호이데올로기와 상상의 문화실천을 설명해 보고자 한다.

1. 퀄리티(quality)와 퀄리아(*qualia*)

첨리와 하크네스는 저널 특별 호 "QUALIA" 서문에서 인류학자들이 오랫동안 "감각, 물질성, 체현, 미학, 그리고 정서(senses, materiality, embodiment, aesthetics, and affect)"에 주목해 왔는데 그 이유가—인류학적 관심이 물질문화의 속성 혹은 사물의 물질성에 대해 있었기 때문이 아니라—우리들의 정보제공자들이 일상생활에서 늘 어떤 퀄리티들을 경험한 것에 대해 이야기 하거나 의식적으로든 무의식적으로든 그 경험되었다고 믿는 질(質)에 대한 성찰들을 해 왔기 때문이라고 했다(Chumley and Harkness 2013, 1).

> "우리가 이 특별 호를 'QUALIA'라고 부르는 것은 퀄리티(quality)의 경험이 인간의 사회문화적 삶에 있어 팩트라는 것에 방법론적으로 주목하고 접근하기 위함이지 퀄리티가 사물의 어떤 고유한 특질이어서 [그렇다고 믿어서] 그것을 지시하기 위함이 아니다(we have named this special issue of *Anthropological Theory* 'QUALIA' to refer methodologically to the experience of qualities as a fact of sociocultural life, rather than to qualities as

---

1) 퀄리아 개념을 문화/언어인류학 연구에 적용한 이 특별 호는 시카고 대학교 문화인류학자 낸시 문(Nancy Munn)의 민족지 *The Fame of Gawa: A Symbolic Study of Value Transformation in a Massim Society*(1986)를 기념하기 위해 열렸던 학술대회를 발전시킨 것이다.

purported properties of things in the world)."(Chumley and Harkness 2013, 4)

철학에서 퀄리아(단수형: *quale*)의 용어는 "마인드 '속의' 혹은 마인드'의' 지각과 감각을 지시하며 '퀄리티'나 '속성'은 세상에 독립적으로 존재하는 실체들의 물질적 속성, 즉 물질성을 지시한다([in philosophy] the term 'qualia' is used to refer to perceptions and sensations 'in' or 'of' the mind, and the terms 'quality' and 'property' are used to refer to material properties of entities in the world)" (Chumley and Harkness 2013, 4).[2] 이러한 이해를 바탕으로 철학자들은 오랫동안 "퀄리티와 퀄리아 둘의 관계가 어떤 관계인지(예: '퀄리아가 퀄리티와 일치하는가?')" 혹은 "어떻게 퀄리아 경험이 서로 다른 주체들 사이에서 유사할 수도 있는지(예: '초월적 범주')" 등과 같은 논의들을 해 오고 있다고 한다.

인류학에서도 문화 범주들(cultural categories)이라 일컬을 수 있는 그것들과 그것들의 일상생활에서의 인지에 대해 탐구해 왔고 다양한 인지인류학적 접근법들로 그 관계(예: 매개, mediation)나 양상에 대한 분석을 시도해 왔다. 그러나 인류학의 퀄리아에 대한 연구들은 철학의 연구들과는 다른 점이 있다. 인류학적 탐구는 인지(그리고 퀄리아)를 두뇌 어딘가에서 이루어지는 보편적 과정으로 전제하지도 접근하지도 않는다. 오히려 인지가 두뇌 '밖', 사회관계선상에서 유의미한 실천들이 "'문화적'으로 프레이밍(the cultural framing of meaningful social practice)(Chumley and Harkness 2013, 4)"이 됨으로써 가능하다고 보아 이 프레이밍 과정, 이론, 양상, 결과 등에 대

---

2) 퀄리아는 "감각질(感覺質)"로 번역되어 사용되기도 한다(cf. 조창연 2013).

한 비교연구에 관심을 둔다. 이는 인지라는 문제를 단독 개체로서의 인간이 아닌 사회적 인간의 문제로 접근한다는 것이고 '사회적'이라는 수식어를 '인간' 탐구에 있어 핵심적 과제로 끌어안는다는 것이다.

이러한 인류학의 오랜 기조(基調)에 따라 퀄리아에 대한 언어인류학 연구들은—퀄리아 그 자체에 관심을 두어 그 속성이나 보편적 인지 과정을 탐구한다기 보다—"존재나 이벤트로 예시되거나 체현된 퀄리티로서의(qualities instantiated or embodied in entities or events)"의 퀄리아에 주목하였다(Chumley and Harkness 2013, 5). 반면 기호학에서 퍼스의 퀄리아는 일차성으로 다루어지는데 그 이유는 퀄리아가 퀄리티를 체현함은 맞지만 그 기호 자체는 여전히 일차성이기 때문이라고 한다.[3)]

> "In the ideas of Firstness, Secondness, and Thirdness, the three elements, or *Universal Categories*, appear under their forms of Firstness. They appear under their forms of Secondness in the ideas of Facts of Firstness, or *Qualia*, Facts of Secondness, or Relations, and Facts of Thirdness, or Signs; and under their forms of Thirdness in the ideas of Signs of Firstness, or Feeling, i.e., things of beauty; Signs of Secondness, or Action, i.e., modes of conduct; and Signs of Thirdness, or Thought, i.e., forms of thought."(*EP* 2:272)

*Anthropological Theory*의 특별 호에 실린 퀄리아에 대한 언어인류학적 연구들은 퀄리아(예: 비린 내, 낭랑한 목소리)의 일차성에 대한 탐구가 아니라 퀄리아를 어떤 (문화적인 의미가 있는) 퀄리티(예: "싱

---

3) 이 의견은 구두를 통해 이윤희(한국외대)의 이해를 구했다.

싱함,” “천상의”)가 밖으로, 사회적으로, 예시(instantiate)되게 하는, 드러내주는, 감각적 경험이 가능하게끔 하는 팩트로 본 연구들이다.

퀄리티는 우리가 그 자체에 직접 접근할 수 없는 것이다. 그것은 기호가 아닌 현상이기 때문이다. 우리의 퀄리티에 대한 경험이 가능할 수 있는 것은—로컬 문화적으로 특수한 의미가 있는—퀄리티가 기호의 형태로 예시되기 때문이다. 그 예시된 전달체, 오감을 통해 우리가 마주할 수 있는 것, 그 갖가지 소리, 냄새, 촉각, 시각, 맛의 기호들, 그것을 인류학에서는 퀄리아라 보아 그 지점에서 관찰과 연구가 시작된다. 퀄리티를 예시('한다'고들 말)하는 기호로서의 퀄리아에서 출발해 과연 무엇(퀄리티)이 대신 되는지, 왜, 그리고 어떻게 상호 관계적으로 관계를 맺게 되는지에 대한 연구를 진행한다는 것이다. 위 인용문에서 볼 수 있듯 퍼스는 퀄리아를 “Facts of Firstness”라고 하였다. 쉽게 표현하자면 인류학에서는 “Facts of Firstness”에서 facts에 방법론적으로 집중한다는 것이다. 그 학문적 근거는—물론—우리의 정보제공자들이 직접 경험하는 것이 퀄리아이지 퀄리티가 아니기 때문이고 또한 퀄리아를 통해 소위 '인지' 한다고들 성찰하는 퀄리티는—항상—문화적으로 매개된 것이라고 보기 때문에 본질주의를 지양하는 인류학은 퀄리아에 초점을 두는 것이다.

2. 리마타이제이션(rhematization)

문제는 사람들이 퀄리아를 어떻게 해석하고 말 하는가이다. 사람들은 퀄리아를 매우 (당연히) 다양하게 해석할 수 있다. 어쩌면 이 다양한 퀄리아의 경험 방식과 합리화 방식 중 보편적으로 여러 사회에 걸쳐 관찰되고 있는 것이 리마타이제이션일 것이다. 갈(Gal)은

"QUALIA" 특별 호에 실린 논문에서 리마타이제이션을 다음과 같이 발전시켜 설명했다.

"얼바인과 내가 전에 주장했듯, 다이어그램(도상, diagrammatic icon)의 해석에는 '(사회적 이미지와 언어 이미지에 소위 '공통된다'고 여겨지는 퀄리티의 인지적 추출을 통해) 사회 집단들이나 행위들을 지표적으로 대신하는 언어적 요소[기호]들이 도상으로 해석되는' 언어이데올로기적 과정이 관여된다(Irvine and Gal 2000: 37). 우리들은 이 과정을 앞에서 언급한 퍼스의 두번째 [해석 능력에 따른] 유형론에 입각해 *리마타이제이션*이라 [중략] 명명했다(Gal 2005). 파멘티어의 설명과 같이 '림(rheme)은 해석체가 [기호체와 대상체의 관계를] 아이콘이라고 파악하는 기호이다'(1994: 17). 간단히 말하자면 리마타이제이션은 기호체와 대상체간 관계가 지표적일 뿐 아니라 동시에 도상적이라고 해석하는 (인지적) 경향이다. 리마타이제이션의 개념은 하나의 이데올로기적 시각에서는 사회적 페르소나를 지표한다고 해석되는 레지스터들이 또 다른 프레임에서는 도상으로 해석되는 (인지 습관적) 경향을 말한다(As Irvine and I have argued, in construing diagrammatic icons, a semiotic process characteristic of language ideologies makes 'linguistic features that index social groups or activities appear to be iconic representations of them...picking out qualities supposedly shared by the social image and the linguistic image' (Irvine and Gal 2000: 37). We have dubbed this process *rhematization* (Gal 2005), drawing on the second set of Peircean distinctions mentioned earlier [...] Parmentier clarifies: 'rhemes are signs whose interpretants represent them as being icons' (1994: 17). In short, the relation of sign and object is taken to be not (only) indexical but (also) a similarity. The concept of rhematization captures the way registers that are taken up as indexes of social personae from one ideological perspective can also be construed as icons, or can be construed as icons in another ideological frame)."(Gal 2013, 34)

리마타이제이션은 기호체와 대상체의 관계가 지표가 아닌 도상으로 해석되는 세미오시스를 의미하는데 우리의 일상에서는 이와 같은 인지의 경향이 매우 잦다. 예를 들자면 우리가 지니고 있는 스마트폰에 새겨진 로고이다. 기호체로서의 로고는 그 스마트폰을 생산한 회사라는 대상체를 시공간적으로 지표하는 기호이다. 그러나 많은 사람들은 그 로고가 어떤 실존하는 회사(예: 애플사)를 가리킬 뿐 아니라 그와 동시에 어떤 특수한 퀄리티(예: "깔끔함," "창조적임," "허세" 등)과 '유사하다'고 문화적 기호과정을 통해 아이콘으로 판단한다.

리마타이제이션은 파멘티어가 말한 "다운시프팅(downshifting)" 의미 작용의 일종이다. 다운시프팅은 상징이 지표로 해석되는 경향과 지표가 도상으로 해석되는 경향이 있을 수 있는데 이는 한마디로 기호가 (퍼스의 기호 유형론에서 더) '낮은' 방향으로 '바뀌어' 혹은 '편향되어' 해석되는 습관 혹은 경향을 일컫는 용어이다.[4] 다운시프팅과 반대되는 경향은 "업시프팅(upshifting)"이며 여기에는 지표가 상징으로 해석되는 경향과 도상이 지표로 해석되는 경향이 있을 수 있다. 갈(Gal)의 논문은 리마타이제이션 개념을 통해 사람들이 언어의 퀄리티를 맛, 촉감, 냄새, 소리 등과 같은 감각의 퀄리티와 시공간적으로 연결되어 있을 뿐 아니라 '유사하다'고 판단하는 것을 설명하였다.

---

4) 최근 노트르담 대학의 크리스토퍼 볼(Ball 2014)은 지표화의 경향에 주목하며 "디첸타이제이션(dicentization)"에 대한 논문을 *Journal of Linguistic Anthropology*에 발표하였다.

3. 브랜드 담론에서의 기호이데올로기(semiotic ideology)

“기호이데올로기” 개념은 언어이데올로기 개념을 모델로 삼아 사용되고 있다(‘언어’만 ‘기호’로 대체). 가장 빈번하게 언급되는 정의는 킨(Keane 2003, 419; 2014, 510)의 문장인데 그는 기호이데올로기를 “기호가 무엇인지와 기호의 사회적 기능이 어떠한지에 대해 사람들이 갖고 있는 기본 전제들(basic assumptions about what signs are and how they function in the world)”이라고 적은 바 있다.[5] 이 개념이 비교적 자연스럽게 받아들여 사용되고 있는 연구 분야는 브랜드에 대한 인류학적 접근이다.

브랜드에 대한 기호이데올로기들은 필자가 다른 곳에서 좀 더 체계적으로 설명하지만(Koh 2015) 사실 브랜드 생산과 관리의 현장에서는 하나가 아닌 몇 개의 기호이데올로기들이 공존하고 충돌하며 문화 실천에 영향을 미친다. 기호이데올로기는 열려있으며 단독으로 존재하는 것이 아니고 여러 개가 함께 공존할 수 있으며 서로 보완 또는 충돌관계에 있을 수 있는 것이다(Keane 2013). 브랜드에 대한 기호이데올로기들 중 정보제공자들이 가장 “공식적이다”라고 받아들이고 현장에서 사용하는 이데올로기는—관찰 결과 사실 실제 브랜드 생산의 순간들에서는 별로 영향을 미치지 못하는(Koh 2015)—상상된 소위 브랜드계라 할 수 있는 전체 브랜드(‘the’ brand) 관리에 대한 이데올로기이다. 이 기호이데올로기는 미래지향적 이데올로기이며 기호에 대한 정보제공자들의 이상과 상상을 담은 말과 글(예: 로고 매뉴얼,

5) 그 전에는 파멘티어(Parmentier)가 기호이데올로기를 “문화적으로 결정되고 역사에 바탕을 둔 해석 기준들(culturally determined, historically grounded set of interpretive standards)”이라고 하였다(Parmentier 1994, 142).

최고 책임자 또는 권위자의 말, 법률적 언어)의 형태로 존재하고 회자된다. 또한 이 이데올로기는 전문가들과 기업 매니저들이 학교와 같은 교육 환경에서 습득하여 기업 내부로 가져들어와 재맥락화하여 회자하는 이데올로기이다. 예를 들어 미국 마케팅 협회나 비즈니스 스쿨의 기초 텍스트북들과 같이 "브랜드란 무엇인가"의 정의를 권위적으로 제공하는 말과 글에서 발견되는 기호이데올로기가 지금 여기서 다루고자 하는 이데올로기이다.

이 기호이데올로기는 브랜드라는 것이—소쉬르적 기호 개념과 매우 유사하게—두 개의 부분, 브랜드 '이미지'와 브랜드 '메시지'로 구성되었다고 개념화한다. 브랜드 이미지가 기업이 브랜드를 통해 투영하는 메시지를 감싼다고 가정하는 '브랜드에 대한' 통속 이론이라는 것이다. 또 개별 브랜드의 "가치(value)"란 그 기호가 속하는 더 큰 "시스템" 내 다른 기호들과의 "차이(difference)"에서 나온다고 가정한다(Koh, forthcoming). 이렇게 브랜드라는 기호를 바라봄으로써 브랜드 담론에서는 "차별성"과 "일관성"이라는 두 단어가 가장 두드러지게 사용되고 끊임없이 되풀이되는 것이다. 이 기호이데올로기의 영향으로 "좋은 브랜드"란 법적으로 등록된 다른 브랜드들과 분명히 차별되는("유니크, unique"한) 브랜드라고 여겨진다. 또 "좋은 브랜딩(브랜드를 만들고 관리하는 과정/업무)"이란 차별성이 외부인들에게 '제대로' 인지되기 위해 퀄리아의 일관성과 퀄리티(메시지)의 통일성을 지향하는 실천을 의미하는 것이다.

필자가 연구한 하와이안 랜즈(가명) 주식회사의 로고 중 하나(표 1, 우)와 회사의 로고 매뉴얼을 보자(표 1, 좌). 로고의 꽃 모양 가운데에 파인애플이 중앙에 있는 그래픽 조합을 두고 필자의 정보제공자들은 기업 로고가 하와이언 랜즈 내부들이 공유하는 의미를 "그대로 표현한다"고 말했다. 파인애플이 꽃 중앙에 있는 형태를 통해 직원들은 기업 역사를 공유하고 있었고 로고의 "의미"(파인애플의 꽃으로의 진화)라고 말하며 이 그들만이 아는 "비밀 지식(secret knowledge)"을 다시 모르는 이들에게 살짝 알려주듯 전달하는 것을 즐겼다. 숨은 의미의 공유라는 친밀감의 연행(performance)을 즐거워했던 것이다. 로고란 문화적으로 공유된 의미(메시지)의 특수한 표현이자 커뮤니케이션의 도구라는 문화 내부적 이해 때문이었다.

> "우리의 가장 대표적 상징은 [하이비스커스]이다. 꽃 가운데에 있는 파인애플은 우리 리조트가 파인애플 농장에서 진화해 왔음을 의미하는 것이다. 이 상징은 시그너처와 함께 사용 가능하다. 마케팅 부서의 허락 하에서 단독으로도 사용 가능하다."

표 1. (좌) 하와이안 랜즈사의 로고 매뉴얼 중 [로고 이미지 언어만 바꾸어] 발췌 번역
(우) 하와이안 랜즈의 자회사 데스티네이션 카이 리조트의 회사 로고와 유사한 이미지로 새로 제작한 로고(강민선 도움)

이 로고 기호 모양에 대해 생산된 내러티브의 실제 예를 보자(표 1, 좌). 로고 매뉴얼에서 발췌된 위의 글에서 드러나듯 직원들은 로고란 그들이 알고 있는 무엇을 "의미하는" 이미지라고 이야기한다. 실제 현장에서 "브랜드가 무엇인가" 혹은 "브랜드가 사회에서 어떤 기능을 하는가"를 질문했을때 하와이언 랜즈의 정보제공자들은 브랜드는 기업의 역사와 문화 같은 것이라며 "기업 이야기를 반영"하거나 "기업 정신을 표현" 혹은 "(우리를) 대변"한다고 답했다. 이것은 브랜드에 대한 규범적(normative) 담론에 빈번히 드러나는 기호이데올로기를 면담자에게 그대로 읊어 주는 것이었다. 이 브랜드에 대한 (실제 생산에서는 작용하지 않지만 브랜드 구상단계에서는 중요한) 기호이데올로기는 브랜드를 메시지를 포장하는 이미지로 또 브랜딩이라는 기업의 문

화 실천를 어떤 특정 '메시지를—다른 기호들과는 차별화되는 방식으로, 일관되게—브랜드 이미지화'하는 작업으로 정의하는 것이었다.

4. 기업브랜드계(corporate brand sphere)의 구성과 인지에 있어서 감(感)의 역할

위에서 언급하였듯, 이 브랜드에 대한 기호이데올로기는 특히 브랜드 관리 담론에서 빈번히 관찰되는 기호이데올로기이다. 브랜딩에는 매우 다양한 작업들이 있을 수 있는데, 가장 광범위한 브랜딩의 형태가 기업브랜딩이다. 브랜드라는 것 자체가 어떤 한 개인의 경험적 접근이 불가능한 것(Agha 2015)임에도 불구, 브랜딩은 그 주관적 경험들을 관리하고자 하며, 기업브랜드의 경우 (상품브랜드와는 비교할 수 없이) 굉장히 광범위한 기호 해석 영역을 나름대로 관리하고자 하기 때문이다. 개별 소비자가 "브랜드를 경험했다"라고 말하는 데에는 단순히 하나의 로고 그 로고의 색 등과 같은 하나의 기호 요소가 아니라 그 외에도 글자, 글자의 폰트, 로고가 사용된 물건의 질감, 그 물건의 모양, 그 물건이 위치한 주변 환경, 주변 환경 내 다른 브랜드 토큰 등 수많은 셀 수 없는 기호 요소들이 관여한다. 이를 생각하면 하나의 단독 물건도 단독인도 아닌 기업 자체를 브랜드 한다는 것이 얼마나 엄청난 작업임을 짐작할 수 있을 것이다. 기업브랜딩은 기업을 경험할 수 있는 그 모든 것들을 관리하는 데에 궁극적 목표가 있다. 그런데 이것이 어떻게 가능한가?

하와이언 랜즈사의 자회사 A(Destination Kai)의 브랜드 토큰들의 진열

하와이언 랜즈사의 자회사 B(Golden Pineapple)의 브랜드 토큰들의 진열

표 2. 하와이안 랜즈 주식회사의 브랜드 감사 현장 사진(사진의 일부분은 확인 방지를 위해 의도적으로 가림)

수많은 경영학 이론들과 전문가들이 이에 대한 저마다의 해답을 제공하고자 한다. 하와이언 랜즈사는 이에 대한 답을 찾기 위한 일환으로 브랜드 감사(audit)라는 작업을 진행했다. 이 감사활동은 회장의 지시로 최고 고위직의 간부들을 포함한 브랜드 위원회(Brand Committee)가 회사의 기업브랜드라는 것이 외부인들에게 도대체 "어떻게 경험되는가"를 알기 위해 진행되었다. 회장의 말을 빌려 "우리[회사]가 도대체 어떻게 보이는지 여기 아무도 모르기 때문에" 갖가지 브랜드 된—회사 마크가 어떤 방식으로든 찍혀 소위 포장이 된—물건들을 최대한 한 곳에 모아 문제점이 있는지를 확인 해 보자는 의도였다.

브랜드 감사 당일, 셀 수 없이 많은 물건들이 회의실에 전시되었고 전시 된 방에 브랜드 위원회가 동시에 입장했다. 결과는 "여기에 하나의 회사가 아니라 세 개의 회사가 있는 듯한 느낌"이 든다는 반응이었다. 브랜드 위원회는 "도대체 여기 회사가 몇 개가 있는 거야?"라며 자조(自嘲)적인 웃음을 지었다. "이건 왜 이렇고 저건 또 뭐지?" "이것들을 보고 사람들이 우리라는 느낌이 들까?" 이렇게 말하며 서로 웃었다. 회장도 마케팅 이사도 그 누구도 기업브랜드의 감(感)이 어떤지 몰랐었다는 반응이었다. 그도 그럴 것이 한쪽은 (표 2, 왼쪽) 모든 게짙은 홍색과 청색으로 보이는 반면 한쪽 (표 2, 오른쪽)에 진열된 물건들은 모두 골드/노란색 계열이었다. 다른 한쪽 벽에 전시된 사진들과 물건들은 대체적으로 옅은 보라색이었다. 색 뿐만 아니라 로고 사용에도 통일성이 결여되어 있었고 디자인 또한 그러했다. 정확히 어떻게 로고를 사용해야하는지, 어떤 절차를 따라야 하는지를 세세하게 기술하는 로고 매뉴얼이 있었음에도 불구, 사용된 포장법들은 기업브랜드를 시시각각, 편의에 따라, 왜곡하거나 재창조하고 있었던 것이다.

사실 객관적으로 하와이언 랜즈사는 자회사 둘을 포함 총 세 개의 회사로 구성된 주식회사였다. 하지만 셋이라는 구분은 법적 기준에 따른 구분이었고 실제 직원들은 서로를 "우리"라 부르는 비교적 친밀한 관계였다. 문제는 각 회사가 집중하고 있는 특정 상품의 상품브랜드들 때문에 하나의 단일한 기업브랜드 이미지가 만들어지지 않고 있었다는 점이다. 이것이 이 브랜드 감사를 통해 회사 최고위 간부들에 의해 이날 직접 확인되었다.

***

여기서 브랜드 위원회의 정보제공자들이 지적한 문제점에 대해 좀 더 자세히 관찰해 보자. 그들의 지적한 문제는 정확히 말해 물건들이 '잘못' 브랜딩 되었다거나 '제대로' 질적 관리가 안 되었다는 것이 아니었다. 브랜딩이 이렇게 되었던 데에는 나름대로 이유(예: 시시각각 변화하는 필요)가 있었다는 것을 브랜드 위원회는 인정하고 있었으며 그에 대한 책임을 묻고자 하는 생각은 아무에게도 없었다. 그들이 확인한 문제 그리고 문제시한 문제는 (이미 브랜딩 된 토큰들이 잘못 브랜딩 되었다는 것이 아니라) 객관적 외부인인 제 삼의 해석자가 이 많은 토큰들과 마주할 때 그것들이 '같은 회사의 것'이라는 느낌을 받지 못할 것이라는 것이었다. 다시 말하면 브랜드 기호체를 문제 삼은 것이 아니고 다양한 외부인들의 다양할 퀄리티에 대한 해석 방식들을 그 누구도 총체적으로 관찰하거나 관리할 수 없음을 지적했다는 것이다.

그들이 자조적으로 웃으며 훗날에도 계속 되풀이 한 말은 "[이 회의실 안에] 하나의 회사가 아니라 세 개의 회사가 있는 듯한 느낌이 든다"는 것이었다. 이것은 그 셀 수 없이 많은 브랜드 토큰들의 퀄리아가 단일하지 않으며 고로 어떤 통일된 기업 메시지(퀄리티)를 전달할 수 없다고 여기는 것이다. "우리들은 지금까지 각자 자기 데스크에 앉아 자신의 업무하느라 바빠서 도대체 '우리'가 외부인의 입장에서 어떻게 보이는지 알 수 없었던 것 같습니다," 하와이안 랜즈의 회장은 회의를 주재하는 입장에서 이렇게 말했다. 회장, 각 자회사의 대표들, 그리고 각 부서의 부장들(마케팅 포함) 모두 각자의 부서에서 책임져야 하는 기업의 소유물들만 관리해왔으므로 전반적인 회사의 브랜드는 관리가 (그때까지) 불가능 했었다는 말이다.

이 브랜드 감사 결과로 '무엇'이 고쳐져야 하와이안 랜즈의 "제대로 된" 기업브랜딩이 가능한지가 기업의 최고 책임자들에게 분명해졌다. 이 시점 이후 기업브랜딩의 핵심은 (해석체로서의) 느낌, 즉 감(感)이 되었다. 퀄리티와 퀄리아의 문제였다고 판명된 것이다. A회사의 퀄리아 경우 지나치게 차갑고 고급스러운 퀄리티를 대신하는 경향이 강했다고 사람들은 느꼈고 반면 B회사의 경우 지나치게 (로컬들에게만) 친숙한 하와이안 퀄리티를 대신했으며 이 두 회사를 아우르는 하와이안 랜즈 물건들의 퀄리아는 A와 B와는 또 다르게 (하와이 기호 해석 콘텍스트에서 부정적 의미가 강한) 외부성(foreignness)의 퀄리티를 표현한다고 하였다. 감사 결과 이 다른 퀄리티들이 서로 연관 지어져야 하고 브랜드 토큰들이 제공하는 퀄리아는 이 연관된 퀄리티를 "잘" "똑같이 재현(re-present)"해야 한다고 했다. 이것이 하와이안 랜즈의 기업브랜딩 기본 방침이 되었다. 퀄리티를 "잘" 브랜드 하는 방식은 브랜드 토큰들간 "일관성"을 추구하는 것으로 가능하다고 했다. 모든 토큰들은 "통일되게 특정 메시지를 전달해야한다"는 것이 기업을 브랜딩 하는 방법이라고 여겼기 때문이다.

5. 토큰-타입 관계의 형성 작업으로서의 기업브랜딩

하크네스(2014)는 그의 저서 *Songs of Seoul: An Ethnography of Voice and Voicing in Christian South Korea*에서 "퀄릭 튜닝(qualic tuning)"이라는 개념을 새로이 소개했다. 이 개념의 토대가 되는 관찰은 정보제공자들이었던 서울대학교 성악과 학생들이 개신교 교회와 학교를 오가며 다른 사람들과 교류할 때 그 사회관계의 성격에 따라 목소리를 소위 "조절(tune)"하더라는 것이다. 성악을 배우는 대학생들은 하크네스에게 교회에서처럼만 노래할 수 있기를 바란다고 하였다. 그 이유는 교회에서의 목소리는 하나님에게로 향하는 목소리이기 때문에 좀 더 "자유로울" 뿐 아니라 노력하면 그들이 지향하는 "하나님의 목소리"와 유사하게 들릴 수 있는 소리를 낼 수도 있다는 것이었다(Harkness 2014, 172). 그에 반해 전통적 유교식 사제관계가 여전히 수행되는 대학에서는 그와 같이 제대로 된 목소리를 내지 못한다고 이야기했다. 그러면서 학생들은 장소를 바꿈에 따라 다른 사회관계들을 맺으며 목소리 퀄리아를 바꾸는 것이었다. 여기서 퀄리아는 발성하는 또 들리는 소리 그 자체이다. 학생들은 교회와 대학교를 오가며 목소리를 사회적으로 더 '적절하다'고 판단되거나 인정받는 것으로 바꾸는데 예로 그들의 후배를 대할 때는 낮은 톤의 목소리를 사용하고 교수가 등장하면 톤을 높임과 동시에 비음도 섞어 소리를 낸다. 소리 퀄리아를 '조절'함으로써 학생들은 주체적으로 (목소리 퀄리아뿐 아니라) 그들의 사회적 관계들을 관리하는 것이다(Harkness 2014, 160).

이렇게 질적으로 다르게 들리는 소리/퀄리아들을 상황에 맞게 조절하는 것이 퀄릭 튜닝이라면 기업브랜드 내 각종 브랜드 토큰들의 모양과 형태를 다듬고 조절하는 것 또한 퀄릭 튜닝이라고 볼 수 있다. 이 섹션은 기업브랜드 시스템의 구상에서의 퀄릭 튜닝이 어떻게 특히 제 삼의 해석자(즉 소비자)의 리마타이제이션을 유도하고자 하는 전략적 구상인가를 이야기하고자 한다.

그림 1은 하와이안 랜즈 브랜드 감사 날 한쪽 벽에 걸려있던 회사 차량들에서의 로고사용을 알아보기 위한 디스플레이이다. 회사 소유 차량들은 그 사용 용도에 따라 색과 차종이 다르다. 그것은 당연히 브랜드 감사의 대상이 아니었다. 하지만 회사 차량들이 어떤 방식으로 회사의 물건임을 드러내는지, 어떻게 로고를 사용하고 있는지는 감사의 대상이었다. 언뜻 생각하기에 이 문제는 그다지 힘든 작업으로 생각되지 않을 수 있다. 외부에서 보기에는 브랜딩이 그저 같은 모양의 로고를 있는 그대로 찍기만 하면 되는 것으로 보일 수 있기 때문이다. 그런데 브랜드 감사자의 눈으로 자세히 살펴보면 기업브랜드 안의 다양한 상품브랜드 및 수많은 브랜드화 된 물건들 간 유사성이란 브랜드 관리자의 이상이고 목표이지 실제이기는 힘들다는 것이 잘 보인다. 이 아이템의 경우만 해도 대부분 차량들은 적절한 로고 사용으로 "올바르게" 회사 물건임을 드러내고 있었으나 모두 그랬던 것은 아니었다. 로고를 물건에 '찍는' 행위, 그 자체에도 일일히 판단과 결정이

그림 1. "일관된(consistent)" 퀄리아의 전시를 위한 기업 소유 차량의 브랜딩 양상에 대한 감사 작업(정보제공자의 정확한 확인을 방지하기 위해 사진 크기를 의도적으로 작게 함.)

관여되기 때문이다(그림 3). 하와이안 랜즈의 마케팅 부서에는 브랜딩된 물건(예: 차량, 브로셔, 명함, 홍보 물품들, 신문기사 등) 하나하나마다 다른 파일이 관리되었다. 그 파일 내에는 그림 3에서 보는 것과 같이 수작업 아카이브들이 관리되고 있었다.

그림 2-1과 2-2는 올바른 하와이안 랜즈 자회사 B의 로고 사용 사례들이다. (사진 일부는 의도적으로 가렸다. 사용된 데스티네이션 카이 로고는 표 1에서 제시된 꽃 모양을 보면 된다.) 이 차량들은 올바

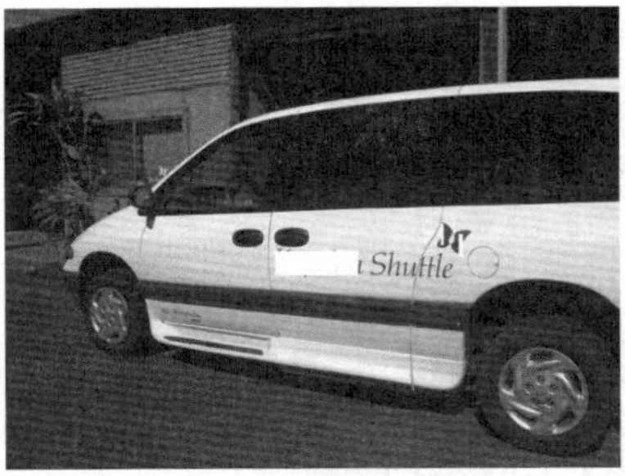

그림 2-1.

그림 2-2.

그림 2-3.

른 로고 그래픽과 글자를 적절한 위치에 배치시키고 있다(배치법에 대한 로고 매뉴얼의 세부적 내용은 여기에 제시하지 않는다). '올바르게 사용했다'함은 이 두 차량은 같은 브랜드라는 느낌을 준다는 것이다. 반면 그림 2-3을 보자. 이 차량 역시 같은 하와이안 랜즈 자회사(B)의 차량이며 단지 다른 부서(보안부서)의 차량이다. 이 2-3의 SUV가 처음 나왔을 때 브랜드 위원회에서 뿐 아니라 리조트에서 지적들이 많았다. 기존 차량들과 뭔가 "너무나도 다르다" 내지는 "파격적이다"라는 의견들이었다.

무엇이 그리 달랐을까? 이 차량은 우선 색을 달리 사용하였다. 브랜딩에는 대체적으로 정통적인 B 리조트 색, 짙은 홍색(burgundy)을 사용하게 되어있었다. 그런데 이 보안부서의 SUV는 채도가 높은 주황색을 사용했다. 두 번째 문제는 로고 구성 기호들 중 글자에 있었다. 다른 두 차량이 원래 사용해야 했던 서체를 사용했던데 반해 2-3 차량은 "Resort"부분을 제외한 글자들("Security"와 전화번호 블록)에 다른 차량들에서는 한 번도 사용된 적이 없는 (또 "보수적"이지 못하다는 퀄리티로 해석될 수 있는) 서체를 사용했다. 또한 전화번호 블록을 따로 진하게 명시하는 차량 역시 2-3이 처음이자 유일했다. 2-3차량은 회사 내부 구성원들에게는 너무 "튀는" 시각적 퀄리아였다. "튐"의 느낌은 색, 서체, 그리고 굵은 블록 이 세 가지 브랜드 요소들의 조합을 통해 매개된 것이다.

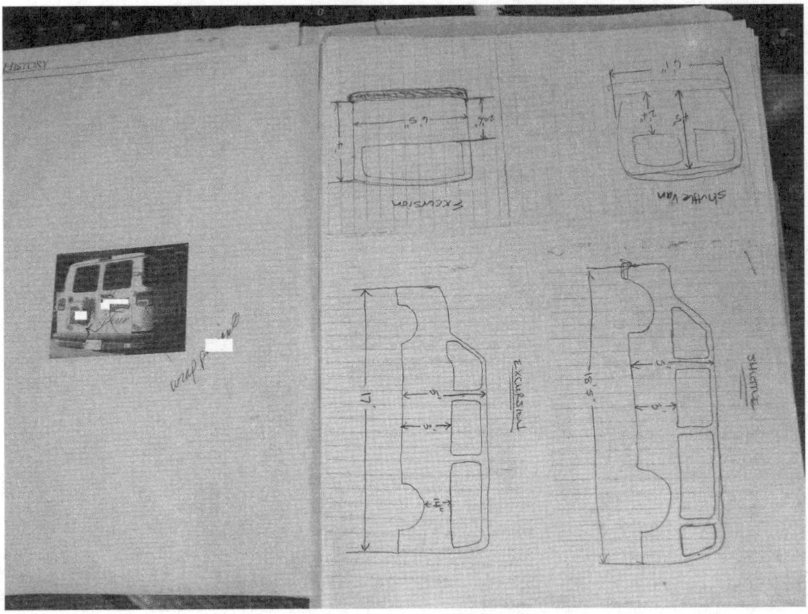

그림 3. 브랜-딩(brand-ing) 실천 사례

물론 이 2-3 보안부서 차량의 이렇게 브랜딩 된 것에는 그럴만한 이유가 있었다. 세 차량 모두 같은 마케팅 부장의 승인을 거친 로고 사용이었다. 이 차량은 리조트 외부로 자주 외출하는 차량이었고 외부 외출의 이유는 보안 및 안전 관련이다보니 눈에 잘 보이는 방식으로 브랜딩하자는 의견이 제시되었고 마케팅 부장은 이를 수용한 것이었다. 태양광이 상당히 강한 하와이에서는 채도가 낮은 짙은 홍색보다 높은 오렌지가 훨씬 눈에 띠는 색이었다. 부서명과 부서 전화번호 모두 차량의 사회적 기능과 역할을 전달하는 중요한 기호들이었다. 이 차량을 보는 사람들이 알면 좋은 메시지였던 것이다. 그래서 그나마 짙은 홍색과 유사한 계열의 색 중 눈에 가장 잘 띠는 색으로 고른 것이 주황색이었다. 기업 내부 구성원들은 유사성속에 차별성을 느꼈으나 사실 결정권자의 의도는 차별됨에도 불구하고 유사성을 지키도록 노력한 결과였었다는 것이다. 로고 형태(꽃 그래픽 부분과 글자 자체)의 경우도 형태 자체는 로고 매뉴얼대로 사용했기에 기준을 많이 어긴 것은 아니었다. 사용 맥락에 맞추어 '튜닝'되었을 뿐이었다.

그럼에도 불구하고 이 차량에 대한 왈가왈부가 끊이지 않았고 마케팅 부장은 (그녀 혼자의 단독 결정이나 실수가 아니었음에도 불구하고) 사람들의 끊임없는 질문에 시달렸다. 기업브랜딩에 있어서 퀄리아는 사물의 재질, 용도, 사용 환경 등에 맞게 적절히 퀄릭 튜닝 되어야 하는 것은 "옳으나" 그렇다고 해서 "(감적으로) 지나치게" 튜닝 되면 안 되는 것이었다. 그 괜찮음과 괜찮지 않음의 경계는 커뮤니티가 해석하는 방향(direction)과 경향(orientation)의 문제였고 토큰간 퀄리아 차원에서 다른 토큰과 "동일하다"는 해석이 가능한가 아닌가의 문제였다. 기업브랜딩에 있어서 퀄릭 튜닝은 (토큰간) 도상성을 지향하는 방향으로 이루어져야 한다는 것이 전문적 기업브랜딩의 입장인 것이다. 차량들은 그래서—사실은 모두 기업을 지표 하는 지표기호였으나—또한 서로 유사한 느낌을 주어야 했던 것이다.

6. 나가며: 리마타이제이션의 효과로서의 기업브랜드 인지와 해석

더글라스 홀트(Douglas B. Holt)는 *How Brands Become Icons: The Principles of Cultural Branding*에서 아이코닉한 브랜드를 만드는 비법은 이야기("신화")를 이끌어내는 "문화 브랜딩(cultural branding)"에 있다고 하여 전 세계적으로 주목을 받고 있다. 홀트가 말한 "아이콘"은 퍼스 기호학에서의 아이콘이 아니다. 그의 아이콘은 "모델" 혹은 "아이돌"과 같은 시대적 상징의 의미를 지칭한다. 하지만 사실—홀트는 물론 의도치 않은 우연한 단어 채택의 결과일 테지만—기업브랜딩의 궁극적 목표가 브랜드 기호들이 퍼스 기호학 개념에서의 아이콘으로 해석되는 데에 있다고 해도 (필자의 현재까지의 관찰 결과로는) 무방하지 않을까 싶다.

하와이언 랜즈에서 2년간 브랜딩 과정을 가까이에서 관찰한 결과, 브랜드 전문가들과 마케터들이 생각하는 "성공적인 기업브랜딩"는 기업브랜드를 구성할 수 있는 모든 셀 수 없는 토큰 브랜드들이 '같은' 혹은 '유사한' 퀄리아이고 또 그 퀄리아가 동일하거나 체계적인 어떤 퀄리티(예로 하와이안 랜즈의 경우 "하와이성," "건강함," "고급스러움" 등의 "브랜드 가치(brand value)"라 일컫는 것들)를 대신하는 것이다. 이렇게 그들이 생각한 데에는 기업브랜드라는 사람들의 개념 자체에 이유가 있다. 기업브랜드라는 것은 개인이 직접적으로 경험할 수 없는 것이다. 기호가 아니기 때문이다. 그것이 접근 가능한 것은 수많은 토큰 기호들이 기업브랜드라는 것을 지표 할 때에만 가능하다. 예를 들어 우리가 "애플"이라는 기업브랜드를 직접 접할 수는 없는 것이다. 우리들이 그것을 경험하는 방법은 수없이 많은 애플 로고들, 글자들, 상품들 등 그 기업브랜드를 지시하는 것들에 의해서이다(그림 4 참조).

그림 4. 퀄리아의 조절과 퀄리티의 재생산 장소: 브랜드숍

그래서 기업브랜딩이라는 문화 실천은 퀄리아의 조절 즉 퀄릭 튜닝에 초점을 둘 수밖에 없고 또 토큰 기호들이 지표가 아닌 아이콘으로 해석되는 리마타이제이션을 지향할 수밖에 없을 것이다. 기업브랜드란 일단 우선적으로 소유주를 지시하는 지표기호여야 하나 단독 기호로서는 지시의 기능을 수행할 수도 기업브랜드로 작용할 수도 없기 때문이다. 수많은 지표기호들이 기업을 가리킴과 동시에 *또한 어떤 해석 가능한 퀄리티를 대신할 때* 그제야 제 삼의 해석자는 그 토큰 기호들을 보고 총체적인 "기업브랜드"가 어떤 것이다라는 해석을 하고 말을 생산할 수 있는 것이다.

앞서 다루어 보았던 기업 차량들의 사진을 나열한 그림 1을 다시 보자. 벽에 걸린 기업 소유 차량들의 사진들은 대부분 다른 목적의 다른 종류의 차량들이다. 하지만 로고를 차량에 각인함으로써 그것은 "하와이안 랜즈의 것"으로 해석되는데 단 한 대의 차로서는 기업브랜드라는 거대한 기호계에 절대로 접근할 수 없다. 모든 차량을 모았을 때 이 기업브랜드가 대충 어떠한 모양인지 느낌인지 아주 살짝 인지할 수 있다. 기업브랜드를 예시하는 토큰 브랜드가 많으면 많을수록 기업브랜드의 인지 가능성은 높아진다. 그림 1과 더불어 그림 4, 판매되는 로고 상품들을 보면 또다시 '기업브랜드가 어떠하다'는 소비자의 판단의 가능성은 더 높아지는 것이다. 그래서 모든 물건들이 되도록이면 같거나 유사한 느낌을 전달하는 것이 기업브랜드 생산자 입장에서 중요한 것이다. 되도록이면 유사하게 지각되는 브랜드가 생산되어야 하고 유사한 퀄리티(즉, 기업 메시지)가 소비자에게 전달되어야 "이미지 메이킹"이 가능한 것이다.

또 실제로 브랜딩의 이미지 메이킹 효과는 경제적 효과와도 밀접한 관련이 있다. 소비자들은 브랜드 된 상품을 더 찾고 더 "좋아한다"고 한다. 하와이안 랜즈의 연례 로고 세일(Logo Sale)은 지역 주민들에게 상당한 인기 있는 이벤트였고 늘 모든 상품들은 매진되었다(그림 5). 로고숍들 또한 하와이안 랜즈 자회사들 내에 여러 개 있었고(그림 4) 로고숍이 회사에 가져다 주는 수익은 상당했다. 하와이를 방문하는 소비자들에게 있어 로고숍은 "기억을 사는" 장소였기 때문이다. 또한 필자의 정보제공자들에 의하면 로고가 찍힌 물건들은 숍이나 특

그림 5. 하와이안 랜즈 주식회사의 연례행사 "로고 세일"

별 세일 행사가 아니더라도 늘 "더 잘 팔렸다(sells better)." 이러한 효과가 가능할 수 있는 것은 기업브랜드라는 것이 하나의 실체로 얼마나 '잘' 소비자들에게 해석 가능한가의 여부에 달린 문제일 것이다. 그 성공의 여부는 각 물건에 찍힌 지표기호들이 도상기호로 해석될 수 있는가의 여부에 달렸다(즉, 리마타이제이션). 모든 토큰들 하나하나가 (단지 회사를 지표할 뿐 아니라) 소비자들에게는 그 무엇(예: 기업 자체, 리조트, 여가의 경험 등)과 '유사'해야 기념품의 의미가 있는 것이다. 그 기념품들이 (동일할 필요는 없으나) 비교적 유사한 퀄리아를 해석자들에게 제공해야 가능하다는 것이다.

참고문헌

조창연. 2013. "영상기호와 그 의미 생성에 대한 뉴로 기호학적 탐색 연구" *기호학연구* 35: 147-175.

Agha, Asif. 2015. "Tropes of Branding in Forms of Life" *Signs and Society* 3 (S1): S174-S194.

Ball, Christopher. 2014. "On Dicentization" *Journal of Linguistic Anthropology* 24 (2): 151-173.

Chumley, Lily Hope, and Nicholas Harkness. 2013. "Introduction: QUALIA" *Anthropological Theory* 13 (1/2): 3-11.

Gal, Susan. 2013. "Tastes of Talk: Qualia and the Moral Flavor of Signs" *Anthropological Theory* 13 (1/2): 31-48.

Harkness, Nicholas. 2013. "Softer Soju in South Korea." *Anthropological Theory* 13 (1/2): 12-30.

Harkness, Nicholas. 2014. *Songs of Seoul: An Ethnography of Voice and Voicing in Christian South Korea*. Berkeley: University of California Press.

Holt, Douglas B. 2004. *How Brands Become Icons: The Principles of Cultural Branding.* Boston: Harvard Business School Press.

Irvine, Judith T. 2004. "Say When: Temporalities in Language Ideology" *Journal of Linguistic Anthropology* 14 (1): 99-109.

Irvine, Judith T., and Susan Gal. 2000 "Language Ideology and Linguistic Differentiation" In Paul V. Kroskrity (ed.), *Regimes of Language: Ideologies, Polities, and Identities*, 35-83. Santa Fe: SAR Press.

Keane, Webb. 2003. "Semiotics and the Social Analysis of Material

Things" *Language and Communication* 23 (3-4): 409-425.
_______ 2014. "Signs Are Not the Garb of Meaning: On the Social Analysis of Material Things" In *Anthropology in Theory: Issues in Epistemology*, edited by Henrietta L. Moore and Todd Sanders, 508-513. West Sussex: John Wiley & Sons.
Koh, Kyung-Nan. 2015. "How Brands (Don't) Do Things: Corporate Branding as Practices of Imagining '*Commens*'." *Semiotica* 207.
Parmentier, Richard J. 1994. *Signs in Society: Studies in Semiotic Anthropology*. Bloomington: Indiana University Press.

Ⅶ PIE 메시지의 감정 내러티브 연구

7

PIE 메시지의 감정 내러티브 연구

안 혁

1. 서론

현대 언어학에서 언어 연구의 관점은 언어 속의 체계성을 주요 연구대상으로 한다. 체계성은 한편으로 보편성이라는 개념과 관련되고, 이러한 관련성을 통해 언어학자들은 언어 간 보편성을 쫓게 된다. 언어의 보편성에 대하여 인지언어학적 관점은 인간의 삶의 보편성이 언어의 보편성을 동기부여한다고 간주한다. 인간의 삶의 보편성은 인간의 커뮤니케이션 방식에서도 매우 유사한 양상을 보여준다. 그로 인해 주된 커뮤니케이션 도구인 언어의 표현에서도 언어 간의 유사성을 보여준다. 그러나 커뮤니케이션이라는 관점에서 인간은 비언어적 도구에 우선적으로 노출된다고 할 수 있다. 아이들은 언어라고 정의하기 어려운 이미지를 사용한 커뮤니케이션에 더 일찍 노출되며, 이를 이용하여 언어 교육을 실행하기도 한다. 그러므로 비언어적 커뮤니케이션 도구에 대한 연구의 필요성은 더 강조할 수 없을 만큼 중요하다고 볼 수 있다.

본 연구의 주된 대상은 "사진을 통한 리터러시(LTP: Literacy through Photography)"라는 방법론을 통해 산출된 교육 과정 결과물이다. LTP는 미국의 웬디 이월드가 시작한 사진 활용 교육 프로그램이다. 이를 한국에서는 PIE(Photo in Education)로 부르며 한국PIE협회를 중심으로 활발히 보급하고 있다. 한국에서 PIE교수법의 결과물을 질적으로 분석함으로써 해당 교수법이 기존의 언어교수법과 어떠한 차이를 갖는가를 보고자 하는 것이 본 연구의 한 목적이다.

본 연구는 PIE 교수법의 결과물 속에 내용 중에서 저자의 감정과 관련되는 내용을 기술함으로써, PIE가 단순히 언어교육의 교수법이 아니라 학생들이 자신의 내적 상황을 세계와 공유하고 나누는 결과물임을 보이는 것이다.

이러한 다양한 목적을 달성하려는 본 저자의 욕심에도 불구하고, 본 연구의 다양한 내용은 후속 연구를 동기부여하는 소기의 목적을 이룰 것이라고 생각한다. 이를 통해 PIE에 대한 학계와 교육계의 관심을 높이고 더 많은 관련 연구를 생산하는 계기가 되기를 기대한다.

2. 본론

2.1. LTP와 PIE 소개

LTP는 이미지와 스토리(혹은 내러티브)라는 두 커뮤니케이션 도구를 결합하여 언어와 인성 교육이라는 두가지 목적을 훌륭하게 성취하고 있다고 볼 수 있다. LTP는 다음과 같이 한 문장으로 소개할 수 있다.

Literacy Through Photography(LTP) is a student-centered pedagogy that integrates writing and photography into classroom instruction(Hyde 2010).

LTP프로그램에서 학생들은 이미지를 읽는 방법을 익히고, 그 후에 자신이 전하고자 하는 스토리를 이미지와 함께 담아 메시지를 만들어낸다. 이러한 과정을 통해 학생들은 시각적 리터러시 교육을 받고 자신의 메시지를 더 효과적으로 전달하는 방법을 알게 되며, 자신의 의사표현을 통해 인성적으로 안정성을 추구하게 된다. 이러한 LTP는 한국사진교육협회를 통해 PIE[1)]라는 이름으로 도입되었다. 정경열(2009: 25-26)은 한국의 PIE(Photo in Education)이 미국의 LTP(Literacy through Photography)를 계승하였지만 다음과 같은 차이점이 있음을 언급한다. 첫번째로 LTP가 아동 심리 측면을 강조한다면 PIE는 교육 학습 측면에 중점을 둔다. 두번째는 PIE의 개념이 LTP보다 쉽다. 그러나 두번째의 차이는 두 프로그램의 내용적 차이로 보기 어렵다. 읽고 쓰는 능력을 가리키는 literacy라는 어휘는 그 개념적 상응형이 한국어에 존재하지 않음으로써 발생하는 어려움이지 프로그램의 내용적 차이로 보기 어렵다. 두 프로그램 모두 이미지와 그에 상응하는 텍스트를 만들어 내는 과정을 통한 교육이라는 점에서 유사하지만, LTP가 인성발달과 관련된 측면을 강조하였다면, PIE는 아동의 본격적인 글쓰기 교육을 강조한다는 차이가 존재한다(참고. 안혁 2014).

---

1) LTP라는 이름을 그대로 사용하지 않은 것은 리터러시라는 개념과 어휘가 한국인에게 상대적으로 더 생소하며 어렵게 느껴지기 때문이며, 이전에 NIE(Newspaper in Education)같은 교육 프로그램이 널리 알려져 있었기 때문이라고 정경열은 언급하고 있다(정경열 2009: 25).

본 연구에서 중요한 것은 학생의 인성발달과 관련되는 부분이므로 주로 LTP라는 명칭으로 해당 프로그램을 명명하고자 한다. 그러나 필요에 의해 PIE로 불려야할 경우는 PIE라고 부를 것이다.

두 프로그램 모두 사진을 이미지 표현 수단으로 이용한다. 사진은 인간이 그려내는 이미지와는 순간적인 장면을 표현한다던지, 작성의 용이성 같은 차이가 있다. 교육적 관점에서 그리는 이미지와 사진은 모두 각각의 장점을 가진다. 사진은 스마트폰의 보급과 기술적 진보를 통한 처리의 단순화로 인해 PIE에서 선택된 것으로 보인다. 이와 더불어 인지언어학적 관점에서 사진의 흥미로운 점은 바로 해석의 개념이다. 물론 그리는 이미지 역시 해석이라는 과정이 부재한다고 볼 수는 없지만, 사진은 렌즈를 통해 현실을 보는 순간을 포착하고 그 장면은 단순히 객관적 실재의 기록이 아니라 사진을 찍는 사람의 사고의 반영이라고 할 수 있다. 인지언어학에서 해석(construal)은 주의의 틀에 의해 전달되는 경험의 정신적 시뮬레이션이다.

> Construal is "The mental simulation of an experience conveyed by an attentional frame." (Zwaan and Madden 2005)

여기서 주의의 틀이라는 상황의 주관적 측면은 정신적 시뮬레이션이라는 인지언어학의 개념화 과정과 결부되면서 객관적 현실에 대한 주관적 해석이 부가된다. 이러한 해석의 종류는 래네커의 4가지 파라미터에 의해 분류될 수 있다(Langacker 2008: 55 참고).

> 특정성(specificity), 초점(focusing), 관점(perspective), 현저성(prominence)

위의 파라미터에 따라 해석의 주체는 특정성의 정도, 초점의 위치,

관점의 방향, 현저성의 정도를 가지고 객관적 사실을 자신의 머리속 세계에서 개념화 한다. 이와 유사하게 사진 역시 찍는 이의 해석을 이미지 속에 반영한다. 이월드는 글쓰기를 사진의 주요 개념인 프레이밍(framing)과 연관시켰다. 이를 정경열은 '다르게 보기'로 지칭한다(정경열 2009: 43). 전통적인 관점에서 사진은 객관적인 사실의 기록으로 간주되지만, LTP와 PIE는 사진을 "읽음"으로써 그 속에 들어있다고 간주되는 정보를 해석하는 과정을 강조한다. 이에 대해 이전 연구의 코멘트들을 참고하라.

> 창조자는 그 사진을 찍을 당시의 의미나 의도를 가지고 사진을 인코딩하고, 이것(사진)은 한 배경이나 문맥에 놓일 때 추가적으로 인코딩된다.
> The creator first encodes a photograph with meaning or intention when she takes the photograph, and then "it is further encoded when it is placed in a given setting or context" (Sturken & Cartwright 2003: 56).

> 사진의 리뷰어들은 그 의미를 해독(decode)하거나 읽는다. 그러므로 사진의 읽음은 주관적이고 부분적이며, 자연적으로 해석의 범위를 갖는 것으로 연결된다.
> Reviewers of photographs decode or "read" the meaning. The "reading" of photographs therefore is subjective and partial (Skinningsrud as cited in Edwards 1992: 4; Winston 1998) and naturally leads to a range of interpretations.

사진을 보는 것이 아닌 읽는 것으로 간주하는 것은 사진의 교육적 측면에 대한 시각적 리터러시(visual literacy)의 관점이며, 다음의 인용에서 보는 것처럼 이미지의 내용을 사실과 일대일 대응관계가 아닌 해석이 필요한 사실 혹은 해석을 하는 주체가 관련되는 상황으로 개념화할 수 있다.

> The multiple truths embedded in a single photograph — public and private fears and assumptions, aspirations and convictions that lie just beneath an image's surface — are like the parts of a machine, waiting to be activated by a viewer's gaze. Blink once, blink twice, look, then look again, and the machine begins to transmit messages(Lesy 2007: 144).

헬렌 레빗의 다음 사진을 한번 보자.

그림 1. 헬렌 레빗(Helen Levitt)의 깨진 거울과 아이들(Children with Broken Mirror)

이 사진은 다양한 인종의 아이들이 나무로 된 큰 거울 틀을 가지고 노는 생생한 거리 풍경을 담고 있다. 사진 속에서 보여지는 것의 목록을 작성하고 이에 대해 논의할 수 있다. 이러한 과정을 통해 소위 이미지 읽기를 시도한다. 그리고 이런 읽기는 학생들의 경험적 지식이 되고, 이 지식을 바탕으로 이미지를 생산할 수 있게 된다. 이 이미지에서 개인은 자신의 관점에 의존하여 보고자 하는 것을 본다. 예를 들어, 대부분은 중앙의 거울 틀과 그 앞의 깨진 조각들을 보지만, 어떤 이들은 틀 뒤에서 걸어가는 여성의 목에 걸린 안경을 보기도 한다. 이런 식으로 시각적 리터러시는 텍스트로 구성된 내러티브와는 달리 개인적 경험이나 주관에 의한 다양한 해석이 가능하다. 해석의 다양성은 시각 이미지 뿐만 아니라 언어적 표현에서도 관찰된다. 예를 들어, 재귀구문(Reflexive Construction)은 단순히 재귀적 상황을 지시하기 위해 사용되는 것이 아니라 화자의 주어진 상황에서 초점의 변화에 대한 화자의 다른 해석을 보여주는 것이다.[2)]

2.2. 내러티브와 감정

LTP와 관련된 내러티브는 연구 대상이 되었던 기존의 내러티브와 달리 양적으로 단순하다. 기존의 내러티브 연구는 내러티브의 내용적 일체감을 구조적 관점에서 조망하고 그 체계화를 시도하는 것이었다. 특정 장르의 내러티브의 내용을 구조화 함으로써 특정 내러티브의 생성 메카니즘을 만들어 내고자 했던 연구자의 목표가 달성되는 것은 기존의 내러티브의 공통적 특징과 더불어 개별적 특징이 매우 상세하게 그리고 합리적으로 기술된 후에나 가능할 것이다.

---

2) 참고, Ahn (2012).

LTP를 통해 학생들은 하나의 내러티브를 만들어내도록 요구받는다. 기존의 글쓰기와 다른 점은 내러티브의 생산 매체가 단지 언어만이 아닌 이미지를 사용할 수 있다는 것이다. 듀란드는 이미지와 상상력을 세계 이해의 토대임과 동시에 이성의 활동을 상상력의 한 부분으로 감싸는 인간학임을 주장하였다(진형준 2009: 40). 이성의 활동만으로 인간 되기가 부족하다면, 그 부족함을 메우는 것은 이미지와 상상력이라는 인간적인 측면이라는 것으로 해석할 수 있다. 그렇다면 LTP를 통한 글쓰기는 단순히 리터러시를 향상 시키는 언어 교수법이 아니라 이미지와 상상력을 동시에 증가시키는 활동이라고 생각할 수 있다. 위의 커뮤니케이션이라는 관점에서 내러티브는 인간이 스스로의 생각을 스스로에게 표현하거나 다른 이와 자신의 생각을 공유한다는 점에서 인간이 더 인간적이기 위한 필요조건 중의 하나라고 할 수 있다. 브루너는 이야기를 인간이 세계를 자신과 관계된 것으로 이해하는 사고이며, 이 사고가 내러티브적 사고라고 설명한다(Bruner 1996: 41). 이러한 과정을 통해 탄생한 내러티브는 인문학의 아름다운 정점으로 간주된다. 옹은 구술문화에 입각한 내러티브는 감탄할 만큼 아름다운 사고와 경험을 조직해낼 수 있으며, 고도의 예술적이고 인간적 가치를 지닌 강력하고 아름다운 언어적 연행을 산출한다고 언급하였다(Ong 1982).[3] 그리고 김성숙, 임부연(2011)은 논리적 참, 거짓의 판단이 유의미하지 않는 상상적 이미지가 풍부한 내러티브를 통한 교육활동이 유아들의 적극적 참여를 통해 효과적인 것으로 판단된다고 언급한다. 동시에 문자의 문화를 이미지와 상상력에 대립적인 것으로 파악하고 있다. 그러나 이러한 대립성에 대해서 LTP 프로그램은 융합적 해결책을 제시하는 것으로 해석할 수 있다. 하나

---

3) 김성숙, 임부연(2011: 85)에서 재인용.

의 단일 내러티브를 구성하는 이미지와 텍스트는 다양한 관계를 보여주면서 주어진 메시지를 더 효과적으로 보낼 수 있다. 이러한 효과적 전달은 아이들의 정서적 측면의 발달에 도움이 될 수 있다.

2.3. 인지와 감정의 내러톨로지

앞서 밝혔듯이 본 연구의 주 대상은 PIE 교육을 받은 학생들이 작성한 메시지이고, 이 메시지를 보고 질적 분석을 통해 학생들의 감정과 관련되는 부분이 어느 정도와 방식으로 나타나는가를 고찰하는 것이다.

우선 이전 연구(안혁 2014)에서 보았던 메시지 속의 이미지와 텍스트의 내용적 관계에 대한 것을 먼저 보고자 한다. 하나의 메시지는 하나의 이미지와 텍스트로 구성된다. 퍼스의 세미오시스라는 관점에 따

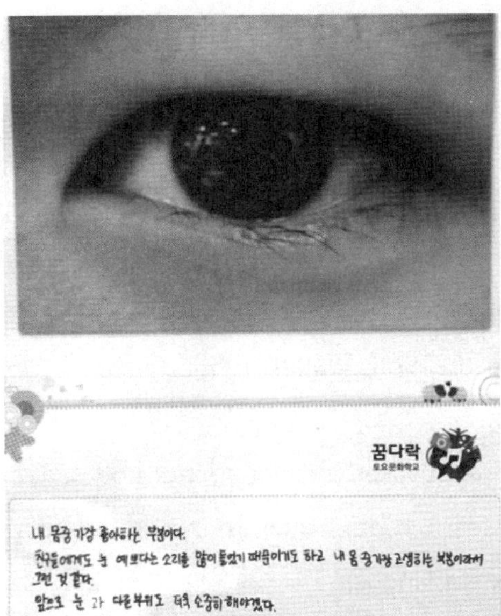

그림 2. MIE1기_광명_01

라 세가지의 관계로 구분해볼 수 있다. 이미지와 텍스트가 도상적인 경우, 이미지와 텍스트가 지표적(indexical)인 경우, 그리고 둘이 자의적으로 묶인 상징적 관계를 볼 수 있다. 이러한 분석은 순수하게 내용적으로 이미지와 텍스트의 관계를 규정하기 위한 것이다. 그러나 본 연구는 여기서 한걸음 더 나아가 메시지를 작성하는 학생들의 감정과 관련된 부분이 어떤 식으로 표현되는가에 대한 것이기에 주로 관련된 메시지만을 그 연구 대상으로 한다.

위의 결과물에서 눈의 이미지에 대한 내러티브는 저자의 설명이다. 원래 부연설명이라고 하고 싶었지만, 부연설명이라는 의미가 이미지와 텍스트의 관계를 적절하게 포착하고 있다고 생각되지 않기 때문이다. 텍스트는 저자의 신체에 대한 감정을 표현현다. 두 기호 - 이미지와 텍스트의 관계를 지표적이라고 볼 수 있다(안혁 2014). 그러나 PIE에서 지표적 관계는 대부분의 경우, 주제관계이다. 주제 관계의 이미지와 텍스트는 의사소통이라는 측면에서 단일 내러티브로 볼 수 있다. 의사소통이라는 관점에서 위의 이미지와 텍스트는 하나의 의미적 단위인 한 메시지로 볼 수 있다. 이와 관련하여 우선 의사소통과 그 대표적 도구로 간주되는 언어에 대한 추가적 논의가 필요하다. 의사소통과 관련된 대표적 연구는 야콥슨의 언어적 의사소통 구조에 대한 연구가 있다. 야콥슨은 언어 커뮤니케이션(verbal communication, speech event) 속에는 6가지의 요소가 작용한다고 설명한다(Jakobson 1960; Waugh 1980: 57-58).

발화자(addresser: speaker, encoder, emitter, poet, author, narrator)

수신자(addressee: decoder, hearer, listener, reader, interpreter)

코드(code: system, langue)

메시지(message: semelfactive parole, the given discourse, the text)

문맥(context: referent)

접촉(contact: “a physical channel and psychological connection between speaker and addressee”)

각 요소는 다양한 의사소통의 환경 속에서 다양한 방식으로 세분화되거나 통합된다. 예를 들면, 문학 텍스트에서 저자(author)와 담화자(narrator), 화자(speaker)의 구분이 나타날 수 있지만, 일상 생활의 소통 환경 속에서 세 역할은 동일한 개체에 의해 수행될 수 있다. 위의 괄호 안의 표현들은 기존의 연구 문헌에서 동일한 것으로 간주될 수 있는 표현이다. 이러한 6가지의 기본적 요소는 여섯가지 주된 기능에 상응한다. 1) 지시적 기능(the Referential Function:

그림 3. MIE1기 광명02

cognitive, denotative, ideational), 2) 시적 기능(the Poetic Function: aesthetic), 3) 표현적 기능(the Expressive Function: emotive), 4) 의지적 기능(the Conative Function: appellative), 5) 사교적 기능(the Phatic Function), 6) 메타언어적 기능(the Metalingual Function: metalinguistic, 'glossing')이 언어의 주된 기능이 된다. 그렇다면 위의 경우에서 언어의 기능은 한 문맥 속에서 메시지를 생산하는 기능이다. 야콥슨에 따르면, 의미적이며 사교적 기능을 보인다고 할 수 있다. 그러나 위의 의사소통 구성요소와 기능이 본 연구 대상인 PIE 결과물에서 텍스트와 이미지의 기능에 잘 부합한다고 보기는 어렵다. 사진으로 나타나는 이미지는 전체 메시지의 주제 혹은 토픽이 된다. 텍스트는 주어진 주제 혹은 화제에 대한 추가적 정보의 기술이다.

이러한 자서전적 메시지는 자신의 신체 이미지를 위에 놓고 그 밑에 그에 대한 부가적 정보를 제공하는 텍스트를 배치한다. 이러한 이미지와 텍스트의 배치 역시 연구 대상이다. 텍스트를 이미지 위에 혹은 옆에 배치하더라도 동일한 느낌을 받을 수 있을지 불분명하다. 그러나 이는 위에서 아래로, 왼쪽에서 오른쪽으로의 텍스트가 진행되는 한국어 문화의 특징일 수 있다.

그림 4. MIE1기 광명03

LTP 교육의 장점 중의 하나는 리터러시 교육 외에도 학생의 감정을 표출하는 도구로도 사용될 수 있다는 점이다. 사진을 찍을 당시 학생 저자가 느끼는 감정을 공감하게 할 수 있는 이미지이다. 그러나 독자들은 저자의 감정의 원인이 무엇인지 모르는 상황이다. 텍스트는 저자의 감정에 대해 설명한다. 시험이 그 원인이라는 것과 그로인해 자살을 생각함으로써 저자의 당시 감정이 슬픔이나 고통이었다는 것을 명시적으로 표현한다.

이미지와 텍스트 속의 자살이라는 부분은 도상적 관계이다. 하지만 텍스트의 정보량은 현실 지시적이며, 그런 관점에서 이미지가 가지는 정보량보다 상대적으로 그 양이 많다고 할 수 있다. 그러나 독자들에게 주는 영향이라는 관점에서 위의 이미지는 텍스트보다 더 큰 영향을 준다고 할 수 있다. 그러나 이 영향은 정량적 방법으로 측정하기는 어려운 주관적인 것이기에 연구에 어려움이 있다.

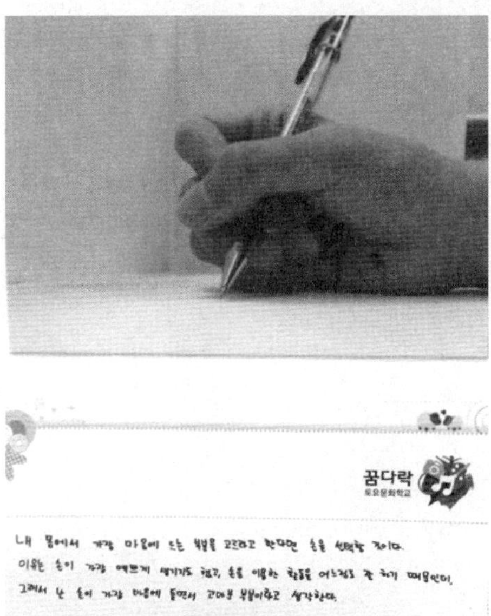

그림 5. MIE1기 광명04

위의 그림에 대해 언급하고 싶은 것은 이미지와 텍스트의 관계이다. 저자는 손으로 글씨쓰는 사진에 대해서만 텍스트로 언급하는 것이 아니라 손으로 하는 행위에 대해 언급한다. 글쓰는 행위는 손으로 할 수 있는 행위의 일부이다. 이렇게 전체와 부분의 관계를 볼 때 이미지는 텍스트와 환유적 관계를 갖는다고 할 수 있다.

그림 6. MIE1기 광명05

위의 메시지 역시 이미지와 텍스트가 환유적 관계를 갖는다. 시애틀이라는 도시의 모습은 그 외양 뿐만 아니라 저자의 도시에 대한 느낌과 관련된 생각까지 텍스트에서 언급된다.

그림 7. MIE1기 광명06

위의 메시지 역시 이미지 속의 대상에 대한 텍스트의 기술을 내용으로 한다. 텍스트는 저자의 감정을 기술한다.

그림 8. MIE1기 광명07

여기서 이미지와 텍스트는 도상적 관계라 할 수 있다. 텍스트는 단순히 이미지의 기술이라고 할 수 있다. 하지만 "아름다운", "장관"이라는 가치평가적 어휘는 텍스트에 감정적 정보를 부여한다고 볼 수 있다. 그리고 위의 03 이미지와 달리 이 메시지 속의 이미지는 감정적 영향력을 가진다고 보기 어렵다. 이러한 이미지의 질적 차이는 궁극적으로 텍스트의 차이를 가져오는 원인으로 간주될 수 있다.

이런 예에서 볼 수 있듯이 이미지와 내러티브의 연구에서 주된 연구 대상은 하나의 메시지 안에 들어있는 두 개체의 상관관계이다. LTP프로그램에서 학생들은 하나의 스토리를 가진 메시지를 작성하도록 요청받는다. 주제는 프로그램의 운영자가 정하거나 자유롭게 선택하도록 할 수 있다. 전체 주제가 선택된 후 학생들은 세부 스토리를 결정하고 이미지와 텍스트 부분으로 나누어 구성하게 된다. 전체 메시지는 이미지와 텍스트로 구성되고 텍스트는 이미지와 관련되는 내러티브를 가진다고 할 수 있다. 메시지의 두 구성요소인 이미지와 내러티브는 다양한 방식으로 하나의 단일 메시지를 전달한다. 단일 메시지가 존재하고, 그것을 전달하는 기호가 만드는 이와 해석하는 이가 전제된다면, 세가지의 개체가 하나의 의사전달이라는 행위 속에서 상호작용한다고 할 수 있으며, 이는 기호학적 관점에서 퍼스가 이야기한 세미오시스라고 할 수 있다. 소쉬르적인 기호와 실재의 연결이 아닌 의미를 가진 기호가 만들어지고 의사소통이라는 체계 속에서 사용되고 변화하는 과정인 세미오시스가 여기서도 적용된다고 볼 수 있다. 그렇다면 이 메시지는 하나의 기호로 간주될 수 있다. 인과적으로 이 메시지라는 기호의 유형화와 특성에 대해 논의가 가능할 것이다.

이전의 연구(안혁 2014)에서 특정한 메시지를 대상으로 이미지와 텍스트의 유형을 세 가지의 하위 유형 - 도상적, 지표적, 상징적 관계로 나누어 보았다. 이를 통해 한 메시지에서 이미지와 텍스트가 제한된 관계를 보인다는 것을 알 수 있었다. 그러나 이러한 교육 프로그램을 통해 성취하고자 하는 교육목표가 본 연구의 중요한 내용이라고 할 수 있다. 앞에서 이미 LTP 프로그램이 학생들로 하여금 자신의 의사표현을 통해 인성적으로 안정성을 가지게 되는 효과를 지닌다고 하였다. 이러한 인성적 안정성은 PIE 프로그램의 결과에서도 관찰된다고 볼 수 있다. 본 연구의 대상으로 삼은 PIE 결과물은 총 235개의 메시지이다. 다음은 개략적인 메시지의 통계이다.

성별 메시지 개수 - 남: 126, 여: 109

연령별 메시지 개수

17세: 2

16세: 3

15세: 11

14세: 16

13세: 25

12세: 43

11세: 42

10세: 77

9세: 14

8세: 2

주제별 메시지 개수[4)]

? - 1

PIE10년전10년후 - 1

가을 - 9

---

4) 이 주제별 메시지는 실제 교육 후 그 내용적 분류를 수행한 정경렬의 분류에 의존하며, 본 연구에 도움을 주신 것에 대해 다시 한 번 감사드린다. 그럼에도 불구하고 해당 분류와 관련한 오류 역시 전적으로 저자의 책임임을 분명히 밝힌다.

나의10년전, 후 - 각각1

나의 과거현재미래 - 1

난 기자 - 18

난 누구 - 20

내 가족 - 12

내 감정 - 23

내 꿈 - 66

내 사랑 - 8

내 스토리 - 26

문학도가 되련다 - 11

소중한 몸 - 21

속담 - 3

스토리 만들기 - 8

추상찍기 - 5

이외에도 문체별 분류가 있지만, 상대적으로 시 형식의 문체를 가진 메시지의 수가 월등히 적어 본 연구와 무관한 것으로 판단하여 여기에는 포함하지 않는 것으로 결정하였다. 위의 그림 2에서 그림 8까지의 결과물도 여기에 포함된다.

감정이라는 주제와 관련되는 PIE 결과물들은 위에서 “내 감정”, “내 사랑” 등의 주제를 가진 것으로 한정해볼 수 있지만, 내용적으로 거의 모든 PIE메시지가 호감이나 애정, 그에 상반되는 비호감 같은 감정 혹은 정서와 관련된다. 예를 들어, 다음의 메시지는 내 가족이라는 주제로 9세 남아에 의해 작성된 것이다.

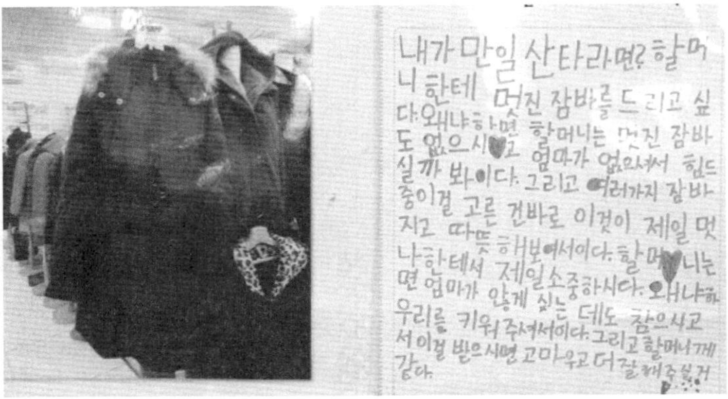

그림 9. 남9 - 내 가족

텍스트에서 보이는 내용은 단순히 전체 메시지의 화제인 할머니에 대한 객관적 기술이 아니라 할머니에게 선물하고 싶은 겨울용 외투의 사진이다. 그리고 그 이유인 할머니에 대한 사랑의 설명이 이어진다. 이미지와 텍스트의 관계는 지표적이며, 환유적이라고 할 수 있다. 이미지는 전체 메시지의 중요한 일부분이며, 텍스트는 그에 대한 부가적 설명이다.

그림 10. 남9 - 내 감정

"내 감정"이라는 주제를 가진 PIE 결과물 메시지는 다양한 이미지-텍스트 관계를 통해 저자들의 감정 상황을 보여준다.

나무 두 그루가 교차되어 있는 모습에서 대립의 이미지를 투영하고, 저자가 어머니와 다투었던 감정을 회상하는 상황이라고 할 수 있다. 여기 메시지에서 이미지와 텍스트는 상징적 관계를 보여준다. 대립의 이미지와 나무의 교차, 한글 ㅅ의 이미지 모두 자의적인 연결이라고 볼 수 있다.

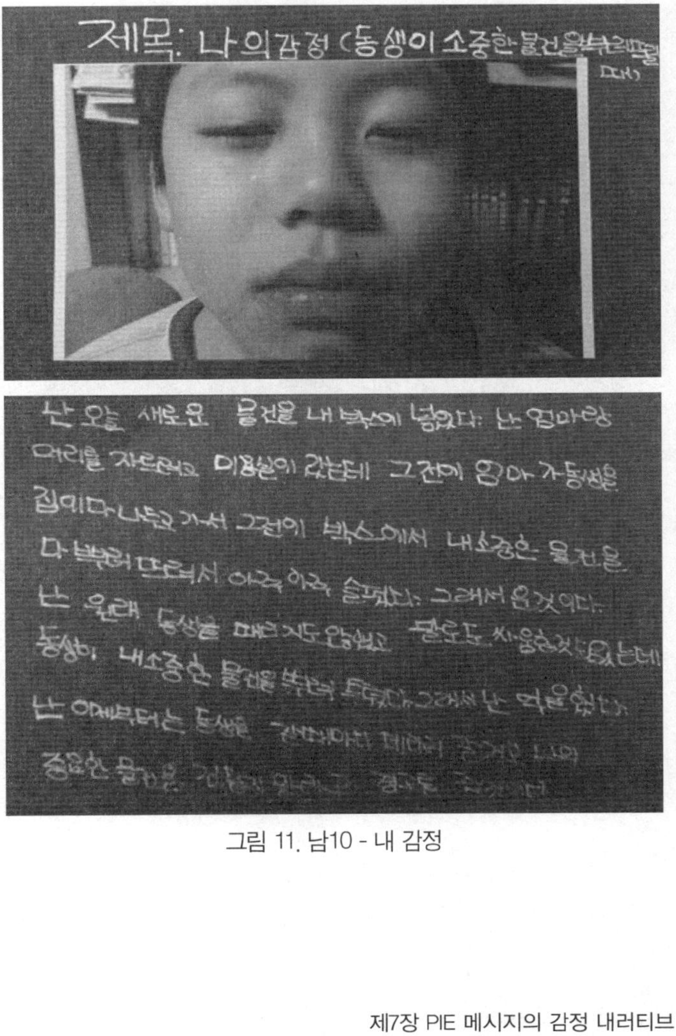

그림 11. 남10 - 내 감정

위의 그림 11은 저자의 감정을 매우 잘 보여주고 있다. 눈물을 통해 저자의 감정을 알 수 있게 하고 텍스트는 그 원인에 대한 설명이다. 전형적인 지표적 관계의 이미지와 텍스트를 통해 PIE 학생의 감정 상황을 잘 보여준다.

다음 그림은 텍스트의 문체가 다른 PIE메시지들과 차별적이다. 공원의 은유적 의인화를 통해 무서움이라는 자신의 감정을 표현하고 있다.

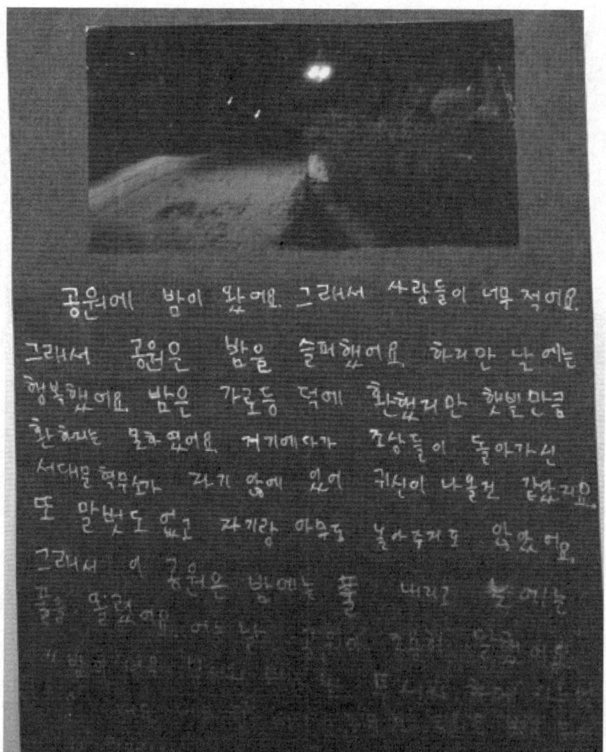

그림 12. 남11 - 내 감정

다음 그림은 17세 남학생에 의한 '스트레스'라는 제목의 메시지이다. 여기서 흥미로운 것은 이미지가 실제 감정과 상관이 없다는 것이다. 높은 곳에서 아래를 볼 때 느끼는 아찔함과 무서움을 스트레스를 받을 때 느끼는 감정에 비유하였다.

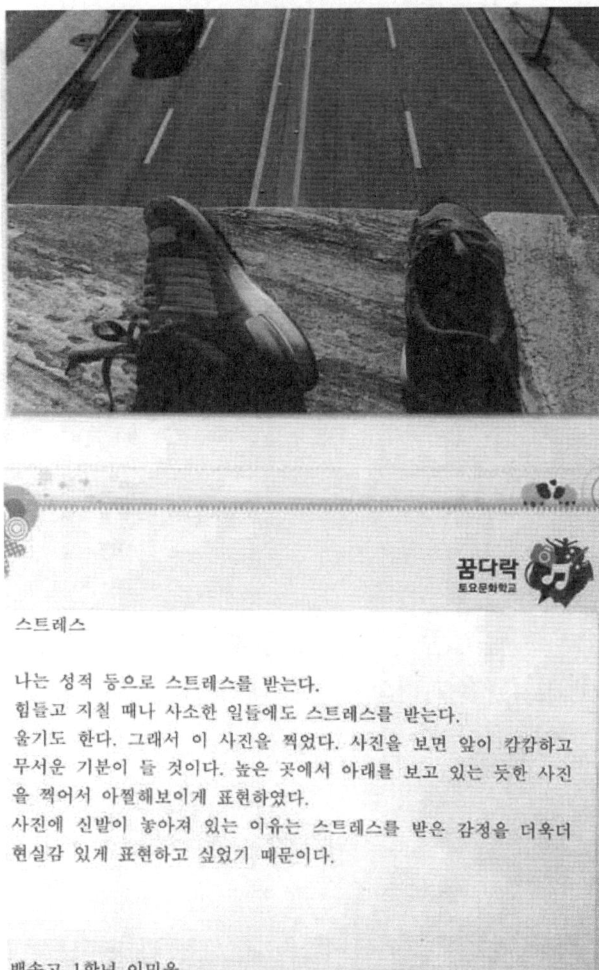

그림 13. 남11 - 내 감정

다음의 두 그림은 하늘의 이미지가 반대되는 상황을 가리키는 경우이다. 여기서 감정의 표현 양식의 보편성과 개인적 차이에 대한 논의가 PIE의 메시지라는 결과물에서 실증된다는 것을 알 수 있다.

그림 14. 여10 - 내 감정

여10 - 내 감정

결론적으로 위의 한국 초등학생들을 대상으로 한 PIE 프로그램의 결과물인 메시지들은 하나의 단일한 내러티브를 하나의 이미지와 텍스트를 결합하는 방법을 통해 전달한다. PIE 프로그램이 언어교육 혹은 글쓰기 교육을 지향함에도 불구하고 PIE 메시지 생산이라는 과정을 통해 많은 학생들은 자신의 감정을 표현하고 그 표현을 통해 안정적 정서 함양 교육 효과를 보는 것으로 생각된다. 학생들이 자신들의 개인적 경험을 통해 느낀 감정을 표현하는 과정에서 해당 감정에 대해 다시 생각해보는 계기가 되고, 이 메시지의 독자들은 해당 언어 문화의 기호코드를 통해 메시지를 해독한다. 이런 메시지 해독 과정을 통해 저자 학생들과 공감하고 이해하게 됨으로써 불통의 문제에 대한 하나의 해결책을 PIE 프로그램이 제공할 수 있다고 생각된다.

3. 결론

감정은 인간이 외부의 자극에 대한 반응이며, 이 반응은 다양한 방식의 행동으로 표출된다. 감정의 다양성은 하나의 감정이 다양한 스펙트럼 속에서 나타나는 것과 한 감정과 다른 감정의 구분이 개인적, 문화적 차이에 따라 매우 상이하게 나타난다는 것을 의미한다. 여기서 감정의 외부 자극에 대한 반응이라는 점은 감정을 하나의 내러티브와 비교할 수 있게 하는 점이 된다. 내러티브는 정적인 현상이 아니라 인과된 사건의 연속이다. 한 사건은 다른 사건의 원인이 된다. 이러한 인과성은 감정과 내러티브를 하나의 범주로 묶을 수 있는 기반이 된다. PIE의 메시지는 기본적으로 매우 짧은 내러티브이다. 이 내러티브는 이미지와 텍스트의 교묘한 결합을 통해 내용적 일관성을 확보하고, 저자의 생각을 표현한다. 국내 학생들을 대상으로 한 PIE 결과물을 고찰한 결과 PIE 프로그램의 내용이 언어교육 혹은 리터러시 향상이라는 지향점을 가짐에도 불구하고 학생들은 자신의 감정적 상태와 관련한 내용을 작성하였다. 이러한 감정 상태의 기술이나 토로를 통해 학생들은 자신의 상황에 대한 메시지를 타인에게 전달하고자 하고, 이러한 과정을 통해 학생들은 안정적 정서를 발달시킬 수 있다는 판단이다. 이러한 판단의 근거는 학생들의 메시지를 질적으로 분석하는 것이고, 양적 연구와 더불어 더 많은 데이터는 이 판단에 추가적인 힘을 부여할 것으로 생각된다.

이와 더불어, 언어의 무한한 것 같은 기능에 새삼 놀라움을 금할 수 없다. 언어의 표현 기능은 단순히 외적이고 객관적 실재의 기술이나 묘사가 아니라 정서 혹은 감정의 순화와 안정화의 기능 역시 수행한다고 볼 수 있다. 이러한 치료의 언어 기능에 대한 연구는 개인의 문제에 대한 해결책일 뿐 아니라 우리 문화의 소통 문제에 대한 답을 줄 수 있는 돌파구가 될 수 있다. 이를 위해서는 언어의 본질에 대한 이해와 교수법에 대한 고찰, 그리고 LTP나 PIE 같은 새로운 시도에 대한 연구가 필수적이라고 할 수 있다. 본 연구가 이러한 커다란 화두를 던지는, 너무나 복잡한 현대 사회와 문화의 연못에 파장을 일으키기 위해 날아가는 조약돌이 되기를 기대한다.

참고문헌

김성숙, 임부연 (2011) 상상적 이미지 중심의 내러티브 교육활동에서 나타나는 유아들의 학습경험에 관한 연구: 상상적 이미지를 중심으로, 『한국영유아보육학』 68: 83-106.

바르트, 김인식 편역 (1993) 『이미지와 글쓰기』 세계사, 1993.

정경열 (2009) 『감성과 논리력을 키워주는 사진교육』 웅진 리빙하우스.

주경복, 고봉만 (2002) 장 자크 루소, 『언어 기원에 관한 시론』 책세상.

최용호 (2004) 언어와 이미지 - 두 매체 사이의 관계 유형을 중심으로. 『기호학 연구』 16: 425-447.

임지룡. "다의어의 비대칭 양상 연구." 「언어과학연구」. 15권. 1998.

임지룡. "신체화에 기초한 의미 확장의 특성 연구." 「언어과학연구」 제10집. 2007.

안혁 (2014) "한국어의 리터러시 교육에서 이미지와 내러티브." 『언어와 언어학』 63: 107-132.

Cesarone, Bernard (2005) Visual Literacy, Childhood Education, Vol.82, No.1.

Ewald, Wendy & Lightfoot, Alexandra (2001) I Wanna Take Me a Picture: Teaching Photography and Writing to Children, Center for Documentary Studies in association with Beacon Press, Boston.

Ewald, Wendy; Hyde, Katherine; Lord, Lisa (2012) Literacy & justice through photography: a classroom guide, Center for Documentary Studies in association with Teachers College

Press, New York, Durham, NC.

Hyde, Katherine (2010) Literacy through photography, Contexts, Vol.9, pp.56-63.

Kamerer, David (2013) Media Literacy, Communication Research Trends, Vol.32, No.1.

Lakoff, G. & Johnson, M. (1980) Metaphors we live by. The University of Chicago Press: Chicago.

Langacker, Ronald W. (2008) Cognitive Grammar. Oxford University Press.

Lesy, Michael (2007) Visual Literacy, The Journal of American History, Vol.94, No.1. pp.143-153.

Moran, M.J. & Tegano, D.W. (2005) Moving toward Visual Literacy: Photography as a Language of Teacher Inquiry, Early Childhood Research & Practice, Vol.7, No.1.

VIII 외국인 대학원생들의 내러티브에 나타난 사회적 관계망 엿보기

8

외국인 대학원생들의 내러티브에 나타난 사회적 관계망 엿보기

민 진 영

1. 들어가기

느낌이 뭐냐면. 제가 하고 싶은 얘기. 물어보는 사람이 있어서 고마워요. 내 얘기 하고 싶고. 그리고 특히, 한국 뭐. 외국인들이 저뿐만 아니에요. 다른 외국인 친구들도 외국인끼리만 사귀고 그러는 거예요. 그래서 한국 사람들하고 같이 어울리고. 그렇게 함께 지냈으면 좋겠다고. 한국에 왔는데 한국 사람하고 같이 지내는 경험이 없어서 안타까워요. 제가. [메이의 이야기 중에서].[1]

본 연구의 목적은 한국에서 대학원 생활을 하고 있는 외국인 유학생들이 어떤 사람들과 사회적인 관계망(social network)을 맺고 있으

1) 본 연구의 연구 참여자들은 외국인 유학생들로 한국어로 이야기할 때 문법이나 어휘가 틀리거나 어색한 경우가 많았다. 그렇지만 본문에서는 연구 참여자들이 한 말 그대로 나타냈으며 상황 설명이 필요한 경우는 연구자가 괄호 안에 설명을 덧붙였다. 말줄임표는 '…….'로 표시했고 행동이라든지 의성어는 생략했다.

며 그러한 관계망을 통해 경험하게 된 희망과 좌절이 무엇인가를 탐색해 보는 데에 있다.

한국교육개발원(2014)[2]에 따르면 최근 국내 학위 과정에 있는 외국인 유학생 중 석·박사 과정에 재학 중인 사람은 2008년에 12,388명, 2010년에 16,291명, 2013년에 21,212명, 2014년에는 21,535명으로 지속적으로 증가하고 있는 것으로 나타났다. 특히, 2014년의 수치는 전체 유학생[3]의 39.4%에 해당하는 것인데 위에 인용된 것은 비단 메이의 이야기일 뿐만 아니라 현재 한국에서 유학 생활을 하고 있는 대부분의 외국인 대학원생들이 느끼는 감정일 것이다.

인간은 사회적 존재로서 일생동안 다양한 사회적 관계망을 형성하며 살아가게 된다. 이러한 사회적 관계망은 일생동안 만들어가게 되며 누구와, 어떤 관계망을 맺느냐에 따라 한 사람의 인생이 달라질 수도 있다. 그러므로 사회적 관계망은 우리 모두에게 중요하지만 한국이라는 낯선 사회에서 생활하면서 많은 좌절과 슬픔을 경험하게 되는 외국인 유학생, 특히 대학원생들에게는 더욱 중요하다고 할 것이다.

사회적 관계망은 집단이나 조직에 참여하여 일정한 사회적 관계(social relationships)를 형성하는 것을 의미한다. 이러한 관계망은 사람들에게 소속감을 가지게 하며 다른 사람들과 상호작용할 수 있는 기회를 제공하고 자신이 속한 학교나 사회가 제공하는 여러 기회를 누릴 수 있게 한다. 그러므로 외국인 대학원생들과 그들이 만나는 사람들 간의 상호작용은 그들의 새로운 태도나 행동 형성에 주요한 요

2) 한국교육개발원(2014), 간추린 교육통계.
3) 어학연수생 및 기타 연수생을 포함한 전체 외국인 유학생 수는 2008년에 63,952명, 2010년에 83,842명, 2013년에 85,923명, 2014년에는 84,891명이었다.

인이 될 수 있다. 이들이 한국 사회에서 사회적 관계망을 잘 맺으면 이 관계망이 새로운 사회에 정착하는 데 필요한 가교 역할을 해 줄 것이다. 또한 한국 사회에서 다른 사람들과의 긍정적인 관계망을 형성하면 자아 존중감, 개인적 성장, 신뢰, 안전, 호혜성 등도 증진시켜 줄 것이며(McMichael & Manderson, 2004), 새로운 곳에 정착하는 데 있어서 필요한 정보와 조언, 정서적 지지를 얻는데도 활용될 수 있을 것이다(Delechat, 2001; Man, 2002).

반면, 외국인 대학원생들은 주로 교수나 한국 학생들과 관계망을 맺으면서 학업을 수행하고 한국 생활에 적응을 해 나가므로 이들과의 관계망이 결여되면 학교 적응, 나아가서는 한국 사회 적응에 있어서도 어려움을 경험하게 될 것이다. 만약 외국인 대학원생들이 사회적 관계망을 맺는 데 있어서 어려움을 경험하게 되면 그것은 그 유학생 삶의 전 영역에 걸쳐 악영향을 미치게 될 뿐만 아니라 관계망은 상호작용을 통해 나타나는 것이므로 그 유학생이 만나게 되는 다른 사람들에게도 좋지 않은 영향을 미치게 될 것이다.

그러므로 외국인 대학원생들이 사회적인 관계망을 맺는 과정에서, 또는 속해 있는 관계망 속에서 어떤 어려움을 겪고 있는지를 파악할 필요가 있다. 그리고 외국인 대학원생들이 사회적 관계망 속에서 생기는 어려움들을 어떻게 받아들이고 있고 그런 경험들을 통해 깨달은 것은 무엇인지, 그 어려움들을 어떻게 해결해 나가면서 적응하고 발전해 나가는지에 대해서도 알 필요가 있다.

그러나 지금까지 이러한 외국인 대학원생들이 한국에서 유학 생활을 하면서 어떠한 사회적인 관계망을 맺고 있는지, 그 관계망 속에서 느끼는 기쁨이나 좌절이 무엇인지에 대한 생각 혹은 의견을 청취하는 일은 거의 없었다. 따라서 본 연구에서는 외국인 대학원생들의 사회적 관계망을 검토하여 이들이 좀 더 나은 유학 생활을 하는 데에

도움을 주고자 한다. 이와 같은 연구는 외국인 대학원생들이 경험하는 한국에서의 사회적 관계망의 세부적이고 구체적인 특성을 살펴보는 연구로서 의의가 있을 것이다.

이와 같은 외국인 대학원생들의 사회적 관계망을 알아보기 위해서 본 연구에서는 내러티브 탐구(narrative inquiry) 방법을 사용하고자 한다. 내러티브 탐구 방법을 사용하고자 하는 이유는 인간의 경험은 내러티브적으로 발생하며 한 개인의 깊은 체험은 그의 내러티브를 통해 구성되고 구체화된다는 점에서 한국에 유학을 온 대학원생들의 사회적 관계망을 생동감 있으면서 있는 그대로 전달하는 방법으로 가장 적합할 것이라고 생각되었기 때문이다. 아울러 한 개인의 경험은 개인의 내부와 개인과 집단, 사회와의 상호작용을 통해서 구성되어 가는 산물로서 과거·현재·미래를 연결하는 계속성을 지니며 물리적이고 구체적인 장소이자 심리적으로 영향을 미치는 공간에서 일어난다(김대현·박경미, 2006:430). 이러한 점에서 내러티브 탐구 방법이야말로 외국인 대학원생들의 사회적 관계망을 분석하고 그들의 상황을 심층적으로 이해할 수 있는 가장 적합한 연구 방법이 될 것이라고 본다.

2. 이론적인 배경

외국인 대학원생들은 한국 사회 안에서 학업을 통해 자아실현을 하게 되며 한국 사회의 테두리 안에서 적응할 수밖에 없다. 따라서 외국인 대학원생들의 사회적인 관계망 즉, 교수와 한국인 학생 그리고 자국민과의 관계망이 한국 생활과 대학원 생활 적응에 중요한 영향을 미친다는 것은 두말할 여지가 없다. 외국인 대학원생들이 사회적인 관계망을 형성하는 데에는 같이 수업을 듣는 학생들과의 의사소통, 한국 친구나 자국 친구들과의 원만한 관계 형성을 위한 노력, 안정적이고 지지적인 도움을 줄 수 있는 교수나 친구와 같은 사회적인 지원 조직의 형성과 그 조직 관리 능력이 필요하다고 볼 수 있다.

사회적 관계망은 사회학 분야에서 Barnes(1954)가 처음 소개한 이래 1970년대 이후부터 본격적으로 연구되기 시작하였으며 인류학, 사회학, 간호학, 복지학 등 여러 분야에서 다양하게 연구되어 왔다.

사회적 관계망은 어느 한 개인을 중심으로 그 개인과 상호 연관을 맺고 있는 사람들 간의 연결망(set of connections)이라고 할 수 있다(이은해, 1997:33). 사회적 관계망은 개인이 삶에 대한 적응과 어려움을 해결하기 위해 긍정적인 도움을 얻을 수 있는 구조들이라고 할 수 있으며, 이러한 구조는 개인의 삶 속에서 다양하게 발생하는 상황에 적극적으로 대처할 수 있게 하는 자원이 될 수 있다(박순희 외, 2010:187).

이러한 사회적 관계망을 김종향(2011:52)은 개인적인 관계망과 제도적인 관계망으로 나누어서 개인적으로 친분관계가 있는 가족, 친척, 친구, 이웃, 선후배 등과 같은 인물들은 개인적인 관계망으로 보았다. 그리고 취업에 관련한 각종 조직이나 제도, 이를 통해 알게 된 사람 등은 제도적인 관계망으로 보았다.

이와 달리 안재진 외(2004)를 포함한 많은 연구자들은 사회적 관계망의 특성을 구조적인 측면과 기능적인 측면으로 나누었다. 먼저, 구조적인 측면은 사회적 관계망과 관련된 사람의 수와 관계의 범위이다. 구체적으로는 구성원들과의 접촉의 빈도, 밀도, 크기와 범주, 유대의 강도, 지속기간 등을 포함하며 이를 통해 객관적인 관계 형태를 알아볼 수 있다. 사회적 관계망의 구조적인 측면에서 본 관계의 범위는 가족, 친척, 친구, 이웃, 직장동료 등과 같이 사회적 관계를 유지하거나 상호작용을 통해 지원을 제공하는 사람들로 구성되어 있다.

기능적인 측면은 사회적 관계망이 제공하는 기능을 말하는 것으로 어떤 개인이 스트레스를 받는 사건에 직면했을 때 사용할 수 있는 자원의 가용성이다. 이는 지지출처, 지지형태, 만족도 등을 포함하며 이를 통해 사회적 관계망의 내용을 의미하는 질적 측면을 알아볼 수 있다. 이것은 관계망의 크기에 따라 차이가 있을 뿐만 아니라 관계의 범주에 따라서도 지원의 기능이 다르다. 배우자나 가족과 같은 일차적인 집단은 대체로 정서적인 지원을 제공하고, 직장이나 사회생활과 관련된 이차적인 집단은 물질적, 정보적 지원을 제공한다(Weiss, 1974).

한편, 사회적 관계망의 주요 기능은 지원(support)을 제공하는 것이지만 때로는 갈등과 통제 등과 같은 기능을 할 수도 있다(Cochran, 1993). 즉, 갈등과 통제를 제공함으로써 역기능적인 효과를 제공하기도 한다(Jackson 외, 1997; Berrera, 1981). Berrera(1981)는 이러한 부정적인 기능을 하는 연결망을 '갈등 네트워크(conflicted network)'라고 부르고 있다. 정리해 보면 사회적 관계망은 사회적 지지를 통한 긍정적인 기능과 갈등적인 관계로 인한 부정적인 기능까지를 포함한다고 할 수 있다.

이와 같은 사회적 관계망에 대한 연구가 여러 분야에서 많이 이루어졌으나 외국인 유학생을 대상으로 살펴본 연구는 거의 찾아볼 수가 없었다. 다만 Philips 외(1997), Westwood 외(1990), Bochner(1977), 허춘영(1998) 등이 유학생들의 대인관계에 대해 밝힌 연구가 있을 뿐이었다.

이 연구들을 구체적으로 살펴보면 먼저, Philips 외(1997)는 향수병, 음식·언어·경제 문제, 의료 서비스, 새로운 관습과 교육 체제에 적응하는 일 등과 함께 우정을 발전시키는 일을 외국인 유학생들이 적응하는 데 주로 겪는 문제들로 꼽았다. 그러면서 외국인 유학생들이 처음 6개월 동안 가장 많이 필요로 한 것이 친구였다고 밝혔다.

Westwood 외(1990)는 유학생의 대인관계에 관한 연구에서 유학생들이 맺는 친구 관계를 자국 학생, 현지 학생 그리고 다른 나라에서 유학 온 학생의 세 유형으로 분류한 후 가장 관계를 많이 맺는 것은 자국 학생들로 44%를 차지했다고 밝혔다. 그 다음은 현지인들로 29%로를 차지했다고 하면서 이는 학문 목적상 도구적인 것이며 개인적이기보다는 공식적인 것으로 다른 학생, 교수, 상담가, 대학 측 그리고 정부 관리들과의 관계들이었다고 했다. 다른 외국인들과의 교제는 가장 낮은 빈도로 나타났는데 그 이유는 이들은 임시활동에서 주로 만나게 되기 때문이라고 했다.

Bochner(1977)는 유학생들의 대인관계에서 출신이 같은 학생들은 언어나 학습과 같은 정보적 지원을, 현지 학생들은 정서적 지원을 해준다고 했다. 현지 학생들과 많이 접촉하면 유학생들은 더 만족하였고 스트레스도 낮아 적응에 문제가 적었다고 했다. 또한 자국 학생들과의 관계는 자존심, 문화적 정체감 형성, 심리적 안녕감에 도움을 주었다고 그 연구 결과를 밝혔다. 다른 유학생들과의 관계에서는 오락 등을 통하여 부가적인 사회적 지원은 해 주었으나 심리적·사회문화적 적응에는 도움이 되지 않았다고 하였다.

허춘영(1998)은 유학생들이 한국문화에 적응하는 과정에서 여러 영역에 걸쳐 어려움을 체험하고 있지만 그 중에서 대인관계 형성의 어려움이 가장 정도가 심하였다고 밝혔다. 그러면서 이 문제는 일정 기간이 지난 후에도 여전히 개선되지 않고 어려운 문제로 남아 있었다고 지적하였다. 그리고 유학생들이 신뢰할 수 있는 사람이 없는 것과 한국 친구가 없는 것에 있어 가장 큰 어려움을 호소하였다고 하였다.

이와 같은 연구 결과를 통해 봤을 때 외국인 대학원생들이 한국에서 생활하면서 맺게 되는 관계망은 한국에서의 적응과정에서 필요한 정보와 다양한 자원을 획득하는 수단과 한국사회에 성공적으로 정착하기 위한 지지원으로서 중요한 역할을 수행해 주는 것이라고 볼 수 있다. 따라서 이들에게 관계망이 부족하게 되면 이에 따른 언어 습득의 어려움, 문화차이로 인한 갈등, 편견, 사회적 소외 등으로 고통 받게 될 것이므로 이들이 사회적 관계망을 잘 맺을 수 있도록 도와 주는 장치가 필요하다고 할 것이다.

3. 연구 방법

3.1. 내러티브 탐구 방법

본 연구는 외국인 대학원생들이 사회적 관계망을 통해 경험하게 되는 의미를 탐구하기 위하여 내러티브 탐구 방법을 사용할 것이다. 외국인 대학원생들이 사회적 관계망 형성 경험을 이야기하면 연구자는 그들이 이야기한 것을 다시 이야기함으로써 연구 참여자 각자에게 자신의 목소리를 표현할 수 있는 공간을 제공하게 되며 그 이야기들을 통해 그들이 사회적 관계망을 맺는 과정이 드러날 수 있다.

내러티브는 인간의 경험에 대한 이야기로 인간의 경험을 표현하고 이해하기 위한 가장 좋은 방법이며 내러티브 탐구란 그러한 경험을 해석하거나 재해석하는 방법까지 포함하고 있다(염지숙, 1999:60). 그러므로 연구자는 본 연구 참여자들의 사회적 관계망을 연구하고자 그들에게 현재 일어나고 있는 일에 대한 이야기뿐만 아니라 기억 저편에 있는 과거의 사건들까지도 이야기로 표현하게 하려고 했다.

내러티브 탐구 방법에서는 삶의 경험들을 이야기하고 다시 이야기하는 과정을 통해 경험의 의미가 끊임없이 재구성된다. 이와 같은 과정은 일련의 경험적 사건들을 단순히 나열하는 것이 아니라 그것들을 특정한 방식으로 구조화하면서 해석하는 활동이다(Clandinin & Connelly, 2000). 따라서 내러티브 탐구는 이야기로서의 경험에 대한 연구이자 최고의 사고양식이며(Connelly & Clandinin, 2006:375), 이러한 이야기들은 공통된 경험을 가지고 있는 사람들에게 장차 일어날 수 있는 미래의 이야깃거리들도 제공해 줄 수 있다.

3.2. 연구 참여자 및 자료 수집

본 연구의 참여자는 대학원 과정의 외국인 석사생과 박사생을 대상으로 하였다. 이들은 한국 생활을 통해 맺은 사회적 관계망에 대한 경험과 의견을 한국어로 잘 전달할 수 있을 정도로 한국어로 의사소통이 가능한 자들이면서 면담에서 진술한 개인적인 경험 및 여러 자료를 연구 자료화하는 것에 동의한 자로 선정하였다. 이들은 7개국에서 온 총 8명이다.[4] 참여자들의 이름은 익명성을 위해 참여자들의 나라에서 흔하게 쓰이는 이름 중 하나를 사용하였으며 이들의 정보는 다음 <표 1>과 같다.

---

4) 질적 연구의 자료수집에 있어서 가장 큰 관심사는 연구 주제와 관련하여 풍부하고 깊이 있는 자료를 제공해 줄 수 있는 연구대상자를 '목적성 있게' 선정하는 것이다(Patton, 1990). Creswell(2007)은 내러티브 탐구를 위한 연구 참여자를 선정할 때 연구할 특정 현상이나 탐구를 위한 주제에 대해 이야기를 풍부하게 들려 줄 수 있고 연구주제와 관련하여 사회적·문화적·역사적 맥락을 반영하는 나이, 성별 등 사회적 역할 등이 고려되어야 한다고 강조한다.

<표 1> 연구 참여자 정보

번호	이름	성별	나이	국적	한국체류 년수	전공 /과정
1	올렉	남	34	러시아	8년	물리학과/박사
2	메이	여	31	미얀마	5년	한국학과/석사
3	준코	여	31	일본	5년	정치외교학과/석사
4	투하	여	29	베트남	6년	사회학과/박사
5	칸	남	29	인도	7년	국문과/박사
6	효령	여	28	중국	9년	정치외교학과/석사
7	춘란	여	26	중국	5년	전자과/석사
8	엠마	여	24	호주	3년	국문과/석사

본 연구를 위한 자료 수집 기간은 2011년 11월부터 2012년 8월까지였으며 예비 면담을 통해 참여자들의 동의를 구한 후에 본격적으로 면담을 실시하였다.[5)] 면담 장소는 연구 참여자들이 원하는 장소에서 이루어졌으며 면담을 할 때마다 관찰 기록 및 현장기록을 하였다. 그리고 면담과정에 대한 연구자의 생각을 기록하기 위해 연구일지를 작성하였다. 면담내용은 연구 참여자의 동의를 얻어 소형녹음기로 녹취하였고, 필사하여 텍스트로 전환하였다. 면담을 하는 동안 연구 참여자들은 대부분 한국어가 유창하면서도 질문을 하지 않으면 무엇을 말해야 할지 몰라 주저하는 경우가 있었다. 그렇지만 본인들의 참여가 다른 외국인 대학원생들에게 도움이 되기를 바란다면서 적극 협조해 주려는 모습을 보여 주었다. 면담을 실시하는 동안 연구자는 연구 내용과 관련된 신문기사나 자료들도 수집을 하였으며 면담을 마친 후와 분석과정에서 전화, 문자, 전자우편, 카카오톡 등을 통해 자료를 보충하였다.

5) 연구를 위한 심층 면담은 Siedman(2006:16-18)의 질적 연구를 위한 면담 방식을 기본 틀로 하여 진행하였다. Siedman은 질적 연구에서 면담은 각기 다른 초점을 갖고 3회 정도 진행되어야 한다고 제안하고 있다.

4. 외국인 대학원생의 사회적 관계망 맺기

본 연구 참여자들은 한국이라는 새로운 사회에 적응하기 위한 관계망을 형성하기 위하여 다양한 노력을 하고 있었다. 이들의 사회적 관계망은 교수, 한국 학생들, 학교 외 사람들, 자국민과의 관계에서 나타나고 있었다.

4.1. 교수와 관계망 맺기: 다가가면서 일정 거리 유지하기

기존 연구에 의하면 유학생들은 수강하는 과목의 교수로부터 얻는 지원을 중요한 지원 형태의 하나로 인식하고 있는 것으로 드러났다(Kingston & Forland, 2008; Tran, 2008; 서영인, 2012 재인용). 즉, 교수와의 관계에 있어서 교수의 정성어린 태도와 대화 등은 유학생의 학습 진전에 크게 영향을 미치는 것이다.

그렇지만 참여자들의 경우 교수와의 관계망을 맺는 데 있어서 그 정도나 범위에 개인차가 심하였다. 참여자들 중 교수와 편안한 관계를 맺고 있는 사람은 없었으며 아직까지도 교수와 어떻게 관계를 맺어야 할지 몰라서 혼란스러워하고 있었다. 참여자들의 지도 교수는 대부분 외국에서 공부한 경험이 있는 젊은 교수가 많았다. 참여자들은 이런 상황에 대해 젊고 외국에서 공부한 경험이 있는 교수는 그들 자신이 외국 생활 경험이 있으므로 외국 학생들을 잘 이해하고 배려해 주지만 나이가 많은 교수들은 대체로 이해력이 부족해 외국 학생들 지도 맡는 것을 싫어하기 때문인 것 같다고 추측했다. 이에 대해 준코와 칸은 다음과 같이 말했다.

젊은 교수님. 30대 후반, 40대 정도. 그런 교수님 아래에도 (외국인 학생들이) 몇 명 있는데. 외국인 학생 되게. 그 외국인 학생들도 편하다고 했어요. 젊은 분이시면. 미국에서 오신 지 얼마 안 돼서……. [준코].

나이 드신 선생님들은 거의 안 봐 주시는 것 같고, 젊은 선생님들이 좀 이해 많이 해 주세요. 많이 봐 주시는 입장이시고. 그런 차이는 좀 느꼈어요. 외국에 이제 생활하고 오신 선생님들은 좀 다르고. 외국 학생들이 어떻게 어렵게, 어떻게 생활하고, 노력하고 있는지를 좀 이해를 하시는 것 같아요. 그 부분에서 이해를, 양해를 해 주시고. [칸].

춘란은 자기 지도 교수는 한국 학생과 외국 학생을 다르게 대하는 것 같다고 했다. 수업 시간에는 그것을 느낄 수 없지만 연구실에 있으면 한국 학생들과 이야기도 더 많이 하고 점심도 같이 자주 먹기 때문에 티가 난다고 했다. 그러면서 춘란은 대학원생이기 때문에 교수로 인해 힘든 일이 있어도 불만을 이야기하면 졸업을 할 수 없다고 했다. 교수가 없을 때는 불평을 말할 수도 있으나 교수 앞에서는 무조건 교수님이 최고시라고 말씀을 드려야 한다고 했다. 공대의 경우 연구실에 들어가면 지도교수가 모든 일 즉, 과제는 무엇을 할지, 졸업논문은 무엇을 쓸지, 졸업을 시킬지 말지 등을 결정하기 때문에 절대 교수 앞에서 불평을 하면 안 된다고 했다.

다르게 대해요. 아무래도 한국인 교수님이라서. 한국 학생들이 더 친한 것 같아요. 수업 시간 말고 연구실에서요. 얘기도 하고. 만약에 뭐. 교수님 같이 점심도 먹고 그래요 지금. (중략) 교수님 때문에 힘들 때, 과에서 얘기를 하면 큰일이 나요. 참아야 돼요. 하면 안 돼요. 큰일이 나요. 자기가 알아서 해야 돼요. 대학원생 학부생. 좀 틀려요. 학부생은 교수님 컴플레인 해도 되는데 대학원생은 자기 교수. 지도 교수는 만약에 컴플레인 하며는 졸업 못해. 교수님 없어도 뭐 이렇게 해도 되긴 되는데. 교수님 있으며는 교수님 최고! 이렇게 이런 말만 할 수 있는 거예요. [춘란].

투하는 박사 논문을 지도해 주는 교수와 성격이 잘 안 맞는다고 한다. 무뚝뚝하고 성격이 급하신 반면에 말씀은 느리게 하신다고 한다. 그래서 투하가 중간에 질문을 하면 항상 싫어하는 표시를 하고 야단을 치기도 하니까 투하는 마음에 상처를 받는다고 한다.

교수님은 성격이 모르겠어요. 안 맞아요. (중략) 제가 선생님 말 다 끝날 것 같아서 중간에 질문하는 거예요. 너. 왜 그렇게 성격이 급하냐? 그런 거예요. 충청도 사람. 어. 근데 제가 왠지 미안하기도 하고, 싫어하기도 하고. 제가. 왜냐면. 교수님이 노골적으로 말하니까. 제가 왠지 마음이 그렇죠. [투하].

엠마는 자기가 호주에서 와서 교수들이 좋은 대우를 해 주는 것 같다고 했다. 다른 외국인들과 달리 자기가 말을 하면 교수들이 한국어를 잘한다고 한다는 것이다. 그렇지만 엠마는 자기의 부족한 것을 자기가 아는데 호주 사람이라서 괜찮다고 하니까 그런 이야기를 들으면 기분이 좀 상하고 그렇게 이야기하지 말아달라고 이야기를 하고 싶다고 한다.

저 경우. 영어권이라서 좋은 차별 같아요. 저한테 사실 영어권이니까. 영어권이 이렇게 생각하면 한국어 잘하시네요. 이런 식으로 얘기를 하시는데. 그 순수한 마음으로 하셨지만 조금 저. 다른 학생들처럼 잘하고 싶어요. 잘하고 싶은데. 저 영어권이라서 괜찮다고 하시니까. 기분이 나쁜 것보다……. 반대하고 싶어요. 중국 학생들 뭐. 한자 비슷하니까 한글, 한자 있으니까 잘해야지. 이렇게 생각하시는데. 저보고는 호주 사람이네? 신기하네? 그리고 한국말 잘하시네. 이런 식으로. [엠마].

한편, 참여자들은 교수와의 관계에 있어서 교수의 권위적인 태도 때문에 힘들어하는 경우가 많았다. 올렉과 춘란은 이공계열이기 때문에 별일이 없으면 아침 9시부터 저녁 6시 정도까지 수업시간 빼고는 거의 연구실에 있어야 한다고 했다. 그렇지만 개인적인 일이 있을 수도 있고 생활비를 벌기 위해서 아르바이트도 해야 하는데 교수가 계속 연구실에 있으라고 하니까 때때로 힘이 든다고 한다. 올렉은 가끔 연구실을 비우면 그때마다 교수에게 꼭 걸리게 되고 그러면 교수가 계속 잔소리를 하면서 나쁜 말을 하기도 한다고 한다. 이럴 때 올렉은 교수가 자신을 소중하게 생각해 주지 않는 것 같다는 생각이 든다고 한다. 잔소리를 할 때는 반항을 하고 싶기도 하지만 그럴 때는 가만히 있어야 된다는 한국 문화를 알기 때문에 아무 말도 하지 않고 가만히 듣고 있다고 한다. 춘란도 만약에 교수가 갑자기 연구실에 왔을 때 자리에 없으면 운이 좋을 때는 괜찮지만 운이 나쁠 때는 교수가 화를 낼 때도 있다고 한다.

올　렉: 교수님이 꼭 우리를 찾을 때. 그때 없거나. 그때. 제가 너무 소중하다고 생각하지 않으니까. 근데 항상 소중하지 않았어요. 원래 한국에서 그냥 있어야 된다.

연구자: 교수님이 화나시면 뭐라고 하셔?

올　렉: 심한 말. 그냥 뭐. 계속 잔소리 그런 거? 했어요. 어차피 그때는 뭐. 짜증날 수도 있고. 근데. 그때는 가만히 있어야 되고. 어차피. 잔소리 듣는 게. 제일 제가 싫어하는 스타일. [연구자와 올렉의 대화].

제일 어려운 게. 그니까 가끔 교수님한테 욕먹는 게. 욕먹죠. 왜냐면 높은 사람한테 아닙니다. 그렇게 하면 안 되죠. 강하게 내 말이 옳아도. 왜냐면 그 사람이 "그럼 난 바보다. 니가 나보다 더 똑똑하고 나는 바보."라고. 아직은 가끔씩 그런 실수해요. 교수님이 우리 지도 교수님이 한 번, 여러 번 교수님이 안 된다. 아직 그런 거 모르냐. 근데 그렇게. 근데. 내 탓이야. 내 탓이야 하고 싶지가 않을 때도 있잖아요. 한국에서 그렇게 욕먹는다. 받아들이는 데. 근데 나는 어차피 문화적으로 다르니까. 가끔씩은 참을 수 없는 게 있긴 있어요. 근데 한국에서는 가만히 있는 게 더 좋죠. 아예. 가만히. 아무리 뭐. 내 말이 맞아도. 그리고 제일 어려운 게 그런 것 같아요. [올렉].

교수님. 만약에 갑자기 연구실 오면. 자리 없으면. 좀 그런 것 같아서. 운이 좋으면 괜찮고, 운이 안 좋으면 뭐, 교수님 화날 때도 있어요. [춘란].

메이와 준코의 경우는 같이 식사도 하고 집에도 초대를 해 주는 교수를 아주 좋은 분들이라고 말했다. 메이는 한 교수가 외국 학생들에게 밥을 사 주고 자기들의 이야기도 들어줘서 아주 좋았다고 했다. 준코는 지도 교수가 외국 학생들을 편하게 대해 주니까 그 교수 밑에 제자들이 아주 많다면서 그 교수가 명절이 되면 외국 학생들이 외로울까 봐 집으로 초대도 해 주는 것이 정말 감사하다고 했다.

4.2. 한국 학생들과 관계망 맺기: 낯선 이에 대한 관용

외국인 대학원생들이 대학원과 한국 생활에 잘 적응하기 위해서는 한국 친구와 관계망을 맺는 것이 필수 조건이다. 외국인 대학원생들에게는 마음과 마음을 나눌 수 있는 진정한 관계망이 필요하며 이들에게 있어서 친구 사귀기는 수단이 아니라 동등한 위치에서 동시대에 살고 있는 젊은이들 간의 교류가 될 수 있다(김영경, 2009). 그렇지만 현실은 이러한 관계망을 맺는 것이 쉽지 않아 보였다.

참여자들은 보통 학교가 아닌 다른 곳에서 만난 사람들과는 좋은 관계를 맺고 있는 데 반해 학교 안에서 만나는 한국 친구나 선·후배들 중에서는 그렇게 좋은 관계를 맺거나 편하게 대할 수 있는 사람이 많지 않았다. 메이는 대학원에 다니면서 한국 사람들과 친해지지 못한 것을 가장 큰 아쉬움으로 꼽았다. 그들과 친해지려고 노력해 봤으나 너무들 바쁘니까 시간을 내 주는 사람이 없었다고 한다. 이로 인해 메이는 한국에 사는데 한국 친구가 없다면서 안타까워했고 한국 사람과 어울릴 기회가 없다 보니까 한국어 실력도 많이 떨어지고, 친한 한국 사람이 없음으로 인해 한국의 관습이나 태도, 행동 등도 배우지 못한 것 같다고 아쉬워했다. 투하는 한국 학생들과 스터디를 하면 한국 학생들이 희생해 주는 입장이라고 표현하면서 한국 학생들과 스터디를 같이 하는 것이 꼭 필요하지만 미안하니까 같이 하자고 못하고 있다고 했다. 그러다 보니 관계망을 형성하기가 쉽지 않다는 것이다.

참여자들은 모르는 것이 있어도 같은 과 한국 사람들에게 물어보지를 못했는데 그 이유를 다들 너무 바빠 보여서, 미안해서라고 입을 모았다. 심지어 자신들을 도와주는 강의조교나 도우미, 글을 교정해 주는 조교가 있어도 자기들의 한국말 실력이 들통이 날까 봐서 쑥스럽기도 하고 그 사람들의 시간을 너무 빼앗는 것 같아서 말을 못 한다는 것이다.

싫어서가 아니고. 자기 일 하느라고. 뭐. 과제해야 되고, 수업 뭐. 들어야 되고 하니까 바빠서 좀. 무관심하게 했나 봐요. 그래서 저하고. 제가 뭐 물어보면 시간 내서 들어보기가, 제 말 이해하기도 힘들잖아요. 외국인이니까. 그래서 내가 뭐 물어보면 그 사람한테 좀 느춘 것 같다고. 그 사람의 일을 늦게 하는 것 같다고. 그런 느낌이 들었어요. [메이].

누가 내 글을 봐 준다. 봐 주면 좋지만 왠지 쑥스러워요. 내 글을 교수님만 읽었으면 좋겠다. 그런 거. 왜냐면 같은 과이잖아요. 선배일 수도 있고. 내 글을. 이거 기말보고서인데 이 정도 안 돼? 그런 식으로 생각할 수 있어서 부끄러워요. [투하].

좀 눈치를 봐야죠. 학생들, 선배. 만약에 제가 찾는데도 선배가 시간이 있는지 없는지. 또 뭐 해 주실 있는지 아닌지. 그런 것. 좀 봐야 되죠. 그래서 가끔. 가끔이 아니고 되게는 바쁘신 거죠. 그래서 너무 부탁할 때도 가끔 어떻게 할까? 이런 정도를 좀 문제가 돼요. 미안한 느낌이 들어서 좀……. 물론 제가 많이 논문 보고 써도 틀린 부분이 많아요. 어색한 부분도 많고. 다 있는데. 그래서 한 번 누가 봐 줬으면 좋은데. 선배들도 너무 바빠서. 너무 미안해서. 어떻게. [칸].

투하는 대학원에서 만난 사람들과 좋은 관계망을 맺기 어려운 이유를 3가지로 나누어 이야기하였다. 그것을 살펴보면 첫째, 한국 학생들은 이미 초등학교 때부터 친했던 사람들도 있기 때문에 자기가 끼어들기가 어렵다고 한다. 둘째, 가끔 선후배들과 식사하면서 이야기를 하기도 하는데 살아온 배경이 다르니까 한국 사람들이 이야기를 할 때 모두 이해를 못하므로 끼어들지 못할 때가 많다고 한다. 게다가 한국 사람들과 이야기를 할 때는 자신의 머리가 빈 것처럼 느껴질 때가 있어서 아무 이야기나 막 할 수가 없다고 한다. 셋째, 선배들과 이야기할 때는 만약 자신이 실수할 경우 자신에 대해 그동안 뭐 했나? 라고 생각할 수도 있고 후배들은 선배가 왜 이것밖에 모르냐고 생각할 수도 있기 때문에 특히, 공부적인 면에서 조심스러워진다고 한다.

한편, 투하는 왜 자신이 같은 과 사람들과 이야기를 할 때 이미지 관리를 하고 조심스러운지를 잘 몰랐다가 이번에 면담을 하면서 깨닫게 되었다고 좋아했다. 즉, 자기가 같은 과 친구들과 친해지기 어려웠던 이유는 자신이 한국 사람들에게 못나 보일까 봐, 다른 사람들이 자기가 똑똑하지 않다고 느낄까 봐 이미지 관리를 하기 때문이었다는 것이다.

> 한국 사람들이랑 말을 하면 약간 머리 빈 것처럼 느껴질 때가 있어요. 아~ 약간 공부적인 거. 그냥 친한 친구이면 말을 쉽게 하는데, 공부 관련된 거면 조심스럽게 하는 것 같아요. 아아~ 그 면이에요. 외국인 친구는 공부에 관련한 이야기 잘 안 하니까. 그런 것 같아요. 아 공부에 관련된 거구나? 저, 이제 이해했어요. 맞다. [투하].

투하와 달리 준코는 도움이 필요하면 한국 선배들에게 선물을 주기도 하고 수업이 끝나면 같이 식사를 하기도 하면서 관계망을 맺어갔다고 한다. 효령과 춘란도 MT도 모두 따라가고 모임이 있으면 꼭 참석하려고 노력하면서 한국 친구들과 친해졌다고 한다. 그렇지만 춘란은 지금은 친하게 지내는 한국 친구가 서너 명밖에 없는데 그 사람들마저 학부 때 알게 된 사람들이고 석사 때 친해진 사람은 한 명도 없다고 한다. 그 이유는 학부 때 같이 공부했던 한국 사람들은 지금 춘란이 다니는 곳보다 더 좋은 대학원으로 가기도 했고 한국 사람들이 자신을 무시한다고 느껴서 자주 안 만나기 때문이라고도 한다. 이와 관련하여 하정희(2008)도 중국 학생들이 한국 학생들에게 공통적으로 불편함을 느끼는 것 중의 하나가 한국 학생들과 교수들에게 해야 하는 존댓말이며 한국 학생들이 지나치게 선후배나 나이 차이를 강조하는 것이라고 밝혔다.

> 한국 사람한테 정보를 얻을 일이 처음에 있었어요. 왜냐면, 우리 처음에 한국 사람 친해져야 돼요. (중략) 우리 그때는 알려주는 사람이 없어요. 그러니까 한국 사람이 친해질 수밖에 없어요. 그거. 처음에 OT, MT 다 참가하고 뭐. 한국 친구 밥 사 주고. 남이 부탁하며는 당연히 이렇게 해야 돼요. 다 도와주고. [춘란].

그리고 춘란은 한국 선후배를 대하기가 너무 힘들어서 연구실을 뛰쳐나온 적도 있다고 한다. 학부를 졸업하고 잠깐 연구실 인턴으로 있었는데 그때 선배들이 너무 괴롭혀서 견디지를 못하고 뛰쳐나왔다. 그래서 지금도 선배가 나가면 문을 열어 줘야 되고 교수를 마치 왕처럼 대하는 한국의 연구실 문화를 알고 있기는 하지만 이런 환경에서 계속 살기는 어렵다고 말하였다.

> 그때는 뭐. 심부름도 시키고. 나도 사람인데 왜 저만 시켜요? 나도 힘든데. 이런 생각만 있었어요. 그때는. 예를 들면 욕하는 말까지 했어요. 자기 뭐지? 뭐. 제가 가끔. 그때 쓰레기 버려야 되는데 가끔 뭐. 까먹었어요. 그때 박사님이 와서 왜 쓰레기 안 버리느냐고 물어봤는데. 그때는 연구실에서 실장 선배 있잖아요. 실장한테 뭐. 약간 화난 식으로 왜 쓰레기 안 버리냐고? 그런 식으로 물어봤는데. 그 선배님이 그때는 좀 화냈어요. 저 때문에 자기가 야단맞아서 욕하는 말을 했어요. [춘란].

연구실 생활을 하고 있는 올렉 또한 연구실 사람들과 식사 시간이 아니면 거의 이야기를 안 하므로 친해질 수가 없다고 안타까워했다.

> 우리 연구실 사람들이 서로 얘기 잘 안 해요. 어떻게 해야 되지? 놀랐는데. 그냥 가만히 있고 다들. 컴퓨터 앞에서. 점심시간 때만 아니면 저녁 때. 이렇게 얘기해요. 아니면 뭐. 왔다갔다하면서. 이렇게 서로 약간. 잠깐만 얘기하고 다시 나가고. 이렇게 같이 앉아서 그런 거 아니야. [올렉].

메이도 대학원 생활 내내 친한 사람을 못 만들었다고 했다. 한국 친구들과 친하게 지내려고 노력해 봤지만 시간을 내 주는 사람이 없었다고 한다. 그래서 수업 시간에 자기가 먼저 다가가려고 노력도 해 봤지만 한국 사람들은 수업이 끝나면 그냥 가 버리곤 했다고 한다. 친밀감을 느끼고 싶어서 같이 밥을 먹자고 해 본 적도 있었으나 친해지기가 쉽지는 않았다고 한다. 이렇게 한국 친구를 사귀기가 쉽지 않다 보니 메이는 한국말을 할 시간도 없어지고 대학원 과정이 끝났는데도 한국말 실력이 더 나빠졌다는 느낌이 들어서 슬프다고 했다.

> 한국 친구들하고는 되게 친하게 지내려고 노력해 봤어요. 하지만 되게 바빠서 그런지 모르겠어요. 시간 내줄 사람은 많이 없었어요. 그 수업시간에 제가 다가가요. 얘기하고 싶어서. 하지만 그냥 수업이 끝나면 그냥 가는 거예요. (중략) 제가 보니까 말할 기회도 없고 그러는 거예요. 그래서 처음에 한국말이 좀 낮아졌. 한국말 실력이 나빠졌다는 느낌도 들었어요. 기회가 없으니까. 한국 사람이 없어요. 진짜로 대학원 다 끝났는데. 없어요. 한국에 사는데 한국 친구가 없는 거예요. [메이].

4.3. 학교 외 사람들과 관계망 맺기: 따로 그러나 함께

참여자들은 학교 내의 친구들보다 학교 밖에서 만나는 사람들과 더 편한 관계를 맺고 있었다. 참여자들은 밖에서 만나는 사람들과 친하게 지내기 위해서 자기 모국어와 관련된 도움이 필요하면 적극적으로 도와준다든지 하면서 노력을 하고 있었다. 그렇지만 그 사람들 역시 한국에 와서 사귄 사람들이 아닌 자국에 있을 때 알게 된 한국 사람들이나 같은 나라 사람들이 많았다.

메이는 대학원 공부가 어려울 때 미얀마에서 만나서 지금도 연락을 하고 있는 한국인 선생님에게 많은 도움을 받았다고 한다. 특히, 한국의 역사나 사회 부분은 모르는 것이 많아서 그 선생님에게 부탁을 해서 과제를 같이 하기도 했다고 한다. 준코는 한국에 처음 와서 기숙사

룸메이트였던 일본 사람에게 도움을 많이 받았다고 한다. 처음에는 한국 사람이나 다른 나라 사람과 같은 방 쓰기를 원했었지만 오히려 한국을 잘 아는 일본 친구하고 지내서 도움도 많이 되고 훨씬 좋았다고 한다.

투하는 한국에 와서 만나게 되는 사람들이 베트남 사람, 베트남에서 만났던 한국 사람, 한국에 와서 만난 한국 사람, 한국에서 만난 외국 사람과 같이 네 부류가 있다고 말하였다. 이 중에서 한국에 와서 친하게 지내는 사람들은 주로 베트남에 있었을 때 알게 된 사람들이 많다고 한다. 베트남에 있을 때는 한두 번밖에 안 만났던 사람들이었지만 한국에 와서 만나니까 더 반가웠다고 한다. 한국에서 만난 외국인들은 주로 언어연수를 받을 때 만난 사람들인데 외국인 친구끼리는 공부와 관련된 이야기는 잘 안 하고 한국이라는 나라를 같이 욕할 수 있기 때문에 마치 자국 사람들처럼 편하게 느껴진다고 한다.

효령과 엠마는 알고 지내는 한국 친구들이 아주 많았는데 효령의 경우는 한국에서 학부를 졸업한 까닭에 학부 때부터 사귀어 온 친구들이 많았다. 그리고 본인의 말처럼 성격이 활달하기 때문에 다양한 경험을 하면서 여러 사람들을 사귀게 된 것 같았다. 효령은 아르바이트와 인턴 생활을 하고 가이드 통역 일을 하면서도 많은 인맥을 쌓아 왔으며 그 사람들과 아직도 친하게 잘 지내고 있다고 한다. 엠마는 고등학교 때 교환학생으로 와서 사귀었던 친구들과 계속 연락을 하고 지내며 도움을 받고 있었다. 그리고 엠마는 영어 화자라서 여러 모로 그것을 잘 활용하고 있었는데 영어 공부를 하고 있는 친구들과 한국어와 영어를 교환하며 도움을 주고받는 관계망을 형성하고 있었다.

> 그 친구가 영어 도움이 필요하면 제가 그 친구에게 도움 주고. 만약에 제가 한국어 도움이 필요하면 저한테 도와 줘요. 2008년에, 교환학생으로 왔을 때 한국 친

구 많이 사귀고. 그 친구들이랑 계속 연락하고. 고등학교 때도 계속 연락했으니. 그 친구들한테 부탁하고. 그 친구들도 저한테 많이 부탁해요. [엠마].

엠마는 한국 사람들이 원래 서구에서 온 사람들을 존중해 주는 것은 고맙지만 자기가 한국 문화에 대해서 알고 있는 것이 있으면 어떻게 그것도 아느냐면서 놀라워할 때는 무척 당황스럽다고 한다. 한국에 왔기 때문에 당연히 한국 사람처럼 말하고 한국 문화를 따르며 살아야 하는데 왜 그런 반응을 보이는지 이해가 안 된다고 한다.

한국 사람. 원래 영어권 나라에서 온 사람들을 많이 존중해 주는 것 같아요. 다른 나라 잘 모르겠지만. 백인이라서 문제없는 것 같아요. 솔직히 말하면. 기대 많이 안 하는 것 같아요. 한국 사람들이 뭐. 한국어이나 한국 문화 잘 알아야 된다고 생각하지 않는 것 같아요. 오히려 제가 알면 그것도 알아? 왜 알지? 그거 어떻게 배웠어? 좀 놀래는 친구도 많아요. 기분이 뭐. 별로 좋지 않아요. 좀. 아니. 왜? 내가 백인이라서 몰라도 된다고. 제가 한국에 있는데 한국 사람처럼 말해야 되고. 한국 문화대로 살아야 된다고 생각해요. [엠마].

한편, 올렉과 엠마는 한국 친구들 때문에 기분이 나쁜 적도 많았는데 자신들의 외모 때문에 가끔 한국 사람들이 자기 친구들에게 외국인 친구가 있다면서 자랑하려고 불러 낼 때가 있다는 것이다. 그렇지만 그런 자리에 가게 되면 처음 만나는 사람들이 매번 왜 한국에 왔느냐, 한국어를 왜 배우느냐, 한국어가 어렵지 않느냐와 같은 질문을 반복해서 하기 때문에 너무 귀찮고 짜증나며 차라리 그 답을 녹음을 해서 들려 주는 것이 낫겠다는 생각이 들 때도 있다고 한다. 엠마는 다시 만날 일도 없을 텐데 왜 이런 것들을 궁금해하는지 모르겠다고 하면서 불만을 토로했다.

주로 같은 질문. 같은. 같은 질문. 맨날 대답해야 되고. 한국에 왜 왔어요? 한국어 왜 배워요? 한국어 어렵지 않아요? 이런 질문. 한 번 녹음해서 주고 싶어요. 여기 질문 다 녹음했어요. 그냥 집에 가서 한 번 들어보세요. 사실 그냥 궁금해서 물어보는 건데요. 다시 만날 기회가 없을 텐데 왜 이렇게 궁금한지. 저도 잘 모르겠어요. 그냥 친구의 친구. 이런 식으로 술집에서 뭐. 어디 우연히 만나는 건데요. 좀 신기해요. [엠마].

진짜. 밤에. 한 번만 만났던 사람인데. 밤에 갑자기 연락이 와서. 뭐 하냐. 전화 걸어 보는 거. 그냥 아니면, 그 사람이 나는 외국 사람이라서 친구들한테 보여주고 싶어서. 나는 외국 사람이니까 그런 거 아직 있거든요. 가끔. 그래서 나 바로 그거. 아직까진 그런 상황이 늘어나니까. 나는 걱정되는 게 이거는 늘 있을 거라. 그냥 나는. 나를 자기 여자 친구한테 보여 주고 싶었거든. 난 그거 충격보다는. 아. 이렇게 뭐. 그때 열 받았었죠. 솔직히. 열 받는다. 아니 그……. [올렉].

올렉은 또한 한국 사람들과는 약속을 하기가 어려워서 누가 먼저 연락을 해 와서 만나자고 하면 만나기는 하나 자기가 먼저 약속을 잡지는 않는다고 한다. 약속을 해 놓으면 자기든 상대방이든 꼭 다른 일이 생겨서 취소하기가 일쑤니까 아예 당일에 전화를 해서 시간 되면 만나는 것이 더 편하다고 한다.

제가 먼저 연락 받는 편이에요. 제가. 제가 원래 한국 친구들이면. 그 친구들 시간 나면. 제가 그때 연락 받아서 나가거든요. 제 경험상에서 시간 맞추는 게 힘들어서. [올렉].

그리고 올렉이 처음 한국에 왔을 때는 자기처럼 한국의 정부초청장학생으로 온 학생들을 위한 모임이 많이 있었다고 한다. 그렇지만 요즘은 그런 모임들을 많이 안 해서 아쉽다고 한다. 그 모임이 다른 장학생들과 여행도 가고 탐방도 하면서 다른 나라에서 온 사람들과 관계망을 맺을 수 있는 유일한 기회였는데 그런 모임이 없으니까 다른 나라에서 온 친구들을 아예 만날 기회가 없다는 것이다.

4.4. 자국민과 관계망 맺기: 공감의 원리

유학생들이 낯선 한국 대학원 생활에 적응하는 데에는 한국 학생들의 관심과 도움도 필요하지만 같은 처지에 있는 자국 유학생들의 도움은 더욱 절실하다고 할 수 있다(이인영, 2011). 한국 학생이 아무리 유학생의 고충을 이해하려고 노력하더라도 본인이 유학생이 아님으로 인해 제3자의 입장에서 이해하는 한계를 벗어날 수 없다. 그리고 유학생 입장에서도 아무리 친하더라도 한국 학생에게 일일이 물어보기가 쉽지 않다. 이런 점에서 자국 사람들로 구성된 관계망은 학교생활 전반에 관한 정보를 얻을 수 있고 정서적인 안정을 얻을 수 있다는 점에서 꼭 필요하다고 할 것이다.

참여자들의 자국 학생들과의 관계망에 대한 의견은 꼭 필요하다고 생각하는 사람과 굳이 필요 없다고 생각하는 사람이 반반이었다. 자국 사람들과 활발한 교류를 하고 있고 자국 사람들과의 관계망이 꼭 필요하다고 생각하는 참여자는 투하와 칸, 춘란이었다.

투하는 자신이 다니고 있는 대학에 베트남회 학생회가 있어서 그 사람들과 모임을 자주 갖는다고 한다. 이들은 대부분 학교 기숙사에서 살고 있기 때문에 식사 때마다 같이 식사를 하려고 하고 일주일에 한 번씩이라도 꼭 만난다고 한다. 모두 바쁘므로 상황이 안 될 때는 밤늦게라도 기숙사 식당이나 세탁실 같은 곳에 모여서 생일파티를 하거나 정보를 교환한다고 한다. 투하는 자국 사람들끼리의 관계망이 꼭 필요하다고 강조했는데 그 이유는 무엇보다도 자국 사람을 만남으로 인해 정서적인 안정을 얻을 수 있기 때문이라고 했다. 투하 자신도 한국에 처음 왔을 때 자국 친구들과의 관계망을 통해 한국 사람들에게서는 얻지 못하는 재미를 느끼면서 적응을 해 왔다고 한다.

> 적응. 제일 빠른 방법. 베트남. 자기 나라 친구랑 같이. 왜냐면 한국인들이 모르는 거 많아요. 예를 들어서, 베트남에 싸게 전화하는 방법, 한국 사람 몰라요. 아니면 여러 가지 사는 게 뭐. 생선 어디서 싸게 사는지. 암튼. 먹고 싶은 거 먹고 싶은데, 재료 어디서 사는지. 한국 사람 몰라요. 그건 약간 베트남적인 물건들이죠. 그 한국 적응할려면. 사는 거 적응할려면. 자기 나라 사람이랑 친하게 지내는 거죠. [투하].

칸은 자기가 다니는 대학의 인도 유학생회와 주한 인도 유학생협회를 직접 운영하면서 회장직을 맡고 있을 정도로 자국 사람끼리의 관계망을 가장 잘 형성하고 있었다. 칸 대학의 인도 유학생회는 가족을 포함해서 100명 정도 있는데 세미나나 워크숍, 스포츠 대회 등을 하면서 모임을 갖고 있다고 한다. 그리고 주한 인도 유학생협회는 회원이 550명 쯤 된다고 한다. 칸은 인도 사람들은 채식주의자들이 많아서 한국에서 음식 문제를 가장 힘들어하기 때문에 음식을 나눠 먹으면서 정보도 교환하면 한국 생활에 도움이 많이 된다고 한다. 또한 언어나 문화적인 일들, 혹은 어떤 문제가 생겼을 때도 서로 도와줄 수 있다고 한다. 칸은 또 매주 토요일마다 인도 사람들에게 무료로 한국어를 가르쳐 주면서 관계망을 잘 형성하기 위해 노력하고 있었다.

> 그 한국에서는. 또 힘든 점이. 언어가 있고 음식이나 뭐. 여러 가지 힘든. 인도 사람들. 특히 채식. 이런 사람들을 위해서. 힘든 부분들이 많은데. 그런 사람들에 대

한 언젠가 좀. 모임이나 이런 게 있으면 좀. 덜 그 가족 생각 많이 나잖아요. 일단 나라에서 멀리 와서 인제 가족처럼 생겨 가지고. 어려울 때 좀. 힘이 되고. [칸].

메이는 한국에 와서 친하게 지내는 자국 사람들이 많이 없기는 하지만 필요한 정보를 얻기 위해서는 자국 사람들끼리의 관계망이 꼭 필요하다고 강조하였다. 그렇지만 심심할 때 만나서 같이 이야기하고 식사할 수 있는 그런 친구들만 필요하지 큰 유학생회 모임 같은 것은 필요 없다고 했다. 중국 사람이 너무 많기 때문에 모임 자체가 불편하거나 힘들 수도 있고 대학원생들의 경우는 굳이 그런 모임에 관심을 가지고 있는 사람이 많이 없다고 한다.

이들과 달리 올렉과 엠마, 준코는 자국 사람들끼리 교류하는 모임이 있는 것조차도 모르고 있었고 이런 모임에 대해 관심도 없다고 했다. 특히, 엠마는 호주 사람이 한국에 얼마나 있는지도 모르고 있었고 한국에 왔으므로 자국 사람들과 관계망을 맺고 싶지 않다고 했다. 한국에 있으니까 한국 친구를 사귀어야지 왜 호주 친구를 만나느냐는 것이다. 연구자가 생각하기에 엠마의 경우는 영어를 잘하는 친한 한국 친구가 많이 있음으로 인해 언어적으로 불편하지 않으니까 자국 사람들과의 관계망이 필요 없다고 느끼는 것 같았다.

올렉은 러시아 사람들은 아예 관계망 맺기를 싫어한다고 했으며 준코는 한국에서 교회를 다니고 있어서 친하게 지내는 한국 사람들이 많고 남자 친구도 있기 때문에 굳이 자국 사람들과의 관계망까지는 필요하다고 생각하지 않는다고 했다. 또한 일본 사람들 자체가 개인주의 성향이 강하고 '우리는 하나'라는 정신이 없기 때문에 관계망을 맺으면 좋겠다고 하는 사람도 없을 거라고 피력했다. 그리고 일본 사람들은 특성상 서로 연락을 자주 하는 것도 폐가 된다고 생각하므로 모임을 만들기가 힘들 거라는 의견을 말했다.

아마 일본 학생들. 좀 개인주의라고 하나요? '우리' 하는 정신이라고 하나? 그런 것 좀 없는 것 같아요. 그냥 자기 일 자기가 해야지. 아니면 친한 자기 내에 있는 사람끼리 하고. 해결하고. 일본 사람이 그렇게 서로 한국 사람만큼 연락한 사람이 민족 아니에요. 그래서 사실 그게 모순이 되는데 일본은 되게 외로워하고 그래요. [준코].

자국 학생들끼리만 모이기로 유명한 중국 사람인 효령은 오히려 자국 사람과 관계망을 맺는 것에 대해 일종의 거부감을 가지고 있었다. 그리고 현재 모든 대학마다 평균적으로 경영학과에 재학 중인 중국 학생들이 제일 많은 까닭에 만약 자기도 경영학과에 갔으면 그 중국 학생들과만 관계망을 가지게 되었을 것이며 그렇게 되었다면 한국 친구도 사귀지 못했을 것이고 한국 생활 적응 또한 못했을 것이라고 했다. 그러면서 학부 때 경영학과를 선택하지 않은 것을 유학 생활 적응을 잘한 비결이라고까지 했다.

효령의 경우에 중국 사람들과 사귀는 것을 별로 좋아하지 않는 이유는 자기도 잘난 것이 없지만 한국에 와 있는 중국 사람들이 자기보다 더 못하다고 생각하기 때문이라고 했다. 어렸을 때도 자기보다 못하다고 생각되는 사람들과는 관계를 맺지 않았다는 것이다.

저도 잘나는 거 없는데 근데. 그냥 싫어해요. 만약에 진짜 제가 얼마나 잘났으면 그냥. 아빠한테 하는 말이 그거 있어요. 나도 못해는데 그 사람 나보다 더 못해요. 내가 못했는데. 여기서 약간 사람 보기에 잘났다고 생각하면. 그 사람 얼마나 못하는지 아빠가 알겠지? 그러면 아빠가 순식간에 이해하더라고요. [효령].

참여자들은 한국 사람들과의 관계망이 있으면 굳이 자국 사람들끼리 관계망을 맺지 않아도 된다고 생각하고 있었지만 친한 한국 사람이 없는 경우에는 자국 사람들끼리의 관계망을 통해 모임을 더 가지려고 노력하고 있다는 것을 알 수 있었다.

5. 결론 및 제언

본 연구에서는 외국인 대학원생들이 한국에서 맺게 되는 관계망과 그 관계망 속에서 경험하는 것들에 대해서 살펴보았다. 참여자들이 한국에서 사회적인 관계망을 맺고 그 관계망 속에서 경험한 것을 살펴보면 그들은 한국 대학원이라는 공통된 공간 안에서 때로는 같은 경험을 하기도 하고 때로는 다른 경험을 하기도 하였다. 참여자들의 내러티브 전체를 볼 때는 공통된 특징들과 개별적인 특징들을 모두 가지고 있었으나 참여자들의 이야기들 그리고 이러한 이야기들이 연결된 내러티브들은 모두 개인적으로 볼 때는 개인적인 삶을 반영하고 있었으며 사회적으로는 외국인 대학원생들이 살아온 주위환경이나 맥락을 반영하고 있었다.

사회적인 관계망 중에서 교수와의 관계망은 '다가가기에서 일정 거리 유지하기'라고 정의를 내릴 수 있었다. 참여자들은 석사나 박사 과정에서 지도를 받았거나 받고 있는 교수인데도 어떻게 관계를 맺어야 할지 몰라 혼란스러움을 느끼는 경우도 있었다. 그리고 나이가 든 교수들은 외국 학생들을 지도하기 싫어하므로 젊고 유학을 다녀온 교수들에게 지도를 받는 경우가 대부분이었다. 또한 교수와 어떻게 관계를 맺어야 할지 몰라 일부러 일을 만들어서 찾아가기도 하면서 관계망을 잘 만들려고 노력하고 있었다.

대학원에서 만난 한국 학생들과의 관계망은 '낯선 이에 대한 관용'이라고 표현할 수 있었다. 이는 한국 학생들이 외국인 유학생들과 같은 낯선 사람들에게 관용을 베풀었으면 하는 바람이 숨겨져 있다. 참여자들은 대학원에서 한국 사람들과 친해지지 못해서 관계망을 제대로 맺지 못한 것에 대해 크나큰 아쉬움과 안타까움을 느끼고 있었다. 무엇보다도 한국 친구를 사귀지 못함으로 인해 한국의 문화나 관습도 배우지 못해서 상실감마저 느끼고 있었다. 참여자들은 한국 학생들이 모두 너무 바빠 보이기 때문에 부탁을 할 때도 눈치를 보면서 부탁을 하는 경우가 많았다. 그리고 한국 학생들하고 스터디 모임이나 협동 과제를 같이 하게 되면 한국 학생들은 자신들을 위해서 희생하고 있다는 생각이 들어서 한국 학생들과 무언가를 같이 하는 것을 너무 미안해했다. 또한 한국 학생들에게 도와달라고 하고 싶기는 하지만 친구 관계로 만난 것이 아니라 같이 공부를 하는 사람들로 만나다 보니 본인의 한국말 실력이 들통 나는 것이 두려워서 부탁을 못하는 경우도 있었다.

한국 사람이 아닌 다른 사람들과의 관계망에 대해서는 '따로 그러나 함께'라고 정의내릴 수 있었다. 참여자들은 대학원 생활을 하면서 같이 생활하는 친구들보다는 고향에 있을 때 만난 사람들이나 학부 때 만났던 친구들에게 더 많은 도움을 받고 있었다. 이들과는 따로 지내지만 같이 한다는 유대감을 가지고 있었다. 참여자들은 다른 외국인 친구들과는 한국에 대해서 같이 욕을 할 수 있으므로 공감대를 형성할 수 있어서 좋다고 했다. 한 참여자는 한국 사람에게 부탁을 하려면 미안하니까 영어 공부를 하는 한국 친구와 언어교환을 하며 관계망을 형성하고 있기도 했다.

자국 친구들과의 관계망은 '공감의 원리'로 표현할 수 있었는데 참여자들은 자국 친구들과의 교제를 통해 정보를 얻을 수 있고 정서적인 안정도 찾을 수 있으며 자국 음식도 같이 먹을 수 있으므로 꼭 필요하다는 의견을 피력했다. 그리고 자국 사람들은 심심할 때 언제든지 만날 수 있어서 좋다고 했다. 그렇지만 전체 유학생회와 같은 큰 모임을 하면서까지 관계망을 형성할 필요는 없다고 말한 참여자도 있었으며 한국에 왔으니까 자국민들과의 관계망보다는 한국 사람들과의 관계망을 더 맺고 싶다고 말한 참여자도 있었다.

한편, 참여자들은 면담 중간 중간에 연구에 참여한 소감을 밝혔다. 이들의 공통적인 의견은 자신들의 이야기를 들어줘서 고맙고 자기들 일에 관심을 가져줘서 고맙다는 것이었다. 올렉의 경우는 면담을 했던 것이 마치 심리 선생님을 만난 것 같은 느낌이 들었다고 하면서 시원했다는 말을 반복했다. 그냥 자신의 이야기를 들어주는 사람이 있는 것만으로도 치료가 돼서 무슨 치료법 같았다는 것이다. 메이 역시 면담을 마치면서 자신이 하고 싶은 이야기를 물어보는 사람이 있어서 고맙다고 했다. 그리고 한국에 온 외국 사람들은 한국에 왔음에도 불구하고 한국 친구를 사귈 기회가 거의 없기 때문에 자신의 이야기를 하고 싶은 사람이 자기 뿐만은 아닐 거라는 이야기를 했다.

칸은 지금까지 한국 친구들이나 선생님들에게 한국에 와서 겪었던 많은 문제들을 자세히 이야기하지 못했는데 면담을 통해서 이야기를 하니까 기분이 아주 좋다고 했다. 외국인의 입장을 이해해 줄 수 있는 사람이 있고 외국 사람들의 이야기를 들어줄 수 있는 사람이 있다고 생각하니까 마음이 가벼워지는 느낌이 든다고도 했다. 춘란은 면담을 마치면서 오랜만에 긴 시간동안 한국말을 할 수 있어서 재미있었고 감사하다고 소감을 밝혔다.

이처럼 참여자들이 밝힌 소감을 통해서 볼 때도 외국인 대학원생들에게 무엇보다도 필요한 것은 다른 사람들, 특히 한국 사람들과의 사회적인 관계망이라는 것을 알 수 있었다. 이들을 위해서 뭔가 대단하거나 큰일을 해 주는 것이 아니라 이야기를 들어주는 것만으로도 이들의 외로움을 덜어 주고 정서적으로 안정감도 느끼게 해 줄 수 있는 것이다.

그러므로 외국인 대학원생들이 사회적인 관계망을 더 잘 맺도록 하기 위한 방안이 필요한데 그것은 첫째, 이들이 학교 선후배나 동기들과의 관계에서 불편을 느끼지 않게 하기 위한 배려가 필요하며 한국 학생들과 원활한 의사소통을 할 수 있도록 전공학과 차원에서 같이 어울릴 수 있는 장치를 마련해 줘야 한다. 이렇게 해야만 이들이 한국 학생들에게 부탁을 하거나 도움을 요청할 때 눈치 보지 않고 편안하게 할 수 있을 것이고, 더 나아가서는 한국의 사회나 문화에 대해서도 같이 나눌 수 있는 사이가 될 수 있을 것이다.

둘째, 참여자들 대부분이 자국 사람들로부터 많은 정보를 얻고 정서적인 안정을 찾는다고 말한 것을 토대로 입국 전부터 자국 선배나 친구들과 관계망을 형성할 수 있도록 도와줄 필요가 있다. 그렇게 하면 한국에 먼저 와서 한국 사회와 문화에 적응을 한 선배나 친구와의 교류를 통해 실질적인 도움을 받을 수 있을 것이다. 이들의 관계망을 연결해 주기 위해 학교 홈페이지에 인터넷 사이트를 개설해 자국 학생들끼리 질문과 대답을 할 수 있는 공간을 만들어 주는 것도 하나의 방법이 될 수 있다. 입학한 후에도 대학원 생활 적응에 필요한 부분을 자국 선배들이 자국어로 오리엔테이션을 해 준다면 훨씬 더 효과가 클 것이다.

마지막으로 외국인 대학원생들이 한국에서 생활하면서 여러 관계망 속에서 잘 적응하도록 돕기 위해 그들을 이해하고자 하는 인식의 전환을 할 필요가 있다고 본다. 다음과 같은 올렉의 이야기는 우리가 어떻게 이들을 대해야 하는지가 잘 드러나 있다.

> 제가. 가끔. 일부러. 제가 스스로 안 하거나 법을 지키지 않은 경우가 있긴 있습니다. 그거는 뭐지? 고백합니다. 그런 거를. 생각 차이도 있고. 아예. 뭘 얘기해야 되

는지. 아니면 그 사람이 아예 저를 못 알아듣는 사람들이 있긴 있어요. 예를 들면 우리 교수님이랑 같이 있으면. 단 둘이만. 우리 별로 얘기가 쉽게 이어지지 않아요. 얘기 거리가 쉽게 생기지 않아요. 내가 뭐. 그냥. 듣는 학교에 있으니까 원래 듣는 거예요. (중략) 연구실 동생도 아주 가까이지거나 갑자기 아주 멀어지는 경우가 많습니다. 옛날에 저한테 어려웠는데. 왜 갑자기 가까워졌다가. 보통 일 때문에 아니면 공통적으로 어떻게. 같이 하는 일이 있으면. 우리나라 보통 이거는 우정의 시작인데. 그렇게. 근데. 한국은 그런 거 아니더라고요. [올렉].

따라서 이들을 이해하기 위한 하나의 방법으로 <그림 1>과 같은 물음느낌표(Interrobang)[6)]를 생각해 보았으면 한다.

〈그림 1〉 물음느낌표(Interrobang)

즉, 외국인 대학원생과 관계망을 형성할 때 그들이 왜 적응을 못하고 어떤 부분에 있어서 어려움을 겪고 있는지에 대해서 비록 선행 연구들과 여러 경험들을 통해서 알고 있을지라도 그들이 왜 그렇게 행

6) '물음느낌표(인터러뱅, interrobang)'는 1962년에 Martin Speckter가 만든 새로운 개념의 문장부호로 수사학적 질문을 의미하는 라틴어 'interrogatio'와 감탄사를 표현하는 은어 'bang'을 조합하여 만든 것이다.

동하는지에 대해 물음을 던지고 그 물음을 해결할 수 있는 느낌표를 찾고자 하는 노력을 해 보자는 것이다. 누구나 당연하게 생각하는 것에 의문을 가지고 그것을 해결할 수 있는 느낌표를 찾고자 할 때 비로소 외국인 대학원생을 이해하고 배려하게 될 것이며 그들이 한국에서 사회적 관계망을 잘 형성해서 보다 나은 생활을 할 수 있도록 도울 수 있게 될 것이다.

참고문헌

김대현·박경미(2006), 교육과정 연구 방법: 내러티브 탐구 방법, 한국교육과정학회 춘계학술대회 및 국제심포지움 자료집.

김영경(2009), 중국·일본 유학생의 한국 대학 생활 적응을 위한 요구 분석, 상담학 연구 10(1), 535-559, 한국상담학회.

김종향(2011), 사회적 관계망 요인이 고령자 재취업에 미치는 영향, 임상사회사업연구 8(2), 47-70.

박순희·이주희·안효자·조원탁(2010), 국제결혼이주가정 부모의 사회적 관계망이 아동의 심리사회적 적응에 미치는 영향, 한국지역사회복지학, 33, 185-217.

서영인(2012), 대학의 외국인 유학생 관리 및 지원 체제 강화 방안 연구, 한국교육개발원.

안재진·김지혜(2004), 미혼모의 사회적 관계망이 자아존중감에 미치는 영향, 한국사회복지학회 56(3), 61-87.

염지숙(1999), 내러티브 탐구(Narrative Inquiry)를 통한 유아 세계 이해: 유치원에서 초등학교 1학년으로의 전이 경험 연구를 중심으로. 교육인류학연구, 2(3), 57-82, 한국교육인류학회.

이은해(1997), 어머니의 사회적 관계망, 자녀양육에 대한 난이도 지각과 아동의 발달, 대한 가정학회지 35(3), 31-45.

허춘영(1998), 재한 중국유학생의 문화적응과 정신건강 실태: 한족, 조선족 유학생간의 비교연구, 한양대학교 박사학위논문.

Barnes. J.(1954), Class & committees in a Norwegian Island Parish, *Journal of Human Relations*, 7, 48.

Berrera, M.(1981), Social support in the adjustment of pregnant adolescents: Assesment issues, In B. H. Gottlieb (Ed), *Social networks and social support*, Newbury Park, CA; Stage, 69-96.

Clandinin, D. J., & Connelly, F. M. (2000). *Narrative inquiry: Experience and story in qualitative research,* San Francisco: Jossey-Bass Publishers. (소경희·강현석·조덕주·박민정 역, 2007, 내러티브 탐구-교육에서의 질적 연구의 경험과 사례, 교육과학사).

Cochran, M.,(1993), Parenting and personal social networks, In Luster, T. & Okagaki, L. (Eds.), *Parenting: An ecological perspective*, Hillsdale, NJ: Lawrence Erlbaum, 149-178.

Connelley, F. M. & Clandinin, D. J.(2006), Narrative inquiry, In J. Green, G. Camilli, & P. Elmore (Eds.), *Handbook of Complementary Methods in Education Research*, Mahwah, NJ: Lawrence Erlbaum, 375-385.

Creswell, J. W. (2002), *Educational research*, NJ: Upper Saddle River.

Delechat, C.(2001). International migration dynamics: The role of experience and social networks. *Labour*, 15(3), 457-486.

Jackson, S., Born, M. & Jacob, M.(1997), Reflections on risk and resilience in adolescence, *Journal of Adolescence* 20: 609-616.

McMichael & Manderson.(2004). Somali women and well-being: Social networks and social capital among immigrant women in Australian, *Human Organization* 63(1), 88-99.

Man, G.(2002). Globalization and the erosion of the welfare state: Effects on Chinese immigrant women. *Canadian Women Studies*, 21/22(1), 26-33.

Patton, M. Q. (1989), *Qualitative evaluation methods*(10th

printing), Beverly Hills CA: Sage.

Philips, T. & Bob, N.(1997), *The World of at Your Door*, Minneapolis: Bethany.

Seidman, I. E..(2006), *Interviewing as qualitative research: A guide for reachers in education and social sciences*(3th. ed.). New York, NY: Teacher College Press. (박혜준·이승연 역, 2009, 질적 연구 방법으로서의 면담, 서울: 학지사).

Weiss, R. S.(1974), The provisions of social relationships, In Z. Rubin(Ed.), *Doing unto others,* Englewood Cliffs, NJ; Prentice Hall.

Westwood, M. J., & Barker, M.(1990), Academic achievement and social adaptation among international students: A comparison groups study of the peer-pairing program, *International Journal of Intercultural Relations,* 14, 251-263.

인지와 감정의
내러톨로지

세미오시스 연구센터

초판인쇄 2015년 7월 23일
초판발행 2015년 7월 30일

지 은 이 세미오시스 연구센터
발 행 인 김인철
발 행 처 한국외국어대학교 지식출판원
02450 서울특별시 동대문구 이문로 107
전화 02)2173-2493~7
FAX 02)2173-3363
홈페이지 http://press.hufs.ac.kr
전자우편 press@hufs.ac.kr
출판등록 제6-6호(1969. 4. 30)
편집 · 디자인 (주)이환디앤비 02)2254-4301
인쇄 · 제본 SM C&P 02) 468-6100

ISBN 978-89-7464-017-0 94800 정가 17,000원
ISBN 978-89-7464-831-2 94080 (총서)

〈세미오시스 학술총서 05〉

*잘못된 책은 교환하여 드립니다.

HU:NE은 한국외국어대학교 지식출판원의 어학도서, 사회과학도서, 지역학 도서 Sub Brand이다. 한국외대의 영문명인 HUFS, 현명한 국제전문가 양성(International+Intelligent)의 의미를 담고 있으며, 휴인(携引)의 뜻인 '이끌다, 끌고 나가다'라는 의미처럼 출판계를 이끄는 리더로서, 혁신의 이미지를 담고 있다.